# Guía de aprendizaje

# JavaScript

## 3ª edición

# Guía de aprendizaje
# JavaScript
## 3ª edición

**Tom Negrino**
**Dori Smith**

**Traducción:**
KME Sistemas S.L.

PRENTICE HALL
Madrid • México • Santafé de Bogotá • Buenos Aires • Caracas • Lima • Montevideo • San Juan
San José • Santiago • São Paulo • White Plains

Datos de catalogación bibliográfica

**TOM NEGRINO y DORI SMITH**
*Guía de aprendizaje JavaScript 3ª edición*
PEARSON EDUCACIÓN, S.A. Madrid, 2000

ISBN: **84-205-3091-3**
Materia: Informática 681.3

Formato: 170 x 240 Páginas: 304

**TOM NEGRINO y DORI SMITH**
*Guía de aprendizaje JavaScript 3ª edición*



**ISBN: 84-205-3091-3**
Depósito Legal: M. 37.942-2.000
PRENTICE HALL es un sello editorial autorizado de PEARSON EDUCACIÓN

Traducido de: Visual Quickstart Guide JavaScript for the World Wide Web, 3rd Edition

ISBN: 0-201-35463-2

Editores de la edición en español: Alejandro Domínguez
Félix Fuentes
Eva María López
Cubierta: Mario Guindel y Yann Boix
Composición: REPROGRÁFICAS MALPE, S.A.
Impreso por: Artes Gráficas Cofás, S.A.

IMPRESO EN ESPAÑA - PRINTED IN SPAIN

Este libro ha sido impreso con papel y tintas ecológicos

## Dedicatoria

En memoria de Bill Horwitz
y Dorothy Negrino, porque
les encantaba aprender.

## Agradecimientos

Muchísimas gracias a nuestra editora, Nancy Davis; la aportación de su experiencia y su enorme dedicación han mejorado nuestro trabajo.

Gracias a Kate Reber por su exactitud en el trabajo de producción.

Estamos muy agradecidos a Nancy Ruenzel y a Marjorie Baer, de Peachpit, por su apoyo.

Nos gustaría agradecer a nuestro agente, David Rogelberg, de Studio B, su gran capacidad de trabajo y sus buenos consejos.

Gracias a nuestro hijo Sean, por su comprensión cuando sus padres se volvían turulatos, y por no gruñir demasiado por las sesiones de Starcraft pospuestas. La próxima vez podrás "hacer" de Zerg.

Muchas gracias a nuestro equipo de beta testers: John Bishop, Sue Boetecher, Helen Briggs, Linda Colby, Kay Crowley, Thomas Kiefer, Chris Lea, Mark Scheuern, Heidi Shetzer, Anne Shroeder y Dwyn Tomlinson. Valientemente pasaron muchas horas probando nuestros guiones en casi cada navegador web conocido, e informando de los resultados. Los errores que queden serán imputables a nosotros.

Gracias a Michael Rattary, de la revista Macworld, por permitirnos usar de nuevo su trabajo artístico en el Capítulo 12.

Nos gustaría expresar nuestro especial agradecimiento a todos los profesores de colegio, instituto y universidad que eligieron la edición anterior de este libro como libro de texto en sus clases.

A Dori le gustaría agradecer a las maravillosas señoras del grupo W&S su cariñosa amabilidad y sus abrazos virtuales.

La música es en gran medida el combustible de la escritura de Tom, y este libro no es una excepción. La banda sonora y la inspiración musical de esta edición fue proporcionada desinteresadamente por Lucy Kaplanski, Richard Shindell, Wolfgang Mozart, Mary Chapin Carpenter, Ludwig von Beethoven, U2, Rosanne Cash, the Williams Brothers, Counting Crows, Nancy Grifith y Antonio Vivaldi.

# Índice de contenido

# Introducción

¡Bienvenido a JavaScript! Usando este lenguaje de programación, fácil de aprender, será capaz de añadir caprichos a sus páginas web, y hacerlas más útiles para usted y los visitantes de su sitio. Este libro se ha escrito como una cuidada introducción a JavaScript, de modo que no haga falta ser especiales para escribir un guión, ni tomar precauciones especiales. Ya las tomamos los autores por usted.

## Escribimos este libro para usted

Imaginamos que si está interesado en JavaScript, ya tiene alguna experiencia en la creación de páginas HTML y de sitios web, y que quiere avanzar un paso más añadiendo un poco de interactividad a sus sitios. No presuponemos que posea conocimiento alguno sobre programación o creación de guiones de comandos. Tampoco presuponemos que sea un experto en HTML (aunque, si lo es, mejor). Suponemos que tiene, al menos, los conocimientos básicos para la construcción de páginas web, y que está familiarizado con el HTML común, es decir, con los vínculos, las imágenes, los formularios y los marcos.

## Cómo usar este libro

A lo largo del libro, hemos usado algunos dispositivos que harán más sencillo su trabajo con el libro y con JavaScript.

En las instrucciones paso a paso que constituyen la mayor parte del libro, hemos usado un tipo especial de estilo para denotar el código HTML o JavaScript, como éste:

```
<BODY>
window.status
```

También observará que escribimos los comandos HTML en mayúsculas y los de JavaScript en minúsculas, lo que hace más fácil distinguir entre ambos en una página web. Cuando vea una comilla en JavaScript, será siempre recta (como ´ o ´´), nunca comillas tipográficas ("). Estas últimas impedirán que funcione JavaScript, así que no las utilice al escribir guiones.

En los listados de código que acompañan a las instrucciones paso a paso, se ha destacado la parte de los guiones de la que se está tratando, de modo que pueda hallar fácilmente lo que se está explicando.

Como las páginas de los libros son más estrechas que los monitores, algunas líneas de código JavaScript resultan demasiado largas para encajar en la página. Cuando sucede esto, hemos dividido la línea del código en uno o más segmentos, insertando una flecha al principio de cada uno de ellos para indicar que se trata de la continuación de la línea o segmento anterior. He aquí un ejemplo de cómo se muestran las líneas largas de los guiones:

```
document.write("Está ejecutando Netscape
→ Navigator, un navegador con buen soporte
→ JavaScript.")
```

## ¡No teclee todo ese código!

Algunos libros de JavaScript imprimen los guiones y pretenden que el lector teclee los ejemplos. Pensamos que eso ya está anticuado. Bastante duro fue ya para los autores teclear todo; no hay razón para que el lector repita ese trabajo. De modo que hemos preparado un sitio web que complementa el libro, y que incluye todos los guiones del libro, preparados para que los copie y los pegue en sus propias páginas web. El sitio incluye también consejos y guiones adicionales. Si descubrimos errores en el libro que superaron el proceso de edición, también publicaremos en el sitio una lista con las actualizaciones pertinentes. Nuestro sitio está en http://www.chalcedony.com/javascript/.

Si por alguna razón piensa escribir algunos guiones de ejemplo, puede encontrarse con que los ejemplos parecen no funcionar; esto es debido a que no dispone de los archivos de soporte que se usaron para crear los ejemplos. En un ejemplo en el que se reproduzca un sonido al hacer clic en un botón, necesitará un archivo de sonido. Se han publicado todos esos archivos en el sitio web del libro, para que los pueda descargar fácilmente. Encontrará un archivo descargable que contiene todos los guiones, archivos HTML y las imágenes y sonidos utilizados en los ejemplos. Si tiene alguna duda, consulte la página de preguntas y respuestas del sitio web. Si su duda no se resuelve allí, puede ponerse en contacto con nosotros por e-mail en: js@chalcedony.com.

## Fácil de empezar

Una de las grandes ventajas de JavaScript es que es muy sencillo empezar: puede comenzar con un sencillo guión que publique cosas de actualidad en su sitio web y luego puede añadir, según va siendo necesario, material más complicado. No tiene que aprenderse toda la información de un libro antes de empezar a mejorar sus páginas web.

Por supuesto, hay que empezar por el principio. Su viaje por JavaScript ya ha comenzado. Gracias por unirse a nosotros.

# PRESENTACIÓN DE JAVASCRIPT 1

Para los creadores de sitios web, la evolución de HTML ha sido una bendición no exenta de controversia. En los primeros días de la World Wide Web, HTML era bastante simple, y bastante fácil aprender casi todo lo que se necesitaba saber para agrupar páginas web.

Cuando creció la Web, también crecieron las aspiraciones de los diseñadores, y su demanda de mayor control sobre la página obligó a HTML a cambiar y a hacerse más complejo.

Como la Web es un medio dinámico, los diseñadores también querían que sus páginas interaccionaran con el usuario, y pronto resultó evidente que HTML era insuficiente para atender esta demanda. Netscape inventó JavaScript para controlar el navegador y añadir brillantez e interactividad a las páginas web.

En este capítulo aprenderá lo que es JavaScript (y lo que no es), qué puede hacer (y lo que no) y algunos de los fundamentos del lenguaje JavaScript.

## Qué es JavaScript

JavaScript es un lenguaje de programación que puede usarse para añadir interactividad a las páginas web. Pero si no es programador, no se asuste ante el término "lenguaje de programación"; hay mucho código JavaScript disponible en la Web, que puede copiar, modificar y usar, con un mínimo de esfuerzo por su parte. De hecho, apoyarse en otros programadores es una estupenda técnica para acostumbrarse a JavaScript y si practica lo suficiente (y lee este libro), pronto estará creando sus propios guiones.

Para que le resulte más sencillo empezar a trabajar con JavaScript, se ha establecido un sitio web que complementa este libro. En él se han incluido todos los guiones utilizados en el libro (para que no tenga que teclearlos), así como notas adicionales, anexos y actualizaciones. Encontrará este sitio en: //www.chalcedony.com/javascript/.

Verá que a menudo se llama a JavaScript "lenguaje de escritura de guiones", denotando que es más fácil escribir guiones que programar. En este caso es una distinción sin contenido.

Un guión JavaScript es un programa incluido en una página HTML. Como está incluido en la etiqueta <SCRIPT>, el texto del guión no aparece en la pantalla del usuario, y el navegador web es el que ejecuta el programa JavaScript. La etiqueta <SCRIPT> se encuentra muy a menudo dentro de la sección <HEAD> de la página HTML, pero puede incluir guiones, si quiere, en la sección <BODY>. Los guiones que escriben texto en la pantalla, o que escriben HTML, es preferible ponerlos en la sección <BODY>, como el Guión 1.1. Si no está familiarizado con estos conceptos de HTML, le sugerimos que lea la **Guía de aprendizaje HTML 4 Cuarta edición**, de Elizabeth Castro, también publicada por Prentice Hall.

**Guión 1.1.** Este sencillo guión muestra el mensaje "¡Hola Mundo!" en la ventana del navegador.

```
<HTML>
<HEAD>
  <TITLE>Apenas un guión</TITLE>
</HEAD>
<BODY BGCOLOR=WHITE>
<H1>
  <SCRIPT LANGUAGE=JAVASCRIPT TYPE=
  → "TEXT/JAVASCRIPT">
    document.write("¡Hola Mundo!")
  </SCRIPT>
</H1>
</BODY>
</HTML>
```

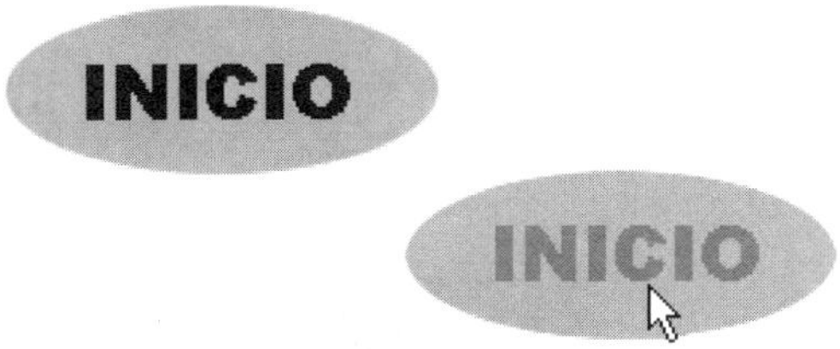


***Figura 1.1.*** *Una imagen de sustitución es una imagen que cambia cuando se pone el cursor del ratón encima.*

## Qué puede hacer JavaScript

Con JavaScript, podrá hacer muchas cosas para que sus páginas web sean más interactivas y proporcionen una experiencia más interesante a los visitantes de su sitio.

JavaScript le permite crear una interfaz de usuario activa, lo que ofrece retroalimentación a los visitantes según navegan por sus páginas. Un ejemplo son esos sitios, que probablemente habrá visto, en los que hay botones que se destacan luminosamente al pasar el cursor por encima de ellos. Eso está hecho con JavaScript, usando una técnica que se llama **imagen de sustitución** (véase la Figura 1.1).

Puede usar JavaScript para asegurarse de que los usuarios introducen información válida en los formularios, lo que le ahorrará tiempo de trabajo y dinero. Si sus formularios requieren cálculos, puede realizarlos en JavaScript en la computadora del usuario, sin necesidad de usar un complejo CGI de servidor (un programa que se ejecuta en un servidor web y extiende las funciones del servidor).

Con JavaScript, puede crear páginas HTML personalizadas sobre la marcha, dependiendo de las acciones ejecutadas por el usuario. Suponga que está en un sitio de viajes y el usuario hace clic en Hawaii como destino. Puede hacer que las últimas ofertas de viajes a Hawaii aparezcan en una ventana nueva.

JavaScript controla el navegador, para que pueda abrir ventanas nuevas, visualizar ventanas de alerta e insertar mensajes personalizados en la barra de estado de la ventana del navegador.

Como JavaScript tiene un conjunto de funciones de fecha y hora, puede generar documentos con relojes, calendarios y hora.

En Netscape Navigator 3.0, y en versiones posteriores, puede usar JavaScript para verificar la presencia de *plug-ins* del navegador y dirigir al usuario a una página distinta si éste no tiene el *plug-in* necesario para ver la página.

# JavaScript no es Java

A pesar del nombre, JavaScript y Java no tienen casi nada que ver el uno con el otro. Java es un lenguaje de programación con todas las funciones, desarrollado y comercializado por Sun Microsystems. Con Java, descendiente de los lenguajes de programación C y C++, los programadores pueden crear aplicaciones enteras y controlar dispositivos electrónicos del usuario. A diferencia de otros lenguajes, Java mantiene la promesa de compatibilidad entre plataformas cruzadas, lo que quiere decir que un programador podría escribir un programa Java que se ejecutara en cualquier clase de computadora, ya ejecute ésta Windows 95, 98 o NT, Mac OS o Unix. En la práctica, Java no ha completado ese sueño, debido en gran parte a las disputas entre Sun y Microsoft en cuanto a la dirección del lenguaje. Microsoft se involucró porque quería integrar Java en Windows a su manera (manera de la que Sun dice que haría que Java funcionara de un modo en Windows y de otro modo en otras computadoras, incumpliendo, por consiguiente, el propósito principal de Java).

El uso principal de Java es la creación de ***applets***, programas pequeños que se descargan en Internet y se ejecutan en los navegadores web. Debido al carácter de plataforma cruzada de Java, estos *applets* deberían ejecutarse igualmente en cualquier navegador que soporte Java.

Los *applets* se incrustan en las páginas web usando la etiqueta HTML APPLET. Cuando el navegador ve la etiqueta APPLET, descarga el *applet* Java del servidor y entonces se ejecuta éste en el área de pantalla especificada en la etiqueta (véase la Figura 1.2).

JavaScript puede interaccionar con un *applet* Java en una página web, como se verá en el Capítulo 9. La combinación entre JavaScript y Java le permite ofrecer a los visitantes de su sitio una experiencia interesante y poderosa. Si le interesa aprender más sobre Java, le recomendamos **Java for the World Wide Web: Visual QuickStart Guide**, de Dori Smith.

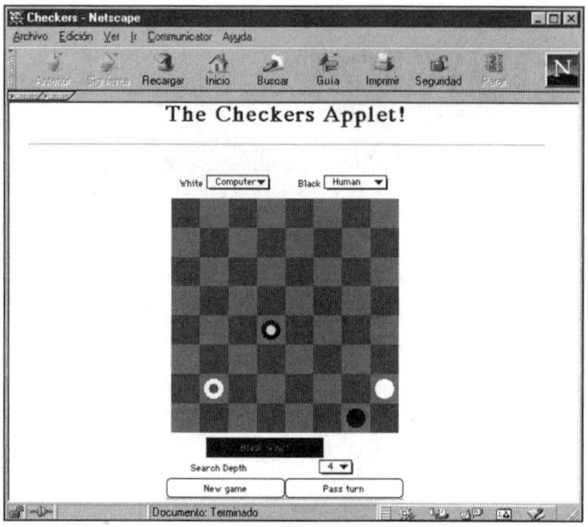


***Figura 1.2.*** *Este applet Java juega una reñida partida de damas; puede crearlo con JavaScript. El applet utiliza menús desplegables para la selección de los colores de los contrincantes. El applet también controla los botones de la parte inferior.*

*Figura 1.3. El objeto gato (éste se llama Píxel).*

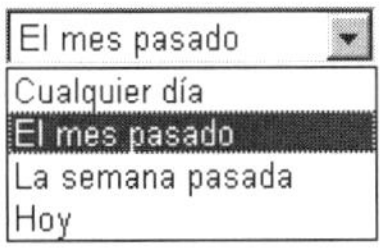


***Figura 1.4.*** *Este menú desplegable es un objeto de navegador, que puede manipularse con JavaScript.*

# Puntos importantes del lenguaje

He aquí otro tópico que deberíamos eliminar: JavaScript es un lenguaje **orientado a objetos**. ¿Qué significa esto?

## Objetos

Primero, pensemos en los objetos. Un **objeto** es una cosa de cualquier clase. Un gato, una computadora y una bicicleta son objetos en el mundo físico (véase la Figura 1.3). Los objetos con los que trata JavaScript en los navegadores web son ventanas, formularios y los elementos de los formularios, como los botones y las casillas de verificación (véase la Figura 1.4).

Como hay más de un gato, o más de una ventana, es aconsejable darles nombre. Aunque podría referirse a sus mascotas como Gato #1 y Gato #2, no es buena idea, por dos razones: primero, porque es más fácil llamar a los gatos si tienen nombres únicos, y segundo, porque es, sencillamente, descortés. Los ejemplos de este libro darán a los objetos nombres únicos.

**CONSEJO**

- Advierta que los guiones que puede ver en Internet se referirán a los objetos como, por ejemplo, ventana [0] y form [1]. No está bien, por las razones ya expuestas, y descubrirá que le resulta más fácil acordarse de los objetos de sus guiones si les asigna nombres en lugar de números.

## Propiedades

Los objetos tienen **propiedades**. Un gato tiene pelo, la computadora tiene teclado y la bicicleta tiene ruedas. En el mundo de JavaScript, una ventana tiene un título, y un formulario tiene una casilla de verificación.

Las propiedades pueden modificar a los objetos, y la misma propiedad se puede aplicar a objetos completamente diferentes. Supongamos que tiene una propiedad llamada vacío. Se puede utilizar vacío donde quiera que convenga, tanto para decir que el estómago del gato está vacío, como para decir que su cuenco está vacío.

Observe que el teclado de la computadora y las ruedas de la bicicleta no son sólo propiedades; son también objetos, que a su vez pueden tener propiedades. Así que los objetos pueden tener subobjetos.

## Métodos

Las cosas que pueden hacer los objetos se llaman **métodos**. Los gatos ronronean, las computadoras se rompen y las bicicletas ruedan. Los objetos de JavaScript también tienen métodos: click() para los botones, open() para las ventanas y el texto puede seleccionarse (método selected()). Los paréntesis indican que estamos refiriéndonos a un método, y no a una propiedad.

**CONSEJO**

- Puede ser útil pensar en los objetos y en las propiedades como nombres, y en los métodos como verbos. Los primeros son cosas, y los segundos, acciones que esas cosas pueden hacer, o pueden hacerles a ellas.

## Cómo juntar los fragmentos

Puede poner juntos los objetos, las propiedades y los métodos para obtener una descripción mejor de un objeto, o para describir un proceso. En JavaScript, están separados por puntos. Esto se denomina **sintaxis de punto**. He aquí algunos ejemplos de objetos y sus propiedades escritos de este modo:

```
bicycle.wheels
cat.paws.front.left
computer.disk.floppy
document.images.name
window.status
```

Y aquí hay algunos ejemplos de objetos y métodos escritos con sintaxis de punto:

```
cat.purr( )
document.write( )
forms.elements.radio.clic( )
```

**Tabla 1.1**

Manejadores de eventos

| EVENTO | LO QUE MANIPULA |
|---|---|
| onAbort | El usuario abortó la carga de la página. |
| onBlur | El usuario dejó el objeto. |
| onChange | El usuario cambió el objeto. |
| onError | El guión descubrió un error. |
| onFocus | El usuario activó un objeto. |
| onLoad | El objeto terminó de cargarse. |
| onMouseover | El cursor se desplazó sobre un objeto. |
| onMouseout | El cursor se retiró de un objeto. |
| onSelect | El usuario seleccionó los contenidos de un objeto. |
| onSubmit | El usuario envió un formulario. |
| onUnload | El usuario dejó la ventana. |

## Cómo manipular eventos

Los **eventos** son acciones que el usuario realiza mientras visita su página. Enviar un formulario y mover el ratón sobre una imagen son dos ejemplos de eventos.

JavaScript trabaja con eventos usando comandos denominados **manejadores de eventos**. Una acción del usuario en la página dispara un manejador de eventos en su guión. En la Tabla 1.1 encontrará la lista de los doce manejadores de eventos.

Digamos, por ejemplo, que nuestro gato manipula el evento onMimo realizando las acciones ronronear y estirarse.

En JavaScript, si el usuario hace clic en un botón, el manejador de eventos onClick registrará la acción y realizará las tareas asignadas.

Al escribir un guión, no es necesario anticipar toda acción posible que pueda efectuar el usuario, basta con aquellas en las que quiera que suceda algo especial. Por ejemplo, su página se cargará bien sin necesidad de un manejador de eventos onLoad. Pero debería usar el comando onLoad si quiere disparar un guión tan pronto como se cargue la página.

## Valores y variables

En JavaScript, un fragmento de información es un **valor**. Hay diferentes clases de valores; los que le resultarán más familiares son los números. Un valor de **cadena** es una palabra o palabras encerradas entre comillas. En la Tabla 1.2 se muestra una lista de los valores de JavaScript.

Las **variables** contienen valores. Por ejemplo, a la variable miNombre se le puede asignar la cadena "Aurora". Otra manera de escribir esto es miNombre="Aurora". El signo igual puede leerse como "está asignado a". En otras palabras, la variable miNombre contiene ahora el valor Aurora.

**CONSEJOS**

- JavaScript distingue entre letras mayúsculas y minúsculas. Esto significa que no es lo mismo minombre que miNombre, o MiNombre.
- Los nombres de variables no pueden contener espacios u otros caracteres de puntuación. Tampoco puede usarse ninguna de las palabras reservadas de JavaScript. Consulte la lista de palabras reservadas de JavaScript en el Apéndice B.

### Operadores

Los operadores son los símbolos usados para trabajar con variables. Ya está familiarizado con ellos gracias a la aritmética elemental: los signos más y menos son operadores. Consulte en la Tabla 1.3 la lista completa de operadores.

**CONSEJOS**

- Aunque tanto x++ como ++x añaden uno a la variable x, no son idénticos; el primero incrementa x después de que la asignación esté completa, y la segunda, antes. Por ejemplo, si x es 5, y = x++ da como resultado que y esté establecida a 5 y x a 6, mientras que "y = x++" da como resultado que tanto x como y tengan asignado el valor 6. El operador – funciona de forma similar.
- Si mezcla valores numéricos y de cadena (alfanuméricos) al sumar dos valores, el resultado es una cadena. Por ejemplo, "cat" + 5 da como resultado "cat5".

**Tabla 1.2**

Tipos de valores

| TIPO | DESCRIPCIÓN | EJEMPLO |
|---|---|---|
| Número | Cualquier valor numérico | 3,141592654 |
| Cadena | Caracteres entre comillas | "¡Hola Mundo!" |
| Booleano | Verdadero (*true*) o falso (*false*) | true |
| Nulo | Vacío y sin significado | |
| Objeto | Cualquier valor asociado con el objeto | |
| Función | Valor devuelto por una función | |

**Tabla 1.3**

Operadores

| OPERADORES | ACCIÓN |
|---|---|
| x + y (numérico) | Suma x e y. |
| x + y (cadena) | Concatena x e y. |
| x - y | Resta y de x. |
| x * y | Multiplica x e y. |
| x / y | Divide x entre y. |
| x % y | Módulos de x e y (por ejemplo, el resto cuando x se divide por y). |
| x++, ++x | Añade uno a x (igual que x = x + 1). |
| x--, --x | Resta uno de x (igual que x = x – 1) |
| -x | Invierte el signo de x. |

**Tabla 1.4**

| Asignaciones | |
|---|---|
| **ASIGNACIÓN** | **ACCIÓN** |
| x = y | Pone en x el valor de y. |
| x + = y | Igual que x = x + y. |
| x - = y | Igual que x = x – y. |
| x * = y | Igual que x = x * y. |
| x / = y | Igual que x = x / y. |
| x % = y | Igual que x = x % y. |

**Tabla 1.5**

<table>
<tr><th colspan="2">Comparaciones</th></tr>
<tr><td>COMPARACIÓN</td><td>ACCIÓN</td></tr>
<tr><td>x = = y</td><td>Devuelve verdadero si x e y son iguales.</td></tr>
<tr><td>x! = y</td><td>Devuelve verdadero si x e y no son iguales.</td></tr>
<tr><td>x>y</td><td>Devuelve verdadero si x es mayor que y.</td></tr>
<tr><td>x>y</td><td>Devuelve verdadero si x es mayor o igual que y.</td></tr>
<tr><td>x<y</td><td>Devuelve verdadero si x es menor que y.</td></tr>
<tr><td>x<=y</td><td>Devuelve verdadero si x es menor o igual que y.</td></tr>
<tr><td>x & & y</td><td>Devuelve verdadero si x e y son verdaderas.</td></tr>
<tr><td>x || y</td><td>Devuelve verdadero si x o y son verdaderas.</td></tr>
<tr><td>i x</td><td>Devuelve verdadero si x es falsa.</td></tr>
</table>

# Asignaciones y comparaciones

Cuando pone un valor en una variable, está asignando ese valor a la variable, y para ello deberá utilizar un operador de asignación. Por ejemplo, utilice el operador de igualdad para hacer una asignación, como en el caso de suNombre = "Antonio". En la Tabla 1.4 se encuentra la lista de los operadores.

Los operadores de asignación distintos al signo de igualdad sirven como atajos para modificar el valor de las variables. Por ejemplo, una manera más corta de decir x = x + 5 es x + = 5. Para mayor claridad, en este libro se ha usado la manera más larga en la mayoría de los casos.

## Comparaciones

A menudo querrá comparar el valor de una variable con el de otra, o el valor de una variable con un valor literal (esto es, el valor directamente escrito en la expresión). Por ejemplo, podría querer comparar el valor del día de la semana con "martes", para lo que tendrá que verificar si todaysDate = = "Tuesday". En la Tabla 1.5 hay una lista completa de comparaciones.

**CONSEJO**

- Si está comparando cadenas, advierta que "a" es mayor que "A", y que "abracadabra" es menor que "be".

## ¿Qué herramientas usar?

Como JavaScript es texto normal, podría usar casi cualquier tipo de editor de textos. Incluso podría usar un procesador de textos como Microsoft Word, aunque debería asegurarse de que Word guarde siempre el archivo como "Sólo texto", en vez de hacerlo en su formato original, que no puede leerse con un navegador web (ni siquiera con Internet Explorer, de Microsoft).

Es mejor que empiece con un programa que sólo admita texto normal como su formato estándar. En Windows 95, 98 o NT, mucha gente usa WordPad (véase la Figura 1.5). En Mac podría usar SimpleText, aunque el favorito de los profesionales es BBEdit, de Bare Bones Software (véase la Figura 1.6). En las computadoras Unix, uno de los mejores editores de textos es Emacs. No importa el programa que use, pero no olvide guardar sus archivos en formato sólo texto y con la extensión .html o .htm para que todo funcione correctamente al cargar el archivo en un servidor web.

También puede usar alguno de los editores HTML WYSIWYG disponibles, como Adobe GoLive, Microsoft Front Page (en PC; la versión Mac es horrible), Home Page, de FileMaker, o Dreamweaver, de Macromedia. Basta con que conmute a sus modos Fuente HTML y empiece a escribir guiones. GoLive proporciona incluso un desarrollo JavaScript integrado y una función de verificación de la sintaxis (véase la Figura 1.7).

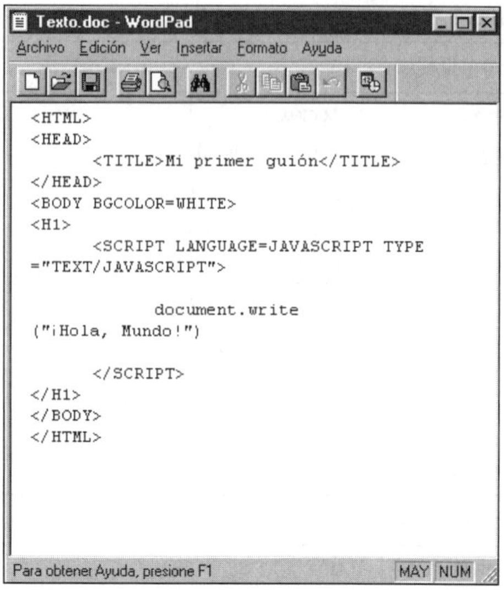


*Figura 1.5. WordPad en Windows 98.*

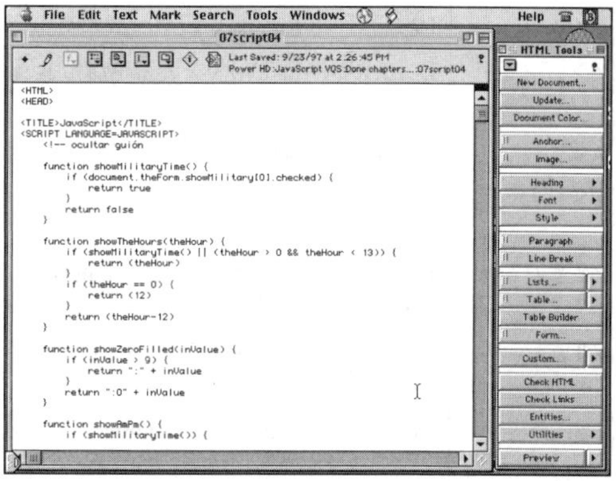


*Figura 1.6. BBEdit en Macintosh.*

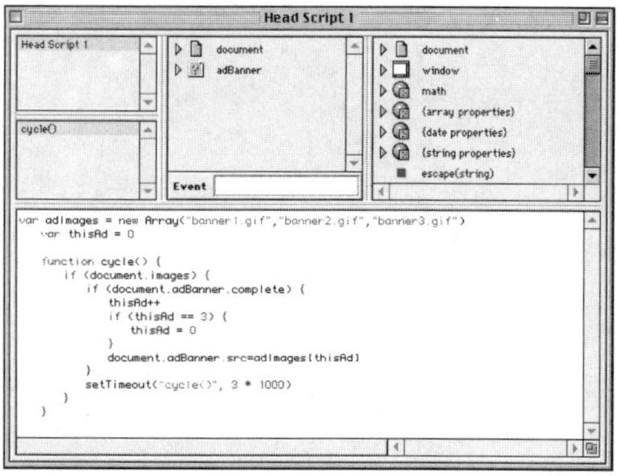


*Figura 1.7. Editor de JavaScript Adobe GoLive.*

# CÓMO EMPEZAR 2

Basta ya de precalentamiento; es hora de empezar a escribir guiones. En este capítulo aprenderá dónde colocar los guiones en el código HTML, cómo usar las ventanas de alerta para comunicarse con el usuario, cómo verificar la presencia de los *plug-ins* del navegador y mucho más. ¡Vamos allá!

## Dónde colocar los guiones

Los guiones se pueden colocar en dos sitios de la página HTML: entre las etiquetas <HEAD> y </HEAD> (llamadas encabezado del guión), o entre las etiquetas <BODY> y </BODY> (cuerpo del guión). El Guión 2.1 es un ejemplo de cuerpo de guión.

Hay una etiqueta contenedora HTML que denota guiones, y que, como es previsible, empieza por <SCRIPT> y termina por </SCRIPT>.

### Para escribir su primer guión

1. ```
   <SCRIPT LANGUAGE=JAVASCRIPT
   → TYPE 0 "TEXT/JAVASCRIPT>
   ```

   He aquí una etiqueta de apertura de guión. Le comunica al navegador que espere JavaScript en lugar de HTML. El atributo LANGUAGE=JAVASCRIPT identifica en el navegador qué lenguaje de guiones se está usando, y el atributo TYPE="TEXT/JAVASCRIPT" le dice al navegador que el guión está en texto normal, organizado como JavaScript.

2. ```
   document.write("¡Hola, Mundo!")
   ```

   Ésta es su primera línea de JavaScript, la cual toma el mando de la ventana de documento y escribe "¡Hola, Mundo!" en ella, como se aprecia en la Figura 2.1.

3. ```
   </SCRIPT>
   ```

   Con esto se termina el guión JavaScript y se indica al navegador que espere encontrar nuevamente código HTML.

**CONSEJOS**

- En la mayor parte del resto del libro, hemos omitido las etiquetas &lt;SCRIPT&gt; en las explicaciones del código. Como verá en los guiones, siguen estando presentes y todavía se necesitan, pero preferimos no abigarrar nuestras explicaciones con ellas.
- Puede tener tantas etiquetas de guión en una página como quiera (y, por tanto, múltiples guiones).

**Guión 2.1.** Los guiones siempre tienen que incluirse entre las etiquetas HTML &lt;SCRIPT&gt; y &lt;/SCRIPT&gt;.

```
<HTML>
<HEAD>
  <TITLE>Mi primer guión</TITLE>
</HEAD>
<BODY BGCOLOR=WHITE>
<H1>
  <SCRIPT LANGUAGE=JAVASCRIPT
  → TYPE="TEXT/JAVASCRIPT">

    document.write("¡Hola, Mundo!")

  </SCRIPT>
</H1>
</BODY>
</HTML>
```

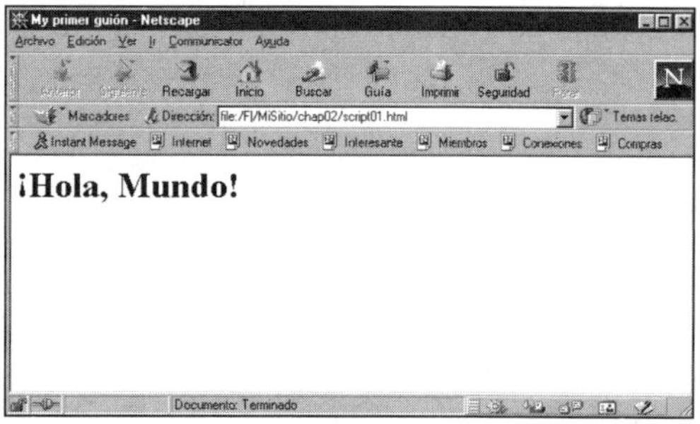


*Figura 2.1. El ejemplo "¡Hola, Mundo!" es de rigor en los libros de código. No podíamos dejar de incluirlo.*
```

**Guión 2.2.** He aquí cómo ocultar sus guiones a los navegadores antiguos.

```
<HTML>
<HEAD>
  <TITLE>Mi primer guión</TITLE>
</HEAD>
<BODY BGCOLOR=WHITE>
<H1>
  <SCRIPT LANGUAGE=JAVASCRIPT
  → TYPE="TEXT/JAVASCRIPT">
  <!-- Ocultar guión a navegadores antiguos

   document.write("¡Hola, Mundo!")

  // Fin de ocultación del guión a navegadores
  → antiguos -->
  </SCRIPT>
</H1>
</BODY>
</HTML>
```

# Cómo ocultar guiones a los navegadores antiguos

Los navegadores antiguos, entre los que se incluyen Netscape 1.x, las versiones 3 y anteriores de Microsoft Internet Explorer, así como las versiones anteriores a la 4 del navegador de America Online, no entienden JavaScript. Aunque los navegadores deberían ignorar cualquier cosa entre etiquetas que no entiendan, no todos lo hacen. Hay una técnica (como se muestra en el Guión 2.2) para engañar a esos navegadores antiguos, haciéndoles creer que el guión es un comentario HTML auténtico, en cuyo caso lo ignorarán.

## Para ocultar Javascript a los navegadores antiguos

1. `<!--Ocultar guión a navegadores antiguos`

   Esta línea abre el comentario HTML con <!--.

2. `document.write("¡Hola, Mundo!")`

   He aquí el código JavaScript real, como en el ejemplo anterior.

3. ```
   // Fin de ocultación del guión
   → a navegadores antiguos -->
   ```

   Esta línea empieza con //, lo que significa que es un comentario JavaScript, y termina con -->, que da por finalizado un comentario HTML.

**CONSEJOS**

- Esta técnica se usa a lo largo del libro; aquí sólo se explica. De ahora en adelante, deberá asumir que está incluida.
- Si tiene un mensaje que quiere que vean los usuarios de navegadores antiguos, puede añadirlo con una etiqueta <NOSCRIPT>. Será procesado tanto por los navegadores antiguos como por los más recientes cuando el usuario (trágicamente) haya desactivado JavaScript.
   ```

## Cómo poner comentarios en los guiones

Es buena idea acostumbrarse a añadir comentarios a los guiones. Se hace insertando comentarios que JavaScript no interpreta como comandos del guión. Aunque su guión le puede parecer suficientemente claro al escribirlo, si vuelve a él un par de meses más tarde puede que ya no lo encuentre tan claro.

Los comentarios le ayudarán a explicar por qué resolvió un problema de un modo determinado.

Otra razón para comentar un guión es la de ayudar a otras personas que quiera volver a usar y modificar su guión.

El guión anterior mostraba un ejemplo de comentario de una sola línea, que es una línea que comienza por //. El Guión 2.3 muestra un ejemplo de comentario más largo, de más líneas.

### Para comentar su guión

1. ```
   /* Éste es un ejemplo de un comentario
   → JavaScript largo. Advierta los
   → caracteres del principio y el
   → final del comentario.
   Este guión añade las palabras "¡Hola,
   → Mundo!" en el área del cuerpo de la
   → página HTML.
   ```

   Los caracteres /* al comienzo de la línea indican a JavaScript que ignore todo lo que sigue hasta que vea el final del operador de comentario.

2. ```
   */
   ```

   Éste es el final del operador de comentario.

3. ```
   document.write( "¡Hola, Mundo!")
   ```

   Y aquí está de nuevo el guión real, como en los dos ejemplos anteriores. Estamos tan hartos de ver este ejemplo como usted, pero es una tradición empezar todos los libros de programación con el ejemplo "¡Hola, Mundo!". Sea por la tradición.

**Guión 2.3.** He aquí cómo puede anotar comentarios en su guión, lo cual le sirve a usted y a los demás de ayuda para entender el código.

```
<HTML>
<HEAD>
  <TITLE>Mi primer guión</TITLE>
</HEAD>
<BODY BGCOLOR=WHITE>
<H1>
  <SCRIPT LANGUAGE=JAVASCRIPT
  → TYPE="TEXT/JAVASCRIPT">
    <!-- Ocultar guión a navegadores antiguos

    /* Éste es un ejemplo de un comentario
      → JavaScript largo. Advierta los
      → caracteres del principio y el
      → final del comentario.
      Este guión añade las palabras "¡Hola,
      → Mundo!" en el área del cuerpo de la
      → página HTML.
    */

    document.write("¡Hola, Mundo!")

    // Fin de ocultación del guión a
    → navegadores antiguos -->
  </SCRIPT>
</H1>
</BODY>
</HTML>
```
```

**Guión 2.4.** Las ventanas de alerta le ayudan a comunicarse con el usuario.

```
<HTML>
<HEAD>
  <TITLE>Mi página JavaScript</TITLE>
  <SCRIPT LANGUAGE=JAVASCRIPT
  → TYPE="TEXT/JAVASCRIPT">
  <!-- Ocultar guión a navegadores antiguos

    alert("¡Bienvenido a mi página JavaScript!")

  // Fin de ocultación del guión a navegadores
  → antiguos -->
  </SCRIPT>
</HEAD>
<BODY BGCOLOR=WHITE>
<NOSCRIPT>
  <H2>Esta página requiere JavaScript.</H2>
</NOSCRIPT>
</BODY>
</HTML>
```

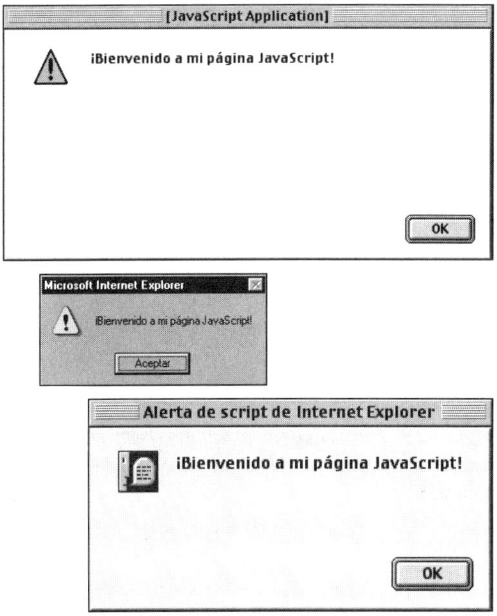


***Figura 2.2.*** *Algunas veces no hay mucho que decir. Este guión sólo despliega un cuadro de diálogo; los tres ejemplos muestran la apariencia del cuadro de diálogo, empezando por arriba, en Netscape Navigator de Macintosh, en Microsoft Internet Explorer de Windows y en Microsoft Internet Explorer de Mac.*

# Cómo avisar al usuario

Uno de los usos principales de JavaScript es el de proporcionar retroalimentación a los que navegan por su sitio. Puede crear una ventana de alerta que se abrirá y dará a los usuarios la información imprescindible sobre su página.

En el diseño de la interfaz de usuario, generalmente, cuanto menos, mejor. Por ejemplo, podría captar la atención del usuario con sirenas de alarma y grandes *banners* animados, pero sería de poca utilidad. En lugar de eso, el Guión 2.4 muestra cómo crear una ventana de alerta bonita y elegante.

## Para avisar al usuario

- `alert("¡Bienvenido a mi página → JavaScript!")`

  De eso se trata, como se muestra en la Figura 2.2. Basta con colocar el texto que debe aparecer en la ventana dentro del método alert( ) y entre comillas.

**CONSEJOS**

- En las ventanas de alerta JavaScript de Netscape, siempre verá un texto indicando al usuario que la ventana de alerta se debe a un comando JavaScript. En Netscape para Mac, dice JavaScript Application, como se muestra en la Figura 2.2. Es una medida de seguridad para evitar que autores poco escrupulosos engañen a los usuarios inocentes. No se puede codificar en torno a esto. En Internet Explorer para Mac, el título de la ventana es Internet Explorer Script Alert. Internet Explorer para Windows 98 no es tan explícito; la ventana sólo muestra Microsoft Internet Explorer.
- Verá también la etiqueta <NOSCRIPT> que se usa aquí. En los navegadores que no soportan JavaScript (los más antiguos, o los que tengan Javascript desactivado), aparecerá un mensaje indicando que la página requiere JavaScript.

## Cómo redireccionar al usuario

No sólo puede verificar la existencia de JavaScript, también puede comprobar qué versión de JavaScript tiene el usuario (véase el Apéndice A si desea más información sobre las versiones de JavaScript). El Guión 2.5 muestra cómo **redireccionar**, o enviar a los usuarios a otra página, dependiendo de la versión de JavaScript que soporte su navegador.

### Para redireccionar a un usuario

1. ```
   <SCRIPT LANGUAGE=JAVASCRIPT1.2
   → TYPE="TEXT/JAVASCRIPT">
   ```

   El atributo LANGUAGE de la etiqueta SCRIPT le permite especificar la versión mínima de JavaScript que necesita el navegador para ejecutar el guión. En este caso, el navegador necesita tener JavaScript 1.2 o posterior. Si el usuario no dispone de un navegador adecuado, verá una ventana como la que se muestra en la Figura 2.3.

2. ```
   window.location="jsbienvenido.html"
   ```

   Esta línea restablece la ubicación apropiada de la ventana actual. En otras palabras, le dice al navegador que cambie la página actual por la página especificada, en este caso jsbienvenido.html.

3. ```
   </SCRIPT>
   ```

   La etiqueta de cierre del guión.

**Guión 2.5.** Si el usuario tiene un navegador con soporte JavaScript, será redireccionado automáticamente a una página nueva.

```
<HTML>
<HEAD>
  <TITLE>¡Debería tener JavaScript!</TITLE>
  <SCRIPT LANGUAGE="JAVASCRIPT1.2"
  → TYPE="TEXT/JAVASCRIPT">
    <!-- Ocultar guión a navegadores antiguos

    window.location="jswelcome.html"

    // Fin de ocultación del guión a
    → navegadores antiguos -->
  </SCRIPT>
</HEAD>
<BODY BGCOLOR=WHITE>
<H2>No obtendrá mucho de este sitio
→ sin la última versión de JavaScript.
→ Le sugerimos que se actualice cuanto
→ antes.</H2>
</BODY>
</HTML>
```

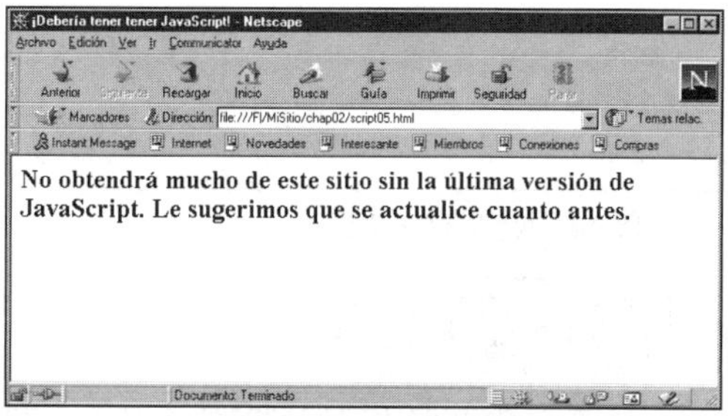


***Figura 2.3.*** *Este mensaje da al usuario el empujón necesario, si usted ha decidido que JavaScript es esencial para su sitio.*
```

**CONSEJOS**

- No es necesario añadir los atributos LANGUAGE o TYPE a la etiqueta de cierre del guión.
- En una página, puede escribir diferentes guiones para diferentes versiones del lenguaje. Por ejemplo, un guión podría ser para cualquier versión de JavaScript, otro para JavaScript 1.1 y versiones posteriores, y un tercero para JavaScript 1.2.
- Desgraciadamente, no hay manera de decir que un guión debería aplicarse sólo a JavaScript 1.1, por ejemplo. El atributo de lenguaje aceptará la versión especificada de Javascript y cualquier otra superior.
- Recuerde que si restringe el acceso a los usuarios dependiendo de la versión de JavaScript que tengan, expulsará de su sitio a algunos de ellos. Como el propósito de la mayoría de los sitios web es el de tener más, y no menos, visitantes, debería tener cuidado al escribir un código que requiera los navegadores más recientes. Un caso en el que generalmente está bien insistir en un navegador en particular o en una versión de JavaScript es si está escribiendo páginas para una intranet, que es un sitio web para uso interno de una empresa. Una empresa puede insistir y asegurarse de que sus usuarios están trabajando con un navegador determinado.

## Cómo redireccionar al usuario con un vínculo

Cuando un usuario carga el guión del ejemplo anterior, va a una página inicial, y luego, dependiendo del guión, el navegador carga automáticamente otra página. Este método siempre deja ver al usuario al menos un poco de la primera página, antes de ser enviado a la segunda. Este comportamiento no es muy elegante, así que el Guión 2.6 le muestra un método más adecuado de efectuar el redireccionamiento, incrustando la redirección en un vínculo. La Figura 2.4 muestra el punto de partida del visitante. Cuando hace clic en el vínculo, deberá ser transportado a una de dos páginas posibles, dependiendo de si tiene o no JavaScript.

### Para realizar una redirección más suave

- ```
  <H2 ALIGN=CENTER>
  → <A HREF="guion04.html"
  → onClick="window.location=
  → 'jsbienvenido.html'; return false">
  → ¡Bienvenido a nuestro sitio...!
  → </A></H2>
  ```

El guión JavaScript está completamente incrustado en la etiqueta de vínculo. Si los usuarios no tienen JavaScript y hacen clic en el vínculo, seguirán la ruta de acceso HREF habitual, y acabarán en una página como la de la Figura 2.5. Si los usuarios tienen JavaScript y hacen clic en el vínculo, el manejador OnClic carga una página nueva, jsbienvenido.html. La sentencia return false indica que se pare de procesar el clic del usuario, para que no se cargue la página HREF.

Lo novedoso de esto es que ha efectuado una redirección sin que los usuarios sepan lo que ha pasado. Están en una de dos páginas posibles, dependiendo de lo que disponían al llegar. Si tenían JavaScript, terminaron en la página que se muestra en la Figura 2.6.

**Guión 2.6.** Incrustando la redirección dentro de un vínculo, se evitan parpadeos no deseados en la ventana.

```
<HTML>
<HEAD>
  <TITLE>Bienvenido a nuestro sitio</TITLE>
</HEAD>
<BODY BGCOLOR=WHITE>
<H2 ALIGN=CENTER><A HREF="guion04.html"
→ onClick="window.location='jsbienvenido.html';
→ return false">¡Bienvenido a nuestro
→ sitio...!</A></H2>
</BODY>
</HTML>
```

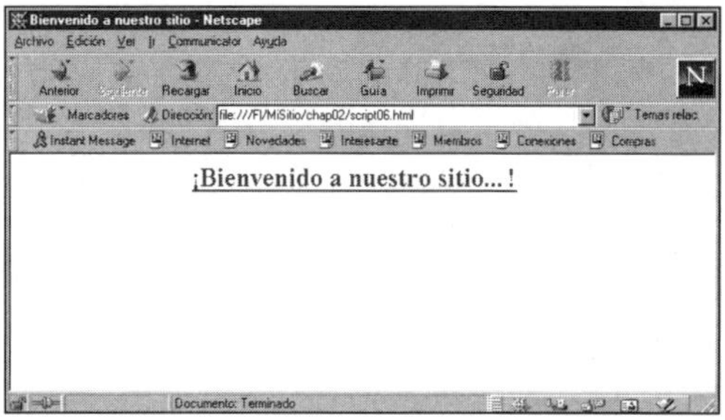


***Figura 2.4.*** *Esta página tiene el vínculo que contiene el código de redirección.*

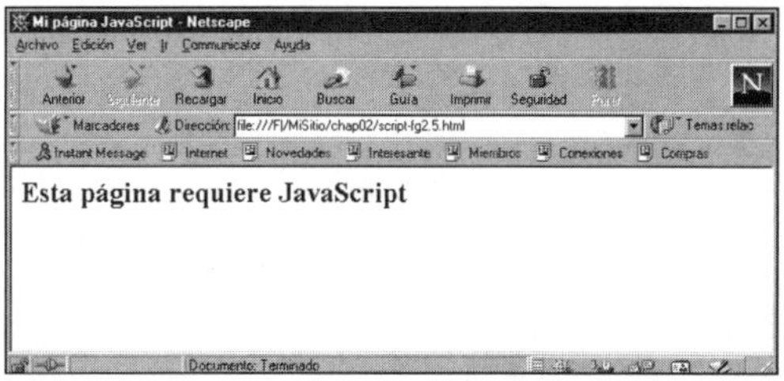


***Figura 2.5.*** *Si el usuario no tiene JavaScript, termina en esta página.*

***Figura 2.6.*** *Los navegadores que admiten JavaScript verán esta página.*
```

**Guión 2.7.** A menudo deseará verificar qué navegador tiene el usuario, y redireccionar a éste si su navegador no cumple los requisitos.

```
<HTML>
<HEAD>
  <TITLE>¿Cuál es su navegador?</TITLE>
</HEAD>
<BODY BGCOLOR=WHITE>
<H2>
  <SCRIPT LANGUAGE=JAVASCRIPT
  → TYPE="TEXT/JAVASCRIPT">
  <!-- Ocultar guión a navegadores antiguos

  if (navigator.appName == "Netscape") {
    document.write("Está ejecutando Netscape
    → Navigator, un navegador con soporte
    → JavaScript integrado.")
  }
  else {
    document.write("No está ejecutando
    → Netscape Navigator;
    → ¿quizá debería?")
  }

  // Fin de ocultación del guión a navegadores
  → antiguos -->
  </SCRIPT>
</H2>
</BODY>
</HTML>
```

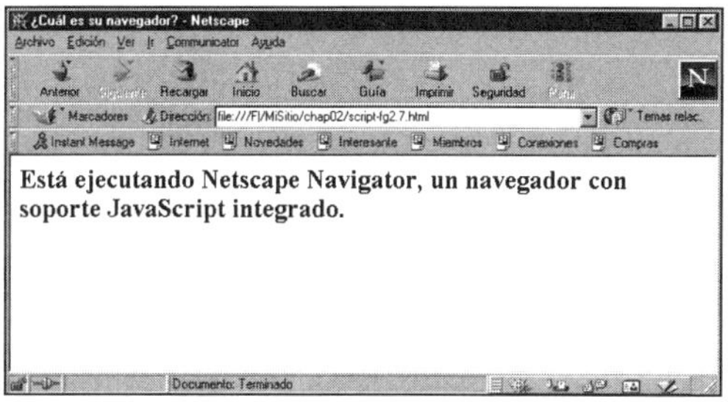


*Figura 2.7. Si el usuario tiene Netscape, el navegador que estamos verificando, todo va bien.*

# Detección del navegador y sentencias condicionales

A menudo querrá saber qué navegador tiene el usuario, para ofrecerle la página más adecuada. A esto se llama **detección del navegador**. El Guión 2.7 muestra cómo verificar si el usuario está ejecutando Netscape. Este guión también introduce la idea de las **sentencias condicionales**, que es donde el guión sitúa una prueba y realiza diversas acciones según los resultados de la prueba.

## Más sobre las sentencias condicionales

Las sentencias condicionales se dividen en tres partes: la sección if (si), donde se hace la prueba, la sección then (entonces), donde se sitúa la parte del guión que se quiere ejecutar si el resultado es verdadero, y una sección opcional, else (si no), que contiene la parte del guión que se quiere ejecutar si el resultado de la prueba no es verdadero. El contenido de lo que se está comprobando en la sección if está entre paréntesis, y el contenido de las otras dos secciones está cada uno de ellos contenido entre llaves tipográficas.

## Para descubrir el tipo de navegador del usuario usando una sentencia condicional

1. `if (navigator.appName = = "Netscape") {`

   Esto verifica la propiedad appName (nombre de la aplicación) del objeto navegador.

   Si es "Netscape", el guión continuará ejecutando la parte then de la sentencia condicional. La llave de apertura { muestra dónde empieza la parte then.

2. `document.write ("Está ejecutando`
   `→ Netscape Navigator, un navegador`
   `→ con soporte JavaScript integrado.")`

   Esta sentencia write sólo se ejecutará si el resultado de la prueba anterior es verdadero, como se muestra en la Figura 2.7. En otras palabras, si appName no es "Netscape", entonces esta línea no se ejecutará.

3. }

   Esta llave de cierre termina la parte then de la sentencia condicional.

4. `else {`

   Como la parte else de la sentencia condicional es opcional, su guión tiene que empezar por ella explícitamente. Esto se hace creando una parte else con una llave de apertura.

5. `document.write("No está ejecutando`
   `→ Netscape Navigator; ¿quizá debería?")`

   Ésta es la línea que se ejecuta si appName no es igual a "Netscape", como se muestra en la Figura 2.8.

6. }

   Esta etiqueta de cierre termina la parte else de la sentencia condicional.

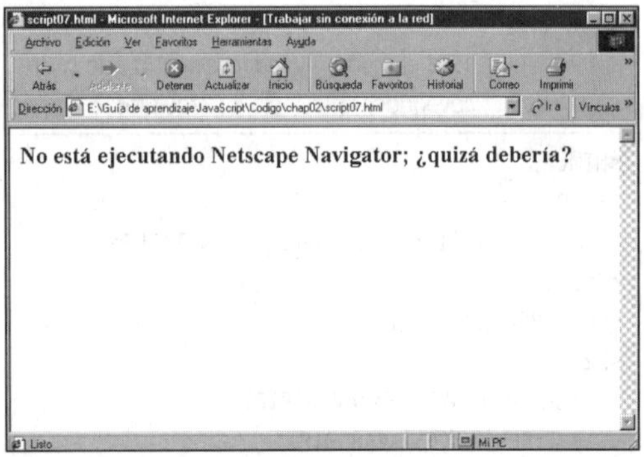


***Figura 2.8.*** *Si el usuario no está ejecutando Netscape, recibirá un aviso de cortesía.*

**CONSEJOS**

- Puede poner tantas sentencias como quiera dentro de las llaves de then y else.
- Las llaves no son necesarias en las sentencias condicionales si (y sólo si) hay un solo comando en esa parte. Para mayor claridad, se han incluido siempre las llaves en los ejemplos.
- Un método alternativo de escribir una sentencia condicional toma la forma:

  ```
  (condición) ? ParteVerdadera : ParteFalsa
  ```

  que es el equivalente de:

  ```
  if (condición) {
     ParteVerdadera
  }
  else  {
    ParteFalsa
  }
  ```

  Este libro evita esta sintaxis alternativa, también por afán de claridad, aunque puede que vea este formato en ejemplos que encontrará por todas partes. Este formato alternativo dificulta el seguimiento del guión por parte de los demás.

**Guión 2.8.** La comprobación de *plug-ins* pronto será de segunda naturaleza con un guión como éste.

```
<HTML>
<HEAD>
  <TITLE>¿Es necesario QuickTime 3?</TITLE>
</HEAD>
<BODY BGCOLOR=WHITE>
<H2 ALIGN=CENTER>El cometa Shoemaker-Levy 9
→ se estrelló en Júpiter en 1994.
<SCRIPT LANGUAGE=JAVASCRIPT
→ TYPE="TEXT/JAVASCRIPT">
  <!-- Ocultar guión a navegadores antiguos

  if (navigator.plugins["QuickTime Plug-in
→ 2.0"]) {
  document.write("<embed src='images/
  → CometAnim.mov'
  → width=320 height=250 loop=false
  → autoplay=true>")
  }
  else {
    document.write("<img src='images/
    → cometanim.jpg'
    → width=320 height=208 alt='comet'>")
  }

// Fin de ocultación del guión a navegadores
→ antiguos -->
</SCRIPT>
</H2>
</BODY>
</HTML>
```

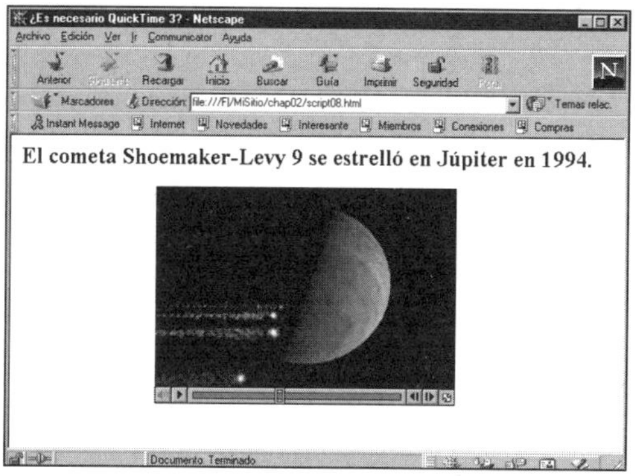


***Figura 2.9.*** *Si el usuario tiene QuickTime, coloque el archivo de la película en la página.*

# Detección de *plug-ins*

Los *plug-ins* del navegador proporcionan al autor de la página web una gran cantidad de opciones, incluyendo diversos contenidos multimedia, como sonidos, vídeos y animaciones. El problema de los *plug-ins* es que no se puede estar seguro de que el usuario tiene instalado el *plug-in* que usted requiere. JavaScript puede ayudarle a descubrir qué *plug-ins* tiene instalados el usuario, y si éste no dispone del necesario, puede enviarle a una página donde descargar el *plug-in* requerido. El Guión 2.8 comprueba la presencia del *plug-in* de vídeo QuickTime, uno de los más comunes. No le confunda el hecho de que el guión compruebe la presencia de "QuickTime Plug-in 2.0" y en pantalla aparezca "¿Es necesario QuickTime 3?". Ésa es la versión del *plug-in* que viene con QuickTime 3.

## Para comprobar la existencia de un *plug-in*

1. ```
   if (navigator.plugins ["QuickTime
   → Plug-in 2.0"]) {
   ```

   Como el guión está realizando una comprobación, usa una sentencia condicional if. En este caso, verifica si el objeto navigator.plugins contiene el nombre "QuickTime Plug-in 2.0"; si es así, la prueba devuelve un resultado verdadero; es decir, el *plug-in* QuickTime está presente. Observe que si la coincidencia no es exacta, entonces la prueba se devolverá como falsa. Si Apple cambia el nombre del *plug-in*, tendrá que modificar su guión.

2. ```
   document.write("<embed src=
   → 'images/CometAnim.mov' width=320
   → height=250 loop=false
   → autoplay=true>")
   ```

   Como QuickTime está presente, el guión escribe un poco de HTML en la ventana del documento. La etiqueta <embed> se usa para insertar una película QuickTime en las páginas web (véase la Figura 2.9).

3. ```
   else {
     document.write("<img src=
     → 'images/cometanim.jpg '
     → width=320 height=208
     → alt='comet'>")
   ```
   ```

Aquí es donde el guión trata con la posibilidad de que QuickTime no esté disponible. En ese caso, la película QuickTime es sustituida por una imagen JPEG (véase la Figura 2.10).

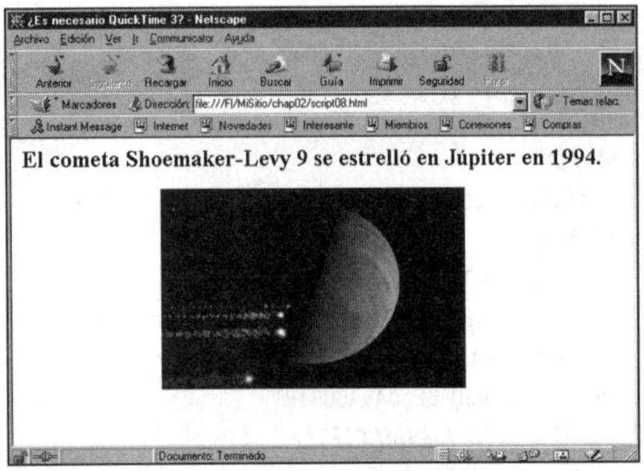


***Figura 2.10.*** *Si QuickTime no está presente, reemplace la película por una imagen JPEG.*

CONSEJOS

- Desgraciadamente, este ejemplo sólo funciona en Netscape Navigator. Internet Explorer 4 (y posteriores) incluye el objeto plugins, pero está siempre vacío. Sin embargo, Microsoft Internet Explorer para Windows usará ActiveX para cargar automáticamente el *plug-in* para el usuario si el navegador no lo tiene aún. Los usuarios de Internet Explorer 4 para Mac lo tienen realmente mal; Internet Explorer para Mac no puede comunicar en absoluto sus amplias capacidades. La única posibilidad es no usar para nada la detección del *plug-in* de JavaScript, y simplemente hacer que los usuarios hagan clic en un vínculo para llevarlos a páginas con contenido de ese *plug-in* si los usuarios saben que su navegador tiene instalado ese *plug-in*.

- Podría contemplar la posibilidad de que el usuario tuviera desactivado JavaScript y se visualizara en ese caso la imagen JPEG, añadiendo este código a la sección <BODY> de la página:

```
<NOSCRIPT>
<IMG SRC="IMAGES/COMETANIM.JPG"
→ ALT="" WIDTH="320" HEIGHT="208" >
</NOSCRIPT>
```

- Este guión busca por el nombre un *plug-in* determinado. Si el nombre cambia, tendrá que modificar el guión para buscar el nombre nuevo.

**Guión 2.9.** Bienvenido a su primer bucle de JavaScript.

```
<HTML>
<HEAD>
  <TITLE>¿Es necesario Flash?</TITLE>
  <SCRIPT LANGUAGE=JAVASCRIPT
  → TYPE="TEXT/JAVASCRIPT">
    <!-- Ocultar guión a navegadores antiguos

    hasFlash = false
    for (i=0; i<navigator.plugins.length;
    → i++) {
      if (navigator.plugins[i].
      → name.indexOf("Flash") >= 0) {
        hasFlash = true
      }
    }

    // Fin de ocultación del guión a
    → navegadores antiguos -->
  </SCRIPT>
</HEAD>
<BODY BGCOLOR=WHITE>
<H2>
  <SCRIPT LANGUAGE=JAVASCRIPT
  → TYPE="TEXT/JAVASCRIPT">
    <!-- Ocultar guión a navegadores antiguos

    if (hasFlash) {
       document.write("Tiene Flash. ¡Es una
       → persona afortunada!")
    }
    else {
      document.write("Lo lamentamos, no
      → tiene Flash.")
    }

    // Fin de ocultación del guión a
    → navegadores antiguos -->
  </SCRIPT>
</H2>
</BODY>
</HTML>
```

# A vueltas con los bucles

En el último ejemplo, verificó si estaba presente un *plug-in* determinado. Pero si el usuario tiene múltiples *plug-ins* (algo muy común), va a tener que repetir la prueba hasta que verifique todos los *plug-ins*. Para hacerlo, tendrá que usar un **bucle**, lo que le permitirá repetir una acción un número determinado de veces.

## Más sobre los bucles

La clase de bucle usado en este libro es el bucle for, llamado así por el comando con que empieza el bucle. Esta clase de bucle usa un **contador**, que es una variable que comienza con un valor (generalmente 0) y termina cuando se ha satisfecho una prueba condicional dentro del bucle.

El comando con el que empieza la estructura del bucle es seguido inmediatamente por un paréntesis. Dentro del paréntesis encontrará generalmente la definición del contador y el modo en que se incrementa (esto es, el modo en que aumenta su valor). El Guión 2.9 muestra cómo configurar y usar un bucle para verificar todos los *plug-ins* de un usuario en busca de la presencia de un *plug-in* para Macromedia Flash. Mientras estudia el Guión 2.9, observe que contiene dos guiones, uno en el encabezado y otro en el cuerpo de la página. El guión del encabezado verifica la presencia del *plug-in* para Flash, y el guión del cuerpo escribe uno de los dos mensajes posibles en la ventana del navegador, dependiendo del resultado de la prueba del *plug-in*.

## Para usar un bucle en la verificación de *plug-ins*

1. `hasFlash = false`

   La primera cosa que hace el guión del encabezado es establecer una variable **booleana**, o lógica, llamada hasFlash. Una variable booleana sólo puede tener el valor verdadero o falso.

2. ```
   for (i = 0; i>navigator.plugins.
   → length; i++) {
   ```

   Esta línea comienza el bucle. La variable i la utilizan tradicionalmente los programadores para denotar una variable empleada como contador. Primero, i se establece a 0. Un punto y coma señala que hay otra sentencia en la misma línea. La siguiente parte se lee así: "si i es menor que el número de *plug-ins*, entonces añadir 1 al valor de i". Como esto es nuevo, conviene analizarlo un poco. El objeto navigator.plugins.length asigna el número de *plug-ins* instalados. El fragmento i++ usa el operador ++ que vio en el Capítulo 1 para incrementar en 1 el valor de i.

3. ```
   if (navigator.plugins[i].
   → name.indexOf("Flash") >= 0) {
   ```

   Esta línea empieza una prueba condicional en el bucle. El objeto navigator.plugins[i] usa los corchetes para indicar que la prueba debe realizarse consultando el *plug-in* de la lista con el valor actual de i. De modo que si el bucle ha verificado ya, por ejemplo, dos *plug-ins*, el valor de i en el bucle la próxima vez debería ser 2 (JavaScript empieza contando desde 0, no desde 1; consulte la nota "Cadenas de JavaScript"). El método indexOf() devuelve dónde (y si) se encontró la cadena "Flash" en navigator.plugins [i].name. Si la cadena no se encuentra, el valor es —1. Si se encuentra, el valor es el de su posición inicial (empezando otra vez desde 0).

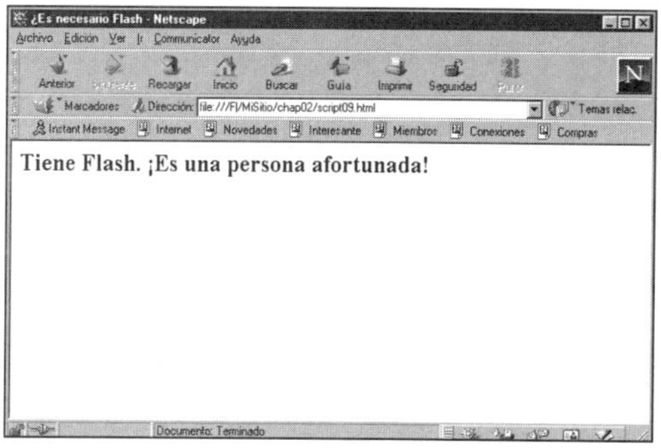


***Figura 2.11.*** *Después de verificar todos los* plug-ins *instalados en el navegador del usuario, el bucle descubrió que Flash estaba presente.*

4. `hasFlash = true`

   Cuando la prueba se ha realizado, la variable hasFlash queda establecida como verdadera y finaliza el guión del encabezado.

5. `if (hasFlash) {`

   En el cuerpo del guión, esta prueba condicional muestra cómo las cosas pueden complicarse en JavaScript. Esta línea puede leerse así: "si hasFlash es verdadero, vaya al siguiente paso". En este caso, tener la variable dentro del paréntesis de la sentencia if implica que el valor de la variable debe ser verdadero para continuar.

6. ```
   document.write("Tiene Flash. ¡Es una
   → persona afortunada!")
   ```

   Si el resultado de la prueba es verdadero, entonces se escribe el texto entrecomillado en la ventana de documento (véase la Figura 2.11).

7. ```
   else {
     document.write("Lo lamentamos, no
     → tiene Flash.")
   ```

   Si la prueba falla, comunique las malas noticias al usuario con esta sentencia.

## Cadenas de JavaScript

¿Cuándo una palabra como "gato" tiene una "t" en la segunda posición? Cuando es una cadena JavaScript.

En JavaScript, el primer carácter está en la posición 0. Así que, usando el ejemplo de la palabra "gato", "g" estaría en la posición 0, "a" estaría en la posición 1, "t" estaría en la posición 2 y "o" en la posición 3.

Sólo al verificar la longitud de la palabra "gato" con la función length(), vemos realmente un valor de 4. Todos los demás métodos de cadena están basados en cero, esto es, empiezan por 0.

## Funciones

Antes de pasar al siguiente ejemplo, necesita aprender algo sobre las funciones, que usará a menudo al escribir código JavaScript. Una **función** es un conjunto de sentencias JavaScript que realiza una tarea. Cada función debe recibir un nombre y puede ser invocada, o **llamada**, por otras partes del guión.

Las funciones pueden llamarse cuantas veces sea necesario durante la ejecución del guión. Por ejemplo, supongamos que tiene alguna información que un usuario tecleó en un formulario y que usted ha guardado usando JavaScript (encontrará más información sobre este tipo de cosas en el Capítulo 6).

Si necesita usar esa información una y otra vez, podría repetir el mismo código una y otra vez en su guión. Pero es mejor escribir ese código una vez como función, y luego llamarla cuando la necesite.

Una función consiste en la palabra function seguida por el nombre de la función. Hay siempre un paréntesis después del nombre de la función y después una llave de apertura. Las sentencias que constituyen la función continúan en las líneas siguientes; la función se cierra con otra llave. Una función puede parecerse a esto:

```
function decirAlgo() {
 alert("Los fusilamientos del 3 de mayo")
}
```

¿Ve que la línea que empieza con alert está sangrada? Esto hace más legible el código. Todas las sentencias entre la primera llave y la última (y habrá observado que esas dos líneas no están sangradas) son parte de la función.

## Cómo llamar a una funció

Generalmente se usa un manejac para llamar a una función. Si quisiera llamar a la función decirAlgo cuando el usuario hiciera clic en un botón, usaría un código como éste:

```
<INPUT TYPE=BUTTON VALUE="Goya"
→ onClick="decirAlgo()"
```

## Cómo pasar información a una función

A menudo querrá tomar alguna información y dársela a la función para que la procese. A esto se llama **pasar** la información. Usando como ejemplo la función anterior, la función se modifica así (y en el Guión 2.10):

```
function decirAlgo(mensaje) {
  alert(mensaje)
}
```

**Guión 2.10.** Puede llamar a la misma función una y otra vez.

```
<HTML>
<HEAD>
  <TITLE>Análisis de una función</TITLE>
  <SCRIPT LANGUAGE=JAVASCRIPT TYPE="TEXT/JAVASCRIPT">
    <!-- Ocultar guión a navegadores antiguos

    function decirAlgo(mensaje) {
       alert(mensaje)
    }

    // Fin de ocultación del guión a navegadores antiguos -->
  </SCRIPT>
</HEAD>
<BODY BGCOLOR=WHITE>
<H2>Cuadros famosos de pintores españoles</H2>
<HR>
<FORM>
  <INPUT TYPE=BUTTON VALUE="Goya" onClick="decirAlgo('Los fusilamientos del 3 de mayo')">
  <INPUT TYPE=BUTTON VALUE="Velázquez" onClick="decirAlgo('Las Meninas')">
  <INPUT TYPE=BUTTON VALUE="Murillo" onClick="decirAlgo('Muchachos comiendo melón y uvas')">
</FORM>
</BODY>
</HTML>
```

Y el código del botón también se cambia:

```
<INPUT TYPE=BUTTON VALUE="Velázquez"
→ onClick="decirAlgo('Las Meninas')">
```

En la definición de la función superior, la variable mensaje es un **parámetro** de la función. Cuando la función fue llamada, los datos 'Las Meninas' pasaron al parámetro mensaje. Los parámetros de la función pueden ser casi cualquier dato que quiera usar, incluyendo cadenas de texto, números u otros objetos JavaScript. Como en todas las variables, debería dar a las que usa como parámetros de función nombres que le recuerden aquello para lo que se usa la variable.

Lo bueno de usar esta clase de función es que puede tener un grupo de botones, y todos podrían llamar a la misma función, aunque deriven en diferentes mensajes de alerta, como se ve en la Figura 2.12.

```
<INPUT TYPE=BUTTON VALUE="Goya"
→ onClick="decirAlgo('Los fusilamientos del 3
→ de mayo')">

<INPUT TYPE=BUTTON VALUE="Velázquez"
→ onClick="decirAlgo('Las Meninas')">

<INPUT TYPE=BUTTON VALUE="Murillo"
→ onClick="decirAlgo('Muchachos comiendo melón
→ y uvas')">
```

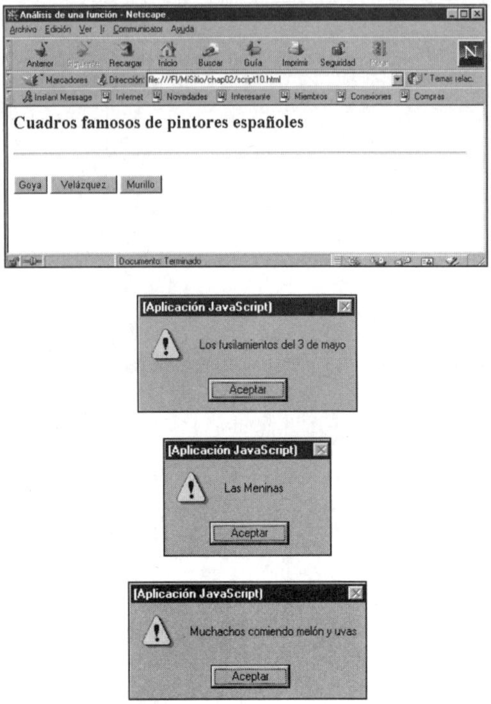


***Figura 2.12.*** *Llamar a la función con cada uno de los tres botones de la ventana superior da como resultado tres respuestas diferentes, como se muestra en los tres cuadros de diálogo.*

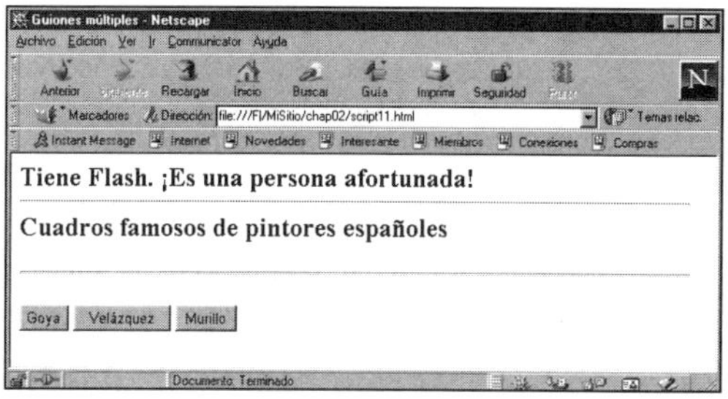


***Figura 2.13.*** *Tanto la verificación del* plug-in *como el ejemplo de paso de la función se muestran en la página resultante.*

## Cómo insertar más de un guión en una página

En este punto del libro, ya habrá visto guiones que hacen una cosa cada vez. Pero en el mundo real, es más probable que quiera realizar varias cosas usando un guión, o incluso tener múltiples guiones en una página. Podría necesitar un guión que dirigiera al usuario sin JavaScript a una página alternativa, verificara los *plug-ins* y determinara qué navegador tiene el usuario, todo con un solo guión. Un buen modo de hacer múltiples cosas en una página es agrupar por un lado las cosas indicadas para el encabezado del guión, y agrupar por otro las acciones del cuerpo del guión. El Guión 2.11 le muestra cómo combinar los ejemplos de los Guiones 2.9 y 2.10 en una página. La Figura 2.13 muestra el resultado de los guiones combinados.

**Guión 2.11.** Este guión combina las características de los Guiones 2.9 y 2.10 en una página.

```
<HTML>
<HEAD>
  <TITLE>Guiones múltiples</TITLE>
  <SCRIPT LANGUAGE=JAVASCRIPT TYPE="TEXT/JAVASCRIPT">
    <!-- Ocultar guión a navegadores antiguos

    hasFlash = false
    for (i=0; i<navigator.plugins.length; i++) {
      if (navigator.plugins[i].name.indexOf("Flash") >= 0) {
         hasFlash = true
      }
    }

    function decirAlgo(mensaje) {
      alert(mensaje)
    }

    // Fin de ocultación del guión a navegadores antiguos -->
  </SCRIPT>
</HEAD>
<BODY BGCOLOR=WHITE>
<H2>
  <SCRIPT LANGUAGE=JAVASCRIPT TYPE="TEXT/JAVASCRIPT">
    <!-- Ocultar guión a navegadores antiguos

    if (hasFlash) {
      document.write("Tiene Flash. ¡Es una persona afortunada!")
```

(Continúa en página siguiente)

CONSEJOS

- Puede incluir todas las cosas que quiere hacer en una sola etiqueta <SCRIPT> en el encabezado. No hay necesidad de crear múltiples encabezados de guiones, un error común del programador de guiones neófito.
- Observe que ninguna parte del código incluido en el Guión 2.11 cambió de apariencia respecto al Guión 2.9 ó 2.10.

**Guión 2.11.** Este guión combina las características de los Guiones 2.9 y 2.10 en una página. *(Continuación)*

```
      }
      else {
        document.write("Lo lamentamos, no tiene
        → Flash.")
      }

      // Fin de ocultación del guión a
      → navegadores antiguos -->
    </SCRIPT>
<HR>
Cuadros famosos de pintores españoles</H2>
<HR>
<FORM>
  <INPUT TYPE=BUTTON VALUE="Goya"
  → onClick="decirAlgo('Los fusilamientos
  → del 3 de mayo')">
  <INPUT TYPE=BUTTON VALUE="Velázquez"
  → onClick="decirAlgo('Las Meninas')">
  <INPUT TYPE=BUTTON VALUE="Murillo"
  → onClick="decirAlgo('Muchachos comiendo
  → melón y uvas')">
</FORM>
</BODY>
</HTML>
```

**Guión 2.12.** Los mensajes de estado con desplazamiento no son difíciles de crear.

```
<HTML>
<HEAD>
  <TITLE>Mi página JavaScript</TITLE>
    <SCRIPT LANGUAGE=JAVASCRIPT
    → TYPE="TEXT/JAVASCRIPT">
    <!-- Ocultar guión a navegadores antiguos

    myMsg = "¡Hey, bonita barra de estado
    → desplazable! ... "
    i = 0

    function scrollMsg() {
      window.status =
      → myMsg.substring(i,myMsg.length) +
      → myMsg.substring(0,i-1)
      if (i < myMsg.length) {
         i++
      }
      else{
         i = 0
      }
      setTimeout("scrollMsg()",50)
    }

    // Fin de ocultación del guión a
    → navegadores antiguos -->
</SCRIPT>
</HEAD>
<BODY BGCOLOR=WHITE onLoad="scrollMsg()">
<H2>En JavaScript se puede disponer de una
→ barra de estado desplazable.</H2>
</BODY>
</HTML>
```

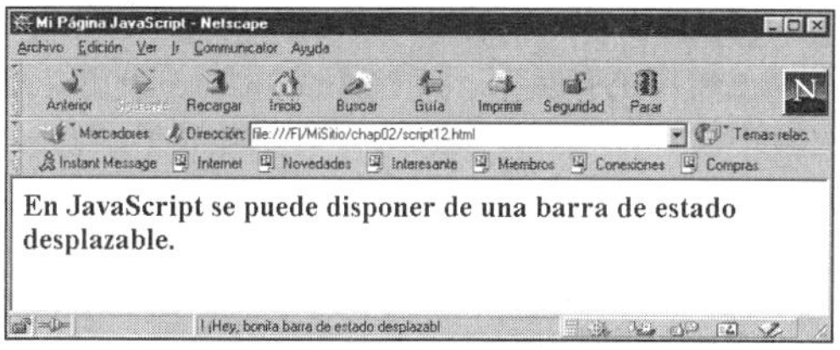


*Figura 2.14. Observe el mensaje desplazándose en la barra de estado al pie de esta ventana.*

# Barras de estado con desplazamiento

Probablemente haya visto navegando por la Red uno de los efectos JavaScript más comunes. Son esos mensajes que se desplazan en las barras de estado de las ventanas de los navegadores. No es especialmente difícil hacerlo, y el Guión 2.12 muestra cómo. La Figura 2.14 muestra el resultado; observe en la parte inferior de la figura el texto que aparece en el paso 1.

## Para hacer una barra de estado con desplazamiento

1. `myMsg="¡Hey, bonita barra de estado`
   `→ desplazable!..."`

   Esta línea asigna a la variable myMsg el texto entrecomillado.

2. `i=0`

   La variable i la utilizan tradicionalmente los programadores para denotar una variable usada como contador. A lo largo de este guión, i aumentará de valor y luego se establecerá nuevamente a cero, dependiendo de la parte del guión que se esté ejecutando. En esta línea, se está inicializando i (o creándose) con un valor inicial de cero.

3. `function scrollMsg() {`

   Esta línea crea una función llamada scrollMsg.

4. `window.status=`
   `→ myMsg.substring(i,myMsg.length) +`
   `→ myMsg.substring(0,i-1)`

   Esta línea establece window.status, la línea de estado propiedad del objeto ventana. En otras palabras, es la línea de la parte inferior de la ventana del navegador que muestra su estado actual. El mensaje que se desplaza está establecido dividiendo myMsg en dos partes. El método substring(x,y) actúa sobre un objeto, en este caso la cadena myMsg, y devuelve parte de la cadena, empezando con el carácter situado en la posición x, y deteniéndose en un carácter antes de y. Así que, en esta línea, la primera instancia de substring() está tomando una parte de myMsg, empezando en i y terminando en 43, que es uno menos que el número de caracteres de la cadena del paso 1. Este ejemplo obtiene primero la mitad derecha de myMsg, empezando en la posición i y continuando hasta el final de la cadena. El resultado se añade entonces a la segunda instancia de substring(), que contiene la mitad izquierda de myMsg, empezando en la posición 0 y continuando hasta la posición i. Según aumenta i, la primera instancia de substring() se hace progresivamente menor, mientras que la segunda se hace progresivamente mayor.

Por ejemplo, si myMsg fuera "lunes", e i fuera 3, la primera instancia de substring() sería "es", y la segunda instancia de substring() sería "lun". Entonces, cuando i se incrementara hasta 4, la primera instancia sería "s", y la segunda sería "lune". Por tanto, la línea de estado iría desde "eslun" a "slune" hasta "lunes". Recuerde que las cadenas de JavaScript empiezan por 0, no por 1.

5. 
```
if (i < myMsg.length) {
   i++
```

Si el valor de i es menor que la longitud de la variable myMsg, se añade 1 al valor de i.

6. 
```
else {
    i = 0
```

Si el valor de i es igual o mayor que la variable myMsg, la variable i se inicia con el valor cero.

7. 
```
setTimeout ("scrollMsg( )", 50)
```

El comando setTimeout es la manera que tiene JavaScript de añadir una pausa a un proceso. Dentro de los paréntesis, especifique el nombre de la función en la que quiere hacer una pausa, añada una coma para separar el nombre del periodo de tiempo y añada luego el periodo de tiempo en milisegundos.

En esta línea, está aplicando setTimeout a la función scrollMsdg. La longitud de la pausa es de 50 milisegundos. Esto creará un desplazamiento bastante rápido en la barra de estado.

**CONSEJOS**

- Si quiere que el mensaje se desplace más deprisa, disminuya el número "50" en el paso 7. Para hacer más lento el desplazamiento, aumente el número.
- No es probable que tenga que utilizar los milisegundos en su vida cotidiana. Observe que un segundo es igual a 1.000 milisegundos.

**¡Deténganme antes de que vuelva a pecar!**

Las barras de estado con desplazamiento se consideran en estos días un tópico de mal gusto, algo parecido a la denostada etiqueta <BLINK>. Le hemos mostrado cómo hacerlo por afán de rigor, pero debería pensarlo dos veces antes de añadir una barra de estado con desplazamiento en su sitio.

**Guión 2.13.** Un mensaje de estado de imagen de sustitución puede ser bastante útil para el usuario.

```
<HTML>
<HEAD>
  <TITLE>Vínculos significativos</TITLE>
</HEAD>
<BODY BGCOLOR=WHITE>
  <H1>Bienvenido a mi página</H1>
  <H2>Haga clic aquí si quiere saber más cosas
  → sobre
  → <A HREF="mihijo.html"
  → onMouseover="window.status='El mejor hijo
  → del mundo';return true"
  → onMouseout="window.status='';return
  → true">mi hijo</A>,
  → o aquí para conocer más detalles de
  → <A HREF="gato.html"
  → onMouseover="window.status='Un lindo
  → gatito';return true"
  → onMouseout="window.status='';return
  → true">mi gato</A>.</H2>
</BODY>
</HTML>
```

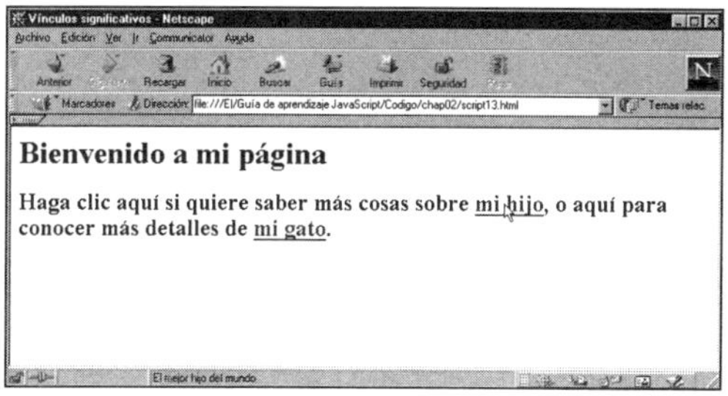


*Figura 2.15. Observe el mensaje de estado personalizado de este vínculo.*

# Mensajes en la barra de estado

Otro truco que puede hacer con la barra de estado del navegador suele ser bastante útil y efectivo: puede usar la barra de estado para mostrar un vínculo, dando al usuario más información sobre el vínculo cuando el cursor pase por encima de él, pero antes de que el usuario haga clic en él. Por ejemplo, si tiene en su página un mapa de imagen, puede usar la barra de estado para describir al usuario las áreas de la imagen. Ofreciendo a los usuarios más información, intensifica su experiencia con su sitio. El Guión 2.13 introduce una nueva manera de usar JavaScript; puede añadir comandos JavaScript en las etiquetas ancla de HTML (la etiqueta empleada en los vínculos). Vea el resultado en la Figura 2.15.

## Para poner un mensaje en la barra de estado

1. 
```
<A HREF="mihijo.html"
→ onMouseover="window.status=
→ ´El mejor hijo del mundo´;
→ return true"
→ onMouseout="window.status=´´;
→ return true">mi hijo</A>
```

Esta línea es una etiqueta ancla de HTML con un hipervínculo de texto estándar en ella, a excepción de un fragmento de código JavaScript. El manejador de eventos onMouseover dice a JavaScript que ejecute la acción cuando el usuario mueve el puntero sobre el vínculo mi hijo. El comando ;return true es necesario para visualizar el mensaje; si no está presente, el mensaje no funcionará. El manejador onMouseout funciona en torno a un problema en algunas versiones de Internet Explorer, porque aunque Netscape entiende que sólo debería visualizarse el mensaje durante el paso del ratón por encima, Microsoft Internet Explorer (o, al menos, algunas de sus versiones) continuará visualizando ese mensaje después de haber pasado el cursor del ratón. El comando onMouseout vuelve a establecer window.status a nada. De nuevo, necesita ;return true para asegurarse de que el guión funcione.

2. 
```
<A HREF="gato.html"
→ onMouseover="window.status=
→ 'Un lindo gatito';return true"
→ onMouseout="window.status='';
→ return true">mi gato</A>
```

Contraviniendo un viejo proverbio de Hollywood, el guión funciona bien tanto con niños como con animales. En esta línea, el gato recibe el mismo tratamiento que el niño en la línea precedente.

# DIVERSIÓN CON IMÁGENES 3

Uno de los mejores usos de JavaScript es el de añadir emoción a las páginas web animando gráficos. De eso trata este capítulo. Hacer que las imágenes de las páginas web cambien cuando el usuario mueve el ratón sobre la imagen, haciendo por tanto que la página reaccione con el usuario, es uno de los trucos más comunes (y efectivos) que puede aprender con JavaScript. Esta **imagen de sustitución** es fácil de implementar, y tiene, como verá, muchas aplicaciones.

También puede usar JavaScript para crear imágenes que cambien automáticamente, e incluso hacer *banners* animados que reemplacen a los archivos GIF animados.

## Cómo crear imágenes de sustitución

La idea que subyace en las imágenes de sustitución es simple. Tenemos dos imágenes. La primera, o imagen **original**, el usuario la carga y la visualiza con el resto de la página web. Cuando éste mueve el ratón sobre la primera imagen, el navegador cambia rápidamente la primera imagen por la segunda, o imagen de **sustitución**, creando la ilusión de movimiento o animación.

El Guión 3.1 le proporciona la estructura de la imagen de sustitución; todo se hace en un vínculo de imagen estándar. Primero se carga una flecha azul (véase la Figura 3.1), luego se sobrescribe con una flecha roja al mover el usuario el ratón sobre la imagen (véase la Figura 3.2). Cuando el usuario retira el ratón, vuelve a dibujarse la flecha azul.

**Guión 3.1.** He aquí la manera más simple de crear una imagen de sustitución dentro de una etiqueta de vínculo.

```
<HTML>
<HEAD>
  <TITLE>Una imagen de sustitución
  → sencilla</TITLE>
</HEAD>
<BODY BGCOLOR=WHITE>
  <A HREF="next.html" onMouseover=
  → "document.arrow.src='images/
  → redArrow.gif'"onMouseout=
  → "document.arrow.src='images/
  → blueArrow.gif'"><IMG SRC="images/
  → blueArrow.gif" WIDTH=147 HEIGHT=82
  → BORDER=0 NAME="arrow"></A>
</BODY>
</HTML>
```

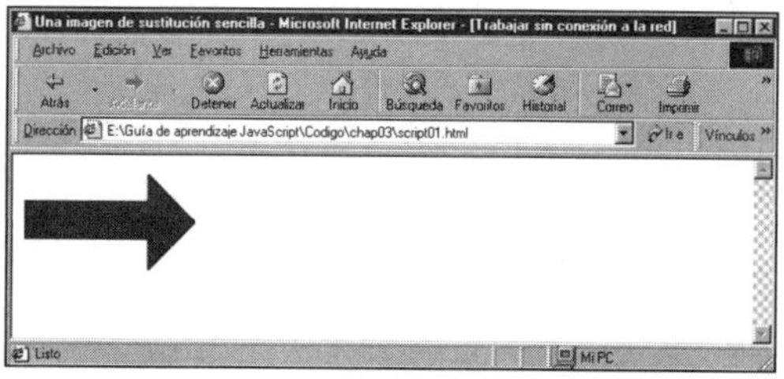


*Figura 3.1. La primera imagen, antes de que el usuario mueva el ratón sobre ella.*

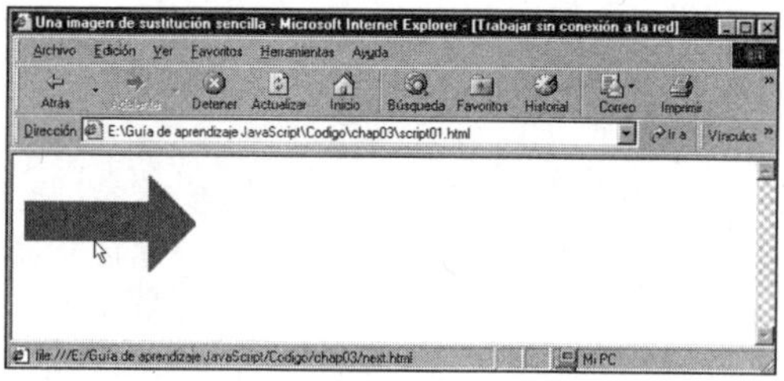


*Figura 3.2. Cuando el ratón está sobre la imagen, el guión sustituye la primera imagen por la segunda.*

### Errores comunes en las imágenes de sustitución

Después de haber escrito la segunda edición de este libro, recibimos mucho correo electrónico, y gran parte era de gente desesperada porque sus imágenes de sustitución no funcionaban. Decían que copiaban nuestro código, lo verificaban una y otra vez, y no funcionaba. Cuando estudiamos su código encontramos que el primer error que cometían era que no insertaban el atributo NAME en la etiqueta IMG. Se concentraban tanto en la parte del guión de la página que olvidaban asegurarse de que el atributo NAME estaba en el código HTML. Y si no se asigna un nombre a la imagen, JavaScript no puede encontrarla.

Otro error común es poner los manejadores de eventos onMouseover u onMouseout en la etiqueta IMG. Deben estar siempre en la etiqueta <A>, que es la etiqueta ancla que crea un hipervínculo.

## Para crear una imagen de sustitución

1. 
```
<A HREF="next.html"
```

   El vínculo empieza especificando a dónde irá el navegador cuando el usuario haga clic en la imagen; en este caso, irá a la página next.html.

2. 
```
onMouseover="document.arrow.src=
→ 'images/redArrow.gif'"
```

   Cuando el usuario mueve el ratón sobre la imagen, la imagen de sustitución redArrow.gif, que está en el directorio images, se escribe en la ventana del documento.

3. 
```
onMouseout="document.arrow.src=
→ 'images/blueArrow.gif'">
```

   Luego, cuando el ratón se va, la imagen blue-Arrow.gif es introducida de nuevo.

4. 
```
IMG SRC= "images/blueArrow.gif"
→ WIDTH=147 HEIGHT=82 BORDER=0
→ NAME="arrow"></A>
```

   El resto del vínculo de la imagen define la fuente de la imagen original en la página, y cierra la etiqueta del vínculo.

**Desventajas de esta clase de imágenes de sustitución**

Este método para hacer imágenes de sustitución es muy sencillo, pero debe ser consciente de que entraña algunos problemas.

- Usando este método provocará un mensaje de error en los navegadores antiguos, como Netscape 2.0 o anteriores, Internet Explorer 3.0 o anteriores y America Online 2.7.
- Como la segunda imagen se descarga del servidor a la vez que el usuario pasa por la primera imagen, puede haber un retraso perceptible antes de que la segunda imagen sustituya a la primera.

En lugar de usar este método, sugerimos que use el siguiente sistema para crear imágenes de sustitución, que resuelve ambos problemas.

## Cómo crear imágenes de sustitución más eficaces

Para crear la ilusión de movimiento, necesita asegurarse de que la imagen de sustitución aparezca inmediatamente, sin retraso alguno al ser tomada desde el servidor. Para hacerlo, se usa JavaScript para precargar todas las imágenes en la memoria caché del navegador (para que estén ya en el disco duro del usuario cuando se necesiten) y colocar las imágenes en las variables del guión. Entonces, cuando el usuario mueve el ratón sobre una imagen, el guión cambia una variable que contiene una imagen por una segunda variable que contiene la imagen de sustitución. El Guión 3.2 muestra cómo se hace. El resultado visible es el mismo que el de las Figuras 3.1 y 3.2, pero la animación es más suave.

### Para crear una imagen de sustitución mejor

1. `if (document.images) {`

```
    arrowRed=new Image
    arrowBlue=new Image

    arrowRed.src=
    → "images/redArrow.gif"
    arrowBlue.src=
    → "images/blueArrow.gif"
    arrowBlue.src=
    → "images/blueArrow.gif"
}
```

   Este código verifica si el navegador entiende los objetos de imagen (véase la nota). Si es así, el código asigna arrowRed y arrowBlue a dos objetos de imagen separados. Luego, usando la propiedad .src, llena los dos objetos con los GIF de las flechas roja y azul.

2. `else {`

```
   arrowRed=" "
   arrowBlue=" "
   document.arrow=" "
}
```

   Éste es el código que dice a los navegadores antiguos (los que fallaron en la prueba del paso 1) qué hacer. Para evitar los mensajes de

**Guión 3.2.** Este método para crear imágenes de sustitución es mejor que el del Guión 3.1, porque no provoca errores en los navegadores antiguos y la navegación es más suave.

```
<HTML>
<HEAD>
  <TITLE>Una imagen de sustitución
  → sencilla</TITLE>
  <SCRIPT LANGUAGE=JAVASCRIPT
  → TYPE="TEXT/JAVASCRIPT">
  <!-- Ocultar guión a navegadores antiguos

  if (document.images) {
    arrowRed = new Image
    arrowBlue = new Image

    arrowRed.src = "images/redArrow.gif"
    arrowBlue.src = "images/blueArrow.gif"
  }
  else {
    arrowRed = ""
    arrowBlue = ""
    document.arrow = ""
  }

  // Fin de ocultación del guión a navegadores
  → antiguos -->
  </SCRIPT>
</HEAD>
<BODY BGCOLOR=WHITE>
  <A HREF="next.html"
  → onMouseover="document.arrow.src=
  → arrowRed.src"
  → onMouseout="document.arrow.src=
  → arrowBlue.src">
  → <IMG SRC="images/blueArrow.gif"
  → WIDTH=147 HEIGHT=82 BORDER=0
  → NAME="arrow"></A>
</BODY>
</HTML>
```

error en los navegadores antiguos, hay que crear algunas variables de restricción, esto es, variables que no harán nada, salvo crearse y permanecer vacías.

Considérelas como espacios. Cree dos variables llamadas arrowRed y arrowBlue, y establézcalas como vacías. Luego cree document.arrow, también vacía.

3.
```
<A REF.="next.html" onMouseover=
→ "document.arrow.src=arrowRed.src"
→ onMouseout="document.arrow.src=
→ arrowBlue.src">
```

El resto de la imagen de sustitución se manipula en la etiqueta del vínculo. Cuando el usuario pone el ratón sobre el gráfico de la flecha azul (onMouseover), el guión cambia la flecha azul por el gráfico de la flecha roja (document.arrow.src=arrowRed.src).

Cuando el cursor del ratón deja el área del gráfico, el guión devuelve el gráfico a la flecha azul.

**CONSEJOS**

- Cuando prepare sus gráficos para imágenes de sustitución, asegúrese de que todas sus imágenes GIF no son transparentes. Las imágenes transparentes mostrarán la imagen de debajo, a la que están sustituyendo.
- La imagen original y la de sustitución han de tener dimensiones idénticas. De otro modo, el navegador redimensionará las imágenes por usted, y seguramente no le gustará la distorsión del resultado.

### Una manera ingeniosa de resolver el problema de la versión del navegador

La poción del autor de HTML (por no mencionar la del de JavaScript) es asegurarse de que las páginas creadas funcionarán como se pretende en los navegadores antiguos (o, al menos, no tendrán un aspecto horrible). Una manera de atajar este problema sería escribir un código que verifique determinados navegadores antiguos. Podría escribir un código en bucle sin fin que preguntara al navegador si es Netscape 2, Netscape 3 o Internet Explorer 2.0, y así sucesivamente, deteniéndose cada vez que obtuviera una respuesta positiva. El problema es que hay tantas versiones de navegadores que es difícil hacer que funcione un código como éste, especialmente porque quedará obsoleto cada vez que una compañía saque una nueva versión de su navegador.

El Guión 3.2 resuelve el problema activando document.images, que pregunta: "¿Entiende el navegador los objetos de imagen?".

El truco aquí consiste en que document.images sólo está implementado en JavaScript 1.1 y posteriores, que salió al mercado con Netscape 3.0, y, por tanto, elimina de golpe gran cantidad de navegadores antiguos.

## Cómo disparar imágenes de sustitución desde un vínculo

En ejemplos anteriores, el usuario disparaba la imagen de sustitución poniendo el ratón encima de una imagen. Pero también puede hacer que se dispare una imagen de sustitución cuando el usuario señale un vínculo de texto, como en las Figuras 3.3 y 3.4. Lo único que tiene que hacer es poner un vínculo de texto dentro de una etiqueta <A HREF, como en el Guión 3.3.

**Guión 3.3.** Este guión dispara una imagen de sustitución desde un vínculo de texto.

```
<HTML>
<HEAD>
  <TITLE>Imagen de sustitución con vínculo</TITLE>
  <SCRIPT LANGUAGE=JAVASCRIPT TYPE="TEXT/JAVASCRIPT">
  <!-- Ocultar guión a navegadores antiguos

  if (document.images) {
    arrowRed = new Image
    arrowBlue = new Image

    arrowRed.src = "images/redArrow.gif"
    arrowBlue.src = "images/blueArrow.gif"
  }
  else {
    arrowRed = ""
    arrowBlue = ""
    document.arrow = ""
  }

  // Fin de ocultación del guión a navegadores antiguos -->
  </SCRIPT>
</HEAD>
<BODY BGCOLOR=WHITE>
<A HREF="next.html" onMouseover="document.arrow.src=arrowRed.src"
→ onMouseout="document.arrow.src=arrowBlue.src"><H1>Siguiente página</H1></A><BR>
<IMG SRC="images/blueArrow.gif" WIDTH=147 HEIGHT=82 NAME="arrow">
</BODY>
</HTML>
```

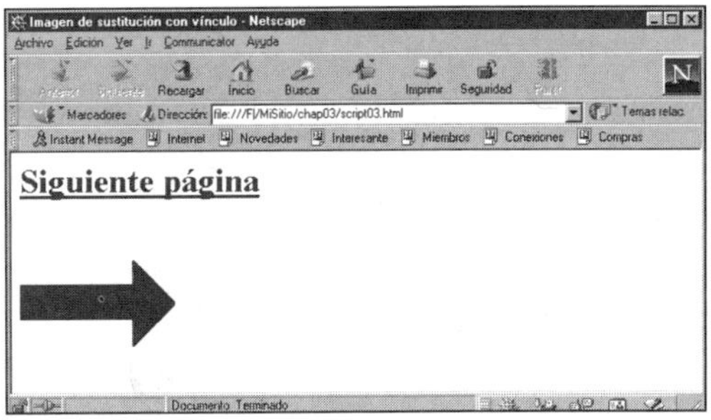


***Figura 3.3.*** *El vínculo de texto es el mecanismo de disparo de esta imagen de sustitución.*

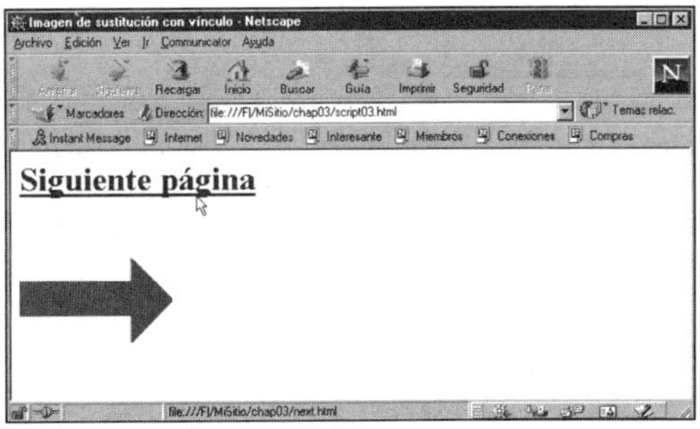


***Figura 3.4.*** *Cuando el usuario señala al vínculo, cambia el gráfico inferior.*

## Para disparar una imagen de sustitución desde un vínculo

```
• <A HREF="next.html" onMouseover=
  → "document.arrow.src=arrowRed.src"
  → onMouseout="document.arrow.src=
  → arrowBlue.src"><H1>Siguiente página</H1>
  → </A>
```

Observe que el vínculo de texto que dice Siguiente página está dentro de la etiqueta del vínculo, lo que lo convierte en el disparador de onMouseover y de onMouseout. Se ha sacado la etiqueta IMG fuera de la etiqueta del vínculo; ahora sigue a la etiqueta del vínculo.

**CONSEJO**

- Esta técnica de disparo es útil cuando quiere ofrecer al usuario un adelanto de lo que se verá cuando haga clic en el vínculo al que apunta. Por ejemplo, supongamos que tiene un sitio de viajes describiendo viajes a Escocia, Tahití y Cleveland. A la izquierda de la página puede haber una columna de vínculos de texto para cada destino, mientras que a la derecha puede haber un área de previsualización donde aparece una imagen. Cuando el usuario apunta al nombre de un destino, aparece una imagen de ese lugar en el área de previsualización. Haciendo clic en el vínculo, el usuario es transportado a una página donde se detalla su fabuloso lugar de vacaciones.

## Imágenes múltiples cambiando una sola imagen de sustitución

Hasta ahora hemos visto cómo pasando el ratón por encima de una sola imagen o vínculo puede dispararse un efecto de imagen de sustitución. Pero también puede dispararse una imagen de sustitución con varias imágenes diferentes. Puede resultar muy útil cuando tiene varias imágenes que quiere anotar. Desplazándose sobre cada una de las imágenes aparecería la descripción de esa imagen. En este ejemplo, se ha hecho exactamente lo mismo con imágenes de tres inventos de Leonardo da Vinci. Según se desplaza sobre cada imagen, la descripción de ella aparece en un cuadro de texto. La descripción es otra imagen. Realmente, hay tres imágenes, una para cada invento. La Figura 3.5 muestra el Guión 3.4 en acción. Al igual que la mayoría de los guiones de este libro, se basa en ejemplos previos, así que se explicarán sólo los conceptos nuevos.

***Figura 3.5.*** *Esta página tiene tres imágenes: una máquina voladora, un tanque y un helicóptero. Cuando se desplaza sobre la imagen, aparece su descripción bajo el rostro de Leonardo.*

### Para hacer que múltiples imágenes cambien una sola imagen de sustitución

1. ```
   <A HREF.="flyPage.html" onMouseover=
   → "document.textField.src=
   → flyText.src" onMouseout=
   → "document.textField.src=
   → bgText.src"><IMG SRC="images/
   → flyer.gif" WIDTH=293 HEIGHT=165
   → BORDER=0 VSPACE=20></A>
   ```

   Esta línea manipula el invento superior, la máquina voladora. El manejador de eventos onMouseover pone los contenidos de flyText.src en document.textField.src (textField es el nombre del área que tiene la descripción del invento), y cuando el ratón no está sobre la imagen, sustituye la descripción con una imagen de fondo vacía.

**Guión 3.4.** Cambiar una sola imagen desde múltiples imágenes de sustitución es la clave de este guión.

```
<HTML>
<HEAD>
  <TITLE>Imagen de sustitución compleja</TITLE>
  <SCRIPT LANGUAGE=JAVASCRIPT
  → TYPE="TEXT/JAVASCRIPT">
  <!-- Ocultar guión a navegadores antiguos

  if (document.images) {
     flyText = new Image
     tankText = new Image
     bgText = new Image
     heliText = new Image

     flyText.src = "images/fmText.gif"
     tankText.src = "images/tankText.gif"
     bgText.src = "images/bg.gif"
     heliText.src = "images/heliText.gif"
  }
  else {
```

*(Continúa en página siguiente)*
```

**Guión 3.4.** Cambiar una sola imagen desde múltiples imágenes de sustitución es la clave de este guión. *(Continuación)*

```
    flyText = ""
    tankText = ""
    bgText = ""
    heliText = ""
    document.textField = ""
  }

  // Fin de ocultación del guión a navegadores
  → antiguos -->
  </SCRIPT>
</HEAD>
<BODY BGCOLOR="#EECC99">
<TABLE>
<TR VALIGN=TOP>
  <TD>
    <IMG SRC="images/leoText.gif" WIDTH=375
    → HEIGHT=26><BR>
    <A HREF="flyPage.html" onMouseover=
    → "document.textField.src=flyText.src"
    → onMouseout="document.textField.src=
    → bgText.src"><IMG SRC="images/
    → flyer.gif" WIDTH=293 HEIGHT=165
    → BORDER=0 VSPACE=20></A><BR>
    <A HREF="tankPage.html" onMouseover=
    → "document.textField.src=tankText.src"
    → onMouseout="document.textField.src=
    → bgText.src"><IMG SRC="images/
    → tanks.gif" WIDTH=325 HEIGHT=92
    → BORDER=0></A><BR>
    <A HREF="heliPage.html" onMouseover=
    → "document.textField.src=heliText.src"
    → onMouseout="document.textField.src=
    → bgText.src"><IMG SRC="images/
    → helicopter.gif" WIDTH=224 HEIGHT=160
    → BORDER=0 VSPACE=20></A>
  </TD>
  <TD>
    <IMG SRC="images/DaVinci.jpg" WIDTH=144
    → HEIGHT=219 HSPACE=50><BR>
    <IMG SRC="images/bg.gif" WIDTH=208
    → HEIGHT=27 NAME="textField" VSPACE=20>
</TR>
</TABLE>
</BODY>
</HTML>
```

2.
```
<A HREF="tankPage.html" onMouseover=
→ "document.textField.src=
→ tankText.src" onMouseout=
→ "document.textField.src=
→ bgText.src">
```

El vínculo de la segunda imagen de la página (el tanque) funciona de manera similar al de la primera imagen. La única diferencia es que establece document.textField.src a tankText.src.

3.
```
<A HREF="heliPage.html" onMouseover=
→ "document.textField.src=
→ heliText.src" onMouseout=
→ "document.textField.src=
→ bgText.src">
```

El tercer vínculo, el del helicóptero, establece document.textField.src a heliText.src.

4.
```
<IMG SRC="images/bg.gif" WIDTH=208
→ HEIGHT=27  NAME="textField"
→ VSPACE=20>
```

Ésta es la etiqueta IMG de la descripción de la imagen, con el nombre textField, y muestra la clave de este guión. Las tres etiquetas ancla referencian al mismo objeto de documento (document.textField.src), no a objetos distintos. Por eso todas cambian el mismo objeto.

# Cómo trabajar con múltiples imágenes de sustitución

¿Y si desea que la imagen que dispara la imagen de sustitución sea también una imagen de sustitución? La Figura 3.6 se basa en el último ejemplo, y muestra cómo se ha añadido esta característica. Al desplazarse sobre una de las imágenes de los inventos, aparece la imagen de la descripción, como antes, pero esta vez también cambia la imagen del invento por otra imagen sombreada. Esto da al usuario retroalimentación visual sobre lo que se apunta (por si no fuera suficiente el cursor). El Guión 3.5 muestra cómo esto requiere sólo una simple adición al ejemplo anterior.

*Figura 3.6. Al desplazarse sobre una de las imágenes, aparece una descripción, así como una zona sombreada alrededor.*

## Para trabajar con múltiples imágenes de sustitución

1. 
```
flyOff = new Image
tankOff = new Image
heliOff = new Image
flyOn = new image
tankOn = new Image
helliOn = new Image
flyOff.src = "images/flyer.gif"
tankOff.src = "images/tanks.gif"
→ heliOff.src = "images/helicopter.gif"
flyOn.src = "images/flyer2.gif"
tankOn.src = "images/tanks2.gif"
→ helliOn.src = "images/helicopter2.gif"
```

   Estas líneas se añadieron a partir del último ejemplo, porque el guión tiene más imágenes con las que trabajar. Establecen la activación y desactivación de las imágenes de cada uno de los tres inventos. En la parte else de la condición if (document.images), será necesario añadir variables vacías para navegadores antiguos.

**Guión 3.5.** Este guión muestra cómo disparar múltiples imágenes de sustitución.

```
<HTML>
<HEAD>
   <TITLE>Imagen de sustitución compleja</TITLE>
   <SCRIPT LANGUAGE=JAVASCRIPT
   → TYPE="TEXT/JAVASCRIPT">
   <!-- Ocultar guión a navegadores antiguos

if (document.images) {
   flyText = new Image
   tankText = new Image
   bgText = new Image
   heliText = new Image

   flyText.src = "images/fmText.gif"
   tankText.src = "images/tankText.gif"
   bgText.src = "images/bg.gif"
   heliText.src = "images/heliText.gif"

   flyOff = new Image
   tankOff = new Image
   heliOff = new Image
```

*(Continúa en página siguiente)*

2. 
```
<A HREF="flyPage.html" onMouseover=
→ "document.textField.src=
→ flyText.src;document.flyImg.src=
→ flyOn.src" onMouseout=
→ "document.textField.src=
→ bgText.src;document.flyImg.src=
→ flyOff.src">
```

La diferencia de esta etiqueta de vínculo es que tiene dos sentencias de asignación para onMouseover, y dos para onMouseout, separadas en cada caso por punto y coma. Los puntos y coma permiten que un comando siga a otro, así que puede usar un punto y coma para agrupar las sentencias de asignación.

**Guión 3.5.** Este guión muestra cómo disparar múltiples imágenes de sustitución. *(Continuación)*

```
   flyOn = new Image
   tankOn = new Image
   heliOn = new Image

   flyOff.src = "images/flyer.gif"
   tankOff.src = "images/tanks.gif"
   heliOff.src = "images/helicopter.gif"
   flyOn.src = "images/flyer2.gif"
   tankOn.src = "images/tanks2.gif"
   heliOn.src = "images/helicopter2.gif"
}
else {
   flyText = ""
   tankText = ""
   bgText = ""
   heliText = ""

   flyOff = ""
   tankOff = ""
   heliOff = ""
   flyOn = ""
   tankOn = ""
```

*(Continúa en página siguiente)*

CONSEJO

- Es importante recordar que cada imagen sobre la que se desplaza debe tener un nombre único.

**Guión 3.5.** Este guión muestra cómo disparar múltiples imágenes de sustitución. *(Continuación)*

```
        heliOn = ""

        document.flyImg = ""
        document.tankImg = ""
        document.heliImg = ""
        document.textField = ""
    }

    // Fin de ocultación del guión a navegadores antiguos -->
    </SCRIPT>
</HEAD>
<BODY BGCOLOR="#EECC99">
<TABLE>
<TR VALIGN=TOP>
    <TD>
        <IMG SRC="images/leoText.gif" WIDTH=375 HEIGHT=26><BR>
        <A HREF="flyPage.html" onMouseover="document.textField.src=flyText.src;
        → document.flyImg.src=flyOn.src" onMouseout="document.textField.src=bgText.src;
        → document.flyImg.src=flyOff.src"><IMG SRC="images/flyer.gif" WIDTH=293 HEIGHT=165 BORDER=0
        → VSPACE=20 NAME="flyImg"></A><BR>
        <A HREF="tankPage.html" onMouseover="document.textField.src=tankText.src;
        → document.tankImg.src=tankOn.src" onMouseout="
        → document.textField.src=bgText.src;
        → document.tankImg.src=tankOff.src"><IMG SRC="images/tanks.gif" WIDTH=325 HEIGHT=92
        → BORDER=0 NAME="tankImg"></A><BR>
        <A HREF="heliPage.html" onMouseover="document.textField.src=heliText.src;
        → document.heliImg.src=heliOn.src" onMouseout="document.textField.src=bgText.src;
        → document.heliImg.src=heliOff.src"><IMG SRC="images/helicopter.gif" WIDTH=224 HEIGHT=160
        → BORDER=0 VSPACE=20 NAME="heliImg"></A>
    </TD>
    <TD>
        <IMG SRC="images/DaVinci.jpg" WIDTH=144 HEIGHT=219 HSPACE=50><BR>
        <IMG SRC="images/bg.gif" WIDTH=208 HEIGHT=27 NAME="textField" VSPACE=20>
    </TD>
</TR>
</TABLE>
</BODY>
</HTML>
```

**Guión 3.6.** Usar una función es de utilidad para la fluidez de su código.

```
<HTML>
<HEAD>
   <TITLE>Imagen de sustitución compleja</TITLE>
   <SCRIPT LANGUAGE=JAVASCRIPT
   → TYPE="TEXT/JAVASCRIPT">
   <!-- Ocultar guión a navegadores antiguos

   if (document.images) {
      flyText = new Image
      tankText = new Image
      bgText = new Image
      heliText = new Image

      flyText.src = "images/fmText.gif"
      tankText.src = "images/tankText.gif"
      bgText.src = "images/bg.gif"
      heliText.src = "images/heliText.gif"
   }

   function chgImg(imgField,newImg) {
      if (document.images) {
         document[imgField].src= eval(newImg
         → + ".src")
      }
   }

   // Fin de ocultación del guión a navegadores
   → antiguos -->
   </SCRIPT>
</HEAD>
<BODY BGCOLOR="#EECC99">
<TABLE>
<TR VALIGN=TOP>
   <TD>
      <IMG SRC="images/leoText.gif" WIDTH=375
      → HEIGHT=26><BR>
      <A HREF="flyPage.html" onMouseover=
      → "chgImg('textField','flyText')"
      → onMouseout="chgImg('textField',
      → 'bgText')"><IMG SRC="images/flyer.gif"
      → WIDTH=293 HEIGHT=165 BORDER=0
      → VSPACE=20></A><BR>
```

*(Continúa en página siguiente)*

## Cómo usar una función para simplificar la codificación de múltiples imágenes con una sola imagen de sustitución

Los dos últimos ejemplos empleaban gran cantidad de código casi idéntico. Como recordará del Capítulo 2, las tareas repetitivas son candidatas perfectas para las funciones. Una vez escrito el código que realiza la tarea repetitiva, sólo tiene que llamar a la función y pasarle los datos que necesite para hacer su tarea. El Guión 3.6 hace la misma tarea que el Guión 3.4, pero usa una función para hacer el código un poco más fluido. Los resultados visibles son los mismos que los de la Figura 3.5.

## Para usar una función con múltiples imágenes de sustitución

1. 
```
function chImg(imgField,newImg) {
   if (document.images) {
      document [imgField].src=
      → eval (newImg + ".src")
   }
}
```

Este primer paso crea la función chgImg, que tiene los parámetros imgField y newImg. Luego, empieza una prueba condicional, preguntando si el navegador entiende el objeto document.images. Esto elimina la necesidad de otra sentencia en la inicialización de la variable original, como se usaba en los ejemplos previos. Si el navegador no soporta imágenes, nunca sucede nada. La siguiente línea establece document [imgField].src al resultado de la variable newImg concatenada con ".src", usando el método eval para convertir el resultado en una cadena de texto.

2. 
```
<A HREF= "flyPage.html" onMouseover=
→ "chgImg('textField', 'flyText')"
→ onMouseout="chgImg('textField',
→ 'bgText')"><IMG SRC="images/
→ flyer.gif" WIDTH=293 HEIGHT=165
→ BORDER=0 VSPACE=20> </A>
```

En la etiqueta del vínculo, los manejadores de eventos onMouseover y onMouseout llaman a la función chgImg, pasándole los parámetros necesarios, separados por una coma. Los vínculos del tanque y el helicóptero funcionan del mismo modo, sustituyendo sus imágenes particulares por las del vínculo de la máquina voladora.

**CONSEJO**

- Esta función de imagen de sustitución emplea una característica del objeto JavaScript: el hecho de que tanto document.textField como document["textField"] son maneras válidas de referirse al mismo objeto. Es curioso, pero funciona.

**Guión 3.6.** Usar una función es de utilidad para la fluidez de su código. *(Continuación)*

```
      <A HREF="tankPage.html" onMouseover=
      → "chgImg('textField','tankText')"
      → onMouseout="chgImg('textField',
      → 'bgText')"><IMG SRC="images/
      → tanks.gif" WIDTH=325 HEIGHT=92
      → BORDER=0></A><BR>
      <A HREF="heliPage.html" onMouseover=
      → "chgImg('textField','heliText')"
      → onMouseout="chgImg('textField',
      → 'bgText')"><IMG SRC="images/
      → helicopter.gif" WIDTH=224 HEIGHT=160
      → BORDER=0 VSPACE=20></A>
   </TD>
   <TD>
      <IMG SRC="images/DaVinci.jpg" WIDTH=144
      → HEIGHT=219 HSPACE=50><BR>
      <IMG SRC="images/bg.gif" WIDTH=208
      → HEIGHT=27 NAME="textField" VSPACE=20>
   </TD>
</TR>
</TABLE>
</BODY>
</HTML>
```

**Guión 3.7.** Puede llamar a una función tantas veces como quiera, siempre que separe cada llamada por un punto y coma.

```
<HTML>
<HEAD>
   <TITLE>Imagen de sustitución compleja</TITLE>
   <SCRIPT LANGUAGE=JAVASCRIPT
   → TYPE="TEXT/JAVASCRIPT">
   <!-- Ocultar guión a navegadores antiguos

   if (document.images) {
      flyText = new Image
      tankText = new Image
      bgText = new Image
      heliText = new Image

      flyText.src = "images/fmText.gif"
      tankText.src = "images/tankText.gif"
      bgText.src = "images/bg.gif"
      heliText.src = "images/heliText.gif"

      flyOff = new Image
      tankOff = new Image
      heliOff = new Image
      flyOn = new Image
      tankOn = new Image
      heliOn = new Image

      flyOff.src = "images/flyer.gif"
      tankOff.src = "images/tanks.gif"
      heliOff.src = "images/helicopter.gif"
      flyOn.src = "images/flyer2.gif"
      tankOn.src = "images/tanks2.gif"
      heliOn.src = "images/helicopter2.gif"
   }

   function chgImg(imgField,newImg) {
      if (document.images) {
         document[imgField].src= eval(newImg
      → + ".src")
      }
   }

   // Fin de ocultación del guión a navegadores
   → antiguos -->
```

*(Continúa en página siguiente)*

## Cómo usar una función para simplificar el código de múltiples imágenes de sustitución

Ampliando el ejemplo del guión anterior, el Guión 3.7, se ve cómo la misma función puede llamarse muchas veces con la misma sentencia. Lo único que hay que hacer es usar un punto y coma entre los comandos.

### Para usar una función que simplifique las múltiples imágenes de sustitución

- ```
  <A HREF="flyPage.html" onMouseover=
  → "chgImg('flyImg', 'flyOn');
  → chgImg('textField', 'flyText')"
  → 'bgText')"> <IMG SRC="images/
  → flyer.gif" WIDTH=293 HEIGHT=165
  → BORDER=0 VSPACE=20
  → NAME="flyImg"></A>
  ```

El resto de este guión debe resultarle familiar por lo visto hasta ahora, excepto llamar a la función chImg cuatro veces, separándolas con puntos y coma. La función es llamada dos veces para el manejador onMouseover (para cambiar la imagen de la máquina voladora desde la versión normal a la sombreada, y para cambiar el texto de la descripción) y dos veces más para el manejador onMouseout (a fin de invertir el proceso).
  ```

**Guión 3.7.** Puede llamar a una función tantas veces como quiera, siempre que separe cada llamada por un punto y coma. *(Continuación)*

```
    </SCRIPT>
</HEAD>
<BODY BGCOLOR="#EECC99">
<TABLE>
<TR VALIGN=TOP>
    <TD>
        <IMG SRC="images/leoText.gif" WIDTH=375 HEIGHT=26><BR>
        <A HREF="flyPage.html" onMouseover="chgImg('flyImg','flyOn');chgImg('textField','flyText')"
        → onMouseout="chgImg('flyImg','flyOff');chgImg('textField','bgText')"><IMG SRC=
        → "images/flyer.gif" WIDTH=293 HEIGHT=165 BORDER=0 VSPACE=20 NAME="flyImg"></A><BR>
        <A HREF="tankPage.html" onMouseover="chgImg('tankImg','tankOn');
        → chgImg('textField','tankText')" onMouseout="chgImg('tankImg','tankOff');
        → chgImg('textField','bgText')"><IMG SRC="images/tanks.gif" WIDTH=325 HEIGHT=92 BORDER=0
        → NAME="tankImg"></A><BR>
        <A HREF="heliPage.html" onMouseover="chgImg('heliImg','heliOn');
        → chgImg('textField','heliText')" onMouseout="chgImg('heliImg','heliOff');
        → chgImg('textField','bgText')"><IMG SRC="images/helicopter.gif" WIDTH=224 HEIGHT=160
        → BORDER=0 VSPACE=20 NAME="heliImg"></A>
    </TD>
    <TD>
        <IMG SRC="images/DaVinci.jpg" WIDTH=144 HEIGHT=219 HSPACE=50><BR>
        <IMG SRC="images/bg.gif" WIDTH=208 HEIGHT=27 NAME="textField" VSPACE=20>
    </TD>
</TR>
</TABLE>
</BODY>
</HTML>
```

## Cómo crear *banners* cíclicos

Al navegar por la Web, es frecuente ver *banners* que cambian periódicamente de imágenes. La mayoría de éstas son archivos GIF animados, que son archivos GIF que contienen cierta cantidad de cuadros reproducidos sucesivamente.

Si quiere tener una página que repita cíclicamente un número determinado de imágenes GIF (animadas o no), puede emplear JavaScript para dicha tarea, como en el Guión 3.8. Este ejemplo emplea tres imágenes GIF y las repite cíclicamente, como se ve en las Figuras 3.7, 3.8 y 3.9.

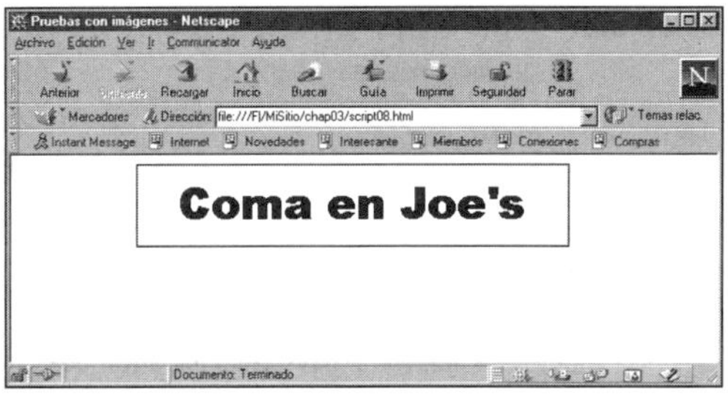


***Figura 3.7.*** *La primera imagen, que empieza con el banner cíclico...*

***Figura 3.8.*** *... la segunda imagen...*

***Figura 3.9.*** *... la imagen final.*

## Para crear *banners* cíclicos

1. ```
   adImages = new Array
   → ("images/banner1.gif",
   → "images/banner2.gif",
   → "images/banner3.gif")
   thisAd = 0
   imgCt = adImages.length
   ```

   Este código establece el fundamento del guión creando tres variables. La primera sentencia, adImages=new Array, crea una nueva variable llamada adImages, y la llena con una nueva clase de objeto, un **array**. Un array es un objeto que contiene un conjunto de información relacionada. En este caso, el array contiene los nombres de tres archivos GIF que constituyen el *banner* cíclico. Las otras dos variables, thisAd y imgCt, reciben sus valores iniciales en este código. Estableciendo el valor de imgCt a adImages.length, lo que determina el número de elementos del array, es fácil añadir o quitar imágenes (por ejemplo, *banners*) del array.

2. ```
   function rotate() {
   ```

   Esta línea establece una nueva función, llamada rotate( ).

3. ```
   if (document.images) {
   ```

   Una vez más, se verifica si el navegador entiende el objeto de imagen; si no, es un navegador antiguo.

4. ```
   thisAd++
   ```

   Toma el valor de thisAd y le añade uno.

5. ```
   if (thisAd = = imgCt)  {
      thisAd = 0
   ```

   Este código establece un contador que dice si el valor de thisAd es igual al de imgCt, y luego establece de nuevo el valor de thisAd a cero.

6. ```
   document.adBanner.src=
   → adImages [thisAd]
   ```

**Guión 3.8.** Puede emplear JavaScript para realizar ciclos de imágenes en un *banner*.

```
<HTML>
<HEAD>
   <TITLE>Array de imágenes</TITLE>
   <SCRIPT LANGUAGE=JAVASCRIPT TYPE=
   → "TEXT/JAVASCRIPT">
   <!-- Ocultar guión a navegadores antiguos

   adImages = new Array("images/
   → banner1.gif","images/banner2.gif",
   → "images/banner3.gif")
   thisAd = 0
   imgCt = adImages.length

   function rotate() {
      if (document.images) {
         thisAd++
         if (thisAd == imgCt) {
            thisAd = 0
         }
         document.adBanner.src=
         → adImages[thisAd]
         setTimeout("rotate()", 3 * 1000)
         }
   }

   // Fin de ocultación del guión a navegadores
   → antiguos -->
   </SCRIPT>
</HEAD>
<BODY BGCOLOR=WHITE onLoad="rotate()">
<CENTER>
   <IMG SRC="images/banner1.gif" WIDTH=400
   HEIGHT=75 NAME="adBanner">
</CENTER>
</BODY>
</HTML>
```

La imagen que se está repitiendo cíclicamente en la Web recibe el nombre de adBanner; se define el nombre como parte de la etiqueta IMG, tal como se muestra en el paso 9. Esta línea de código dice que el origen de la imagen adBanner está en el array adImages, y el valor de la variable thisAd define cuál de las tres imágenes GIF debe usar el *banner* en este momento.

7. `setTimeout("rotate()", 3 * 1000)`

   Esta línea dice al guión la frecuencia con que cambiar las imágenes GIF en el *banner*. El comando setTimeout le permite especificar que una acción debe suceder en un esquema temporal determinado, siempre medido en milisegundos. En este caso, la función rotate() es llamada cada tres mil milisegundos, o cada tres segundos, de modo que las imágenes GIF tendrán ciclos de tres segundos en el *bannner*.

8. 
```
<BODY BGCOLOR=WHITE ON LOAD=
→ "ROTATE()">
```

   En la etiqueta BODY comienzan los ciclos en el *banner* llamando a la función rotate y usando el comando onLoad.

9. 
```
<IMG SRC="images/banner1gif"
→ WIDTH=400 HEIGHT=75
→ NAME="adBanner">
```

Aquí es donde se define el nombre de la imagen que se repite cíclicamente.

**CONSEJOS**

- Se estará preguntando por qué usar JavaScript para un *banner* cíclico, en vez de crear un GIF animado. Una buena razón es que le permite usar imágenes JPEG en el *banner*, lo cual proporciona imágenes de mucha más calidad.
- La variable imgCt será siempre el número de elementos del array. A diferencia de algunos de los extraños modos de contar de JavaScript, este número variable está basado en 1, y no en 0, y como hay tres *banners* en este ejemplo, es 3 en este caso.

# Cómo conseguir que el ciclo del *banner* espere al usuario

Si está usando imágenes GIF pequeñas en el *banner* cíclico, probablemente no tendrá que preocuparse de que una GIF no haya terminado de cargarse antes de que la otra empiece a hacerlo. Pero si está usando esta técnica para mostrar imágenes sucesivas, querrá asegurarse de que el usuario haya visto todas las imágenes de un gráfico antes de visualizar el siguiente; esto es especialmente interesante si el usuario dispone de una conexión lenta a Internet. El Guión 3.9 le muestra cómo modificar el guión para cumplir este objetivo. Está basado en el Guión 3.8, pero añade otro bucle dentro de la función rotate().

## Para hacer que el ciclo espere al usuario

1. `if (document.adBanner.complet)  {`

   Esta línea dice al documento que la pantalla adBanner está completa.

2. `thisAd++`

   Añade uno al valor de la variable thisAd.

3. ```
   if (thisAd = = img(t)  {
         thisAd = 0
   ```

   Cuando thisAd alcanza el valor de imagCt, se sitúa de nuevo a cero.

4. ```
      document.adBanner.src =
      → adImages [thisAd]
   }
   setTimeout("rotate()", 3 * 1000)
   ```

   Es similar al Guión 3.8, salvo que esta vez el comando setTimeout() está fuera del bucle que gobierna el ciclo de las imágenes. Hasta que el bucle esté completo, se llamará a setTimeout().

**Guión 3.9.** Puede retrasar la carga de la imagen siguiente hasta que la actual haya terminado de cargarse.

```
<HTML>
<HEAD>
   <TITLE>Array de imágenes</TITLE>
   <SCRIPT LANGUAGE=JAVASCRIPT
   → TYPE="TEXT/JAVASCRIPT">
   <!-- Ocultar guión a navegadores antiguos

   adImages = new Array("images/banner1.gif",
   → "images/banner2.gif","images/banner3.gif")
   thisAd = 0
   imgCt = adImages.length

   function rotate() {
      if (document.images) {
         if (document.adBanner.complete) {
            thisAd++
            if (thisAd == imgCt) {
               thisAd = 0
            }
            document.adBanner.src=
            → adImages[thisAd]
         }
         setTimeout("rotate()", 3 * 1000)
      }
   }

   // Fin de ocultación del guión a navegadores
   → antiguos -->
   </SCRIPT>
</HEAD>
<BODY BGCOLOR=WHITE onLoad="rotate()">
<CENTER>
   <IMG SRC="images/banner1.gif" WIDTH=400
   → HEIGHT=75 NAME="adBanner">
</CENTER>
</BODY>
</HTML>
```

## Cómo añadir vínculos a los *banners* cíclicos

Los *banners* se usan a menudo en publicidad, y querrá aprender a construir un *banner* en un vínculo para dirigir al visitante a algún sitio cuando haga clic en el *banner*. El Guión 3.10 es una variante del guión anterior. En este guión se añade un nuevo array. Este array nuevo contiene destinos a los que serán enviados los usuarios cuando hagan clic en el *banner*. En este caso, el *banner* "Coma en Joe´s" le lleva a negrino.com, "Beba más Java" conduce a sun.com y "¿Acidez?" a microsoft.com. Sin comentarios editoriales implícitos, por supuesto.

**Guión 3.10.** Este guión muestra cómo puede convertir los *banners* cíclicos en *banners* auténticos, en los que se puede hacer clic.

```
<HTML>
<HTML>
<HEAD>
   <TITLE>Array de imágenes</TITLE>
   <SCRIPT LANGUAGE=JAVASCRIPT TYPE="TEXT/JAVASCRIPT">
   <!-- Ocultar guión a navegadores antiguos

   adImages = new Array("images/banner1.gif","images/banner2.gif","images/banner3.gif")
   adURL = new Array("negrino.com","sun.com","microsoft.com")
   thisAd = 0
   imgCt = adImages.length

   function rotate() {
      if (document.images) {
         if (document.adBanner.complete) {
            thisAd++
            if (thisAd == imgCt) {
               thisAd = 0
            }
            document.adBanner.src=adImages[thisAd]
         }
        setTimeout("rotate()", 3 * 1000)
         }
   }
```

(Continúa en página siguiente)

## Para añadir vínculos a *banners* cíclicos

1. 
```
adURL = new Array("negrino.com",
→ "sun.com", "microsoft.com")
```

   A la variable adURL se asignan los tres elementos de un array nuevo. Sólo los nombres de dominio deben entrar aquí, porque el URL se completará más tarde.

2. 
```
function newLocation( ) {
   document.location.ref. =
   → "http://www." + adURL[thisAd]
}
```

   La nueva función newLocation establece el objeto document.location.href (en otras palabras, la ventana actual del documento) con el valor de la cadena de texto http://www. (observe el punto final), concatenado con el valor de adURL; y puesto que adURL es un array, necesita especificar el elemento del array. Eso está referenciado por thisAd, que puede ser cualquiera de los tres anuncios, dependiendo de cuándo haga clic el usuario.

3. 
```
<A HREF="javascript:newLocation( )">
→ <IMG SRC="images/banner1.gif"
→ WIDTH=400 HEIGHT=75
→ NAME="adBanner" BORDER=0></A>
```

   El truco está en la llamada a la función JavaScript newLocation desde la etiqueta de vínculo.

**CONSEJO**

- Para que este guión funcione correctamente, el array adURL ha de tener el mismo número de elementos de array que el array adImages.

**Guión 3.10.** Este guión muestra cómo puede convertir los *banners* cíclicos en *banners* auténticos, en los que se puede hacer clic. *(Continuación)*

```
   function newLocation() {
      document.location.href = "http://www."
      → + adURL[thisAd]
   }

   // Fin de ocultación del guión a navegadores
   → antiguos -->
   </SCRIPT>
</HEAD>
<BODY BGCOLOR=WHITE onLoad="rotate()">
<CENTER>
   <A HREF="javascript:newLocation()">
   → <IMG SRC="images/banner1.gif" WIDTH=400
   → HEIGHT=75 NAME="adBanner" BORDER=0></A>
</CENTER>
</BODY>
</HTML>
```

**Guión 3.11.** Este guión construye un carrusel de diapositivas.

```
<HTML>
<HEAD>
   <TITLE>Carrusel de imágenes</TITLE>
   <SCRIPT LANGUAGE=JAVASCRIPT
   → TYPE="TEXT/JAVASCRIPT">
   <!-- Ocultar guión a navegadores antiguos

   myPix = new Array("images/pathfinder.gif",
   → "images/surveyor.gif",
   → "images/surveyor98.gif")
   thisPic = 0
   imgCt = myPix.length - 1

   function processPrevious() {
      if (document.images && thisPic > 0) {
         thisPic--
         document.myPicture.src=myPix[thisPic]
      }
   }

   function processNext() {
      if (document.images && thisPic < imgCt) {
         thisPic++
         document.myPicture.src=myPix[thisPic]
      }
   }

   // Fin de ocultación del guión a navegadores
   → antiguos -->
   </SCRIPT>
</HEAD>
<BODY BGCOLOR=WHITE>
   <H1 ALIGN=CENTER>Misiones americanas a Marte
   <P><IMG SRC="images/pathfinder.gif"
   → NAME="myPicture" WIDTH=201 HEIGHT=155>
   <P><A HREF="javascript:processPrevious()">
   → &lt;&lt; Anterior</A>  
   → <A HREF="javascript:processNext()">
   → Siguiente &gt;&gt;</A>
   </H1>
</BODY>
</HTML>
```

# Cómo construir un carrusel de diapositivas

Los carruseles de diapositivas en los sitios web presentan al usuario una imagen y le permiten controlar la progresión (adelante o atrás) de las imágenes. JavaScript otorga al usuario el control interactivo necesario. El Guión 3.11 muestra cómo añadir un carrusel de diapositivas a sus páginas.

## Para construir un carrusel de diapositivas

1. ```
   myPix = new Array
   → ("images/pathfinder.gif",
   → "images/surveyor.gif",
   → "images/surveyor98.gif")
   thisPic = 0
   ```

   Se empieza estableciendo dos variables, siendo myPix una vez más un array con tres elementos GIF (habrá tres imágenes en este carrusel de diapositivas). La variable thisPic se usará como contador más tarde en el guión.

2. ```
   imgCt = myPix.length - 1
   ```

   La variable imgCt le permite ejecutar el guión sin la difícil codificación del número de elementos del carrusel de diapositivas. Las imágenes pueden ser añadidas o borradas tan sólo añadiendo o quitando archivos del array. La variable imgCt es inicializada con un valor inferior al verdadero, para que coincida con los valores 0, 1, 2 del array.

3. ```
   function processPrevious( ) {
   ```

   Define una función llamada processPrevious. Esto mueve las imágenes hacia atrás cuando el usuario hace clic en el vínculo Anterior.

4. ```
   if (document.images && this Pic > 0) {
      thisPic--
   ```

   Si el documento entiende las imágenes y thisPic es mayor que cero, entonces resta uno al valor de thisPic. El doble signo & es un operador lógico y significa "y".

*(Continúa en página siguiente)*

5. 
```
document.myPicture.src=
→ myPix[thisPic]
```

Con esto indica al documento que el origen de myPicture se encuentra en el valor de myPicture, que, en cambio, depende del valor de thisPic.

6. 
```
function processNext( ) {
   if (document.images && thisPic
   → < img(t) {
      thisPic++
      document.myPictur.src=
      → myPix[thisPic]
   }
}
```

Esta función es la imagen espejo de processPrevious (véase la Figura 3.10). Se encarga de hacer avanzar las imágenes del carrusel de diapositivas; primero verificando si el valor de thisPic es menor que imgCt y, si es así, añadiendo uno a ese valor (véanse las Figuras 3.11 y 3.12).

7. 
```
<IMG SRC = "images/pathfinder.gif"
→ NAME="myPicture" WIDTH=201
→ HEIGHT=155>
```

Hay que definir el valor de myPicture en el guión, y esto se hace en la etiqueta IMG. Ésta indica que el origen inicial de la imagen es pathfinder.gif, pero el nombre genérico de la imagen para los propósitos del guión es myPicture.

8. 
```
<A HREF="javascript:
→ processPrevious()">&lt;&lt;
→ Anterior</A>
```

He aquí cómo puede llamar a una función JavaScript desde un vínculo. Cuando el usuario hace clic en el vínculo Anterior, se llama a processPrevious. Los caracteres <lt; son el código HTML correspondiente a dos signos "menor que", para que la dirección adelante y atrás de los vínculos sea un poco más clara.

***Figura 3.10.*** *Al hacer clic en el vínculo Siguiente, las imágenes del carrusel de diapositivas avanzarán. Observe la función javascript:processNext() que se muestra en la barra de estado al final de la ventana, lo cual le informa de lo que está sucediendo.*

***Figura 3.11.*** *La segunda imagen del carrusel de diapositivas.*

***Figura 3.12.*** *Al hacer clic en el vínculo Anterior se dispara la función javascript:processPrevious(), como se muestra en la barra de estado.*

9.
```
<A HREF="javascript:
→ processNext()">Siguiente &gt;&gt;</A>
```

El guión llama a la función processNext cuando se hace clic en el vínculo Siguiente. Los caracteres >gt; son código HTML correspondiente a dos signos "mayor que", para que la dirección adelante y atrás de los vínculos sea un poco más clara.

**CONSEJO**

- Con ambas funciones (processPrevious y processNext), cuando el usuario llega a la última imagen en cualquier dirección, el guión ignora los siguientes clics en esa dirección.

## Cómo construir carruseles de diapositivas sin fin

Como se comentó en el consejo de la última sección, la limitación del último guión era que cuando el usuario llegaba al final de las diapositivas, en cualquier dirección, el guión se paraba. En el Guión 3.12 aprenderá a construir un guión sin fin, esto es, que cuando llega al final de la lista, vuelve al principio, y viceversa. La Figura 3.13 muestra el nuevo carrusel de diapositivas.

### Para construir un carrusel de diapositivas sin fin

1. ```
   myPix = new Array
   ("images/callisto.jpg",
   "images/europa.jpg",
   "images/io.jpg",
   "images/ganymede.jpg")
   ```

   Carga la variable myPix con las imágenes de las cuatro lunas principales de Júpiter.

2. ```
   function chgSlide(direction) {
   ```

   Este guión sustituye las funciones individuales processNext y processPrevious usadas en el Guión 3.11 por la única función chgSlide, a la que se pasa el parámetro direction, que puede tener el valor 1 ó –1.

3. ```
   if (document.images) {
      thisPic = thisPic + direction
      if ( thisPic > img( t ) {
         thisPic = 0
      }
   ```

   Dentro de la verificación habitual para ver si el navegador entiende las imágenes, la variable thisPic se establece a su valor propio más el valor de direction. Si thisPic es mayor que mgCt, entonces thisPic se establece a cero.

**Guión 3.12.** Este guión muestra cómo construir carruseles de imágenes bidireccionales.

```
<HTML>
<HEAD>
   <TITLE>Carrusel de imágenes</TITLE>
   <SCRIPT LANGUAGE=JAVASCRIPT
   → TYPE="TEXT/JAVASCRIPT">
   <!-- Ocultar guión a navegadores antiguos

   myPix = new Array("images/callisto.jpg",
   → "images/europa.jpg","images/io.jpg",
   → "images/ganymede.jpg")
   thisPic = 0
   imgCt = myPix.length - 1

   function chgSlide(direction) {
      if (document.images) {
         thisPic = thisPic + direction
         if (thisPic > imgCt) {
            thisPic = 0
         }
         if (thisPic < 0) {
            thisPic = imgCt
         }
         document.myPicture.src=
         → myPix[thisPic]
      }
   }
   // Fin de ocultación del guión a navegadores
   → antiguos -->
   </SCRIPT>
</HEAD>
<BODY BGCOLOR=WHITE>
   <H1 ALIGN=CENTER>Lunas de Júpiter
   <P><IMG SRC="images/callisto.jpg"
   → NAME="myPicture" WIDTH=262 HEIGHT=262>
   <P><A HREF="javascript:chgSlide(-1)"
   → ><< Anterior</A>  
   → <A HREF="javascript:chgSlide(1)">
   → Siguiente >></A>
   </H1>
</BODY>
</HTML>
```
```

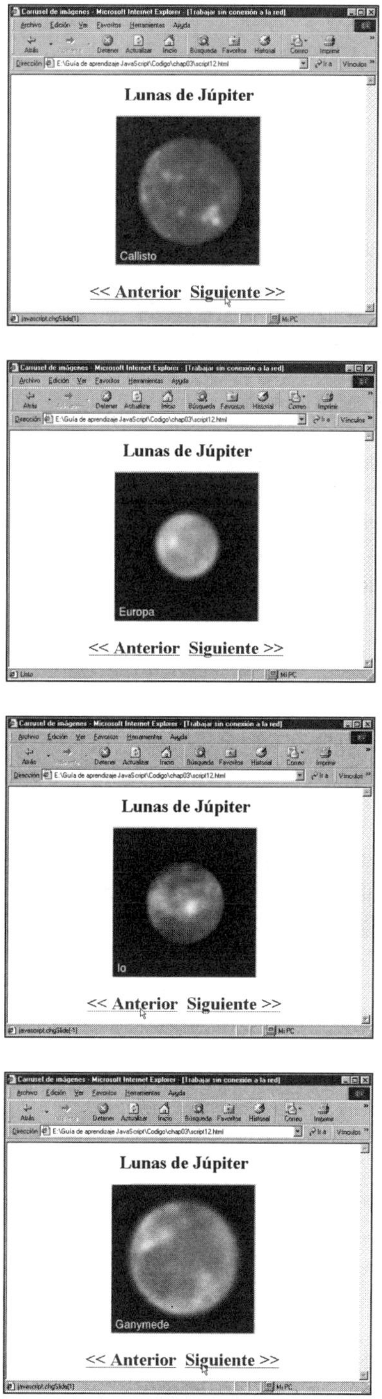


***Figura 3.13.*** *Las cuatro lunas de Júpiter pueden verse en cualquier dirección.*

4.
```
if (thisPic < 0)  {
   thisPic = imgCt
}
```

Si el valor de thisPic es menor que 0, entonces thisPic se establece al valor de imgCt.

5.
```
<A HREF="javascript:
→ chgSlide(-1)">&lt;&lt;
→ Anterior</A>  
→ <A HREF="javascript:
→ chgSlide(1)">Siguiente &gt;&gt;</A>
```

En esta línea, el vínculo llama a la función chgSlide de JavaScript y le pasa el valor –1 (para la dirección Anterior) o 1 (para la dirección Siguiente). Cualquier valor transmitido se convierte en el parámetro direction.

# Cómo visualizar una imagen aleatoria

Si su sitio está enriquecido con gráficos, o si ofrece muestras de arte digital, podría desear disponer de una imagen aleatoria de su colección que aparezca cuando el usuario entre en su sitio. Una vez más, JavaScript puede ayudarle. El Guión 3.13 es la respuesta.

## Para visualizar una imagen aleatoria

1. 
```
myPix = new Array
→ ("images/redBanner.gif",
→ "images/blueBanner.gif",
→ "images/greenBanner.gif")
```

   Como ya es costumbre, construya un array de tres imágenes y rellénelo en la variable myPix.

2. 
```
imgCT = myPix.length
```

   Establezca imgCt al número de elementos del array, que en este caso es 3.

3. 
```
function choosePic( ) {
```

Defina la función choosePic().

4. 
```
if (document.images) {
      randomNum = Math.floor
      → ((Math.random() * imgCt))
```

   Si el documento puede manipular objetos de imagen, cree entonces una variable llamada randomNum. Esta variable toma el valor de una expresión matemática que se lee mejor desde dentro hacia fuera. Math.random genera un número aleatorio entre 0 y 1, que luego es multiplicado por imgCt.Math.floor, redondeando el resultado a un entero, lo que significa que el número debe estar entre 0 y 2.

5. 
```
document.myPicture.src =
→ myPix[randomNum]
```

   Esto indica que la fuente de la imagen myPicture se encuentra en la variable myPix, y que el valor en este momento depende del valor de randomNum.

**Guión 3.13.** Con este guión puede visualizar imágenes aleatorias.

```
<HTML>
<HEAD>
   <TITLE>Imagen aleatoria</TITLE>
   <SCRIPT LANGUAGE=JAVASCRIPT
   → TYPE="TEXT/JAVASCRIPT">
   <!-- Ocultar guión a navegadores antiguos

   myPix = new Array("images/redBanner.gif",
   → "images/blueBanner.gif",
   → "images/greenBanner.gif")
   imgCt = myPix.length

   function choosePic() {
      if (document.images) {
         randomNum = Math.floor
         → ((Math.random() * imgCt))
         document.myPicture.src =
         → myPix[randomNum]
      }
   }

   // Fin de ocultación del guión a navegadores
   → antiguos -->
   </SCRIPT>
</HEAD>
<BODY BGCOLOR=WHITE onLoad="choosePic()">
<IMG SRC="images/spacer.gif" WIDTH=400
→ HEIGHT=75 NAME="myPicture">
</BODY>
</HTML>
```

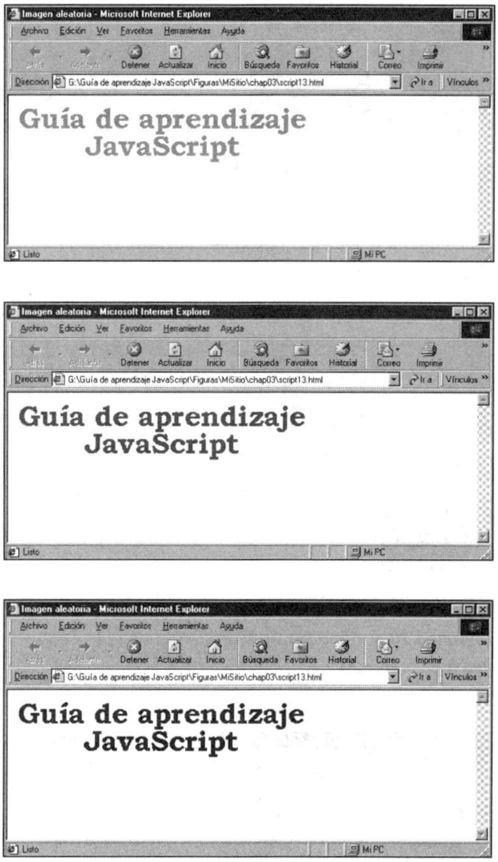


***Figura 3.14.*** *En este caso, se eligió visualizar la misma imagen en tres colores.*

6.
```
<BODY BGCOLOR=WHITE
→ onload="choosePic( )" >
```

Use el comando onload para iniciar la función choosePic.

7.
```
<IMG SRC="images/spacer.gif"
→ WIDTH=400 HEIGHT=75
→ NAME="myPicture">
```

La imagen visualizada recibe el nombre de myPicture, con el fin de que pueda usar el guión para cambiar la imagen.

## Cómo combinar una imagen de sustitución con un mapa de imagen

Probablemente está familiarizado con los mapas de imagen creados en código HTML normal, donde puede hacerse clic en una parte de un gráfico que tiene puntos clave y, dependiendo del punto en que se hace clic, obtener una página diferente. Por ejemplo, si tiene un mapa de España, cada autonomía puede tener su punto clave. Haciendo clic en una autonomía se accedería a una página con información detallada sobre la misma.

Combinar imágenes de sustitución con un mapa de imagen puede ofrecer resultados interesantes y atractivos. Aprenda a dominar esta técnica con el Guión 3.14.

Antes de ver el guión, observe las Figuras 3.15, 3.16, 3.17, 3.18 y 3.19 para ver cómo funcionan en combinación las imágenes de sustitución y los mapas de imagen. Como observará, hay un gráfico grande llamado "Info del libro", con tres subsecciones que se hacen visibles cuando el usuario desplaza el ratón sobre ellas. Se están usando realmente cuatro gráficos diferentes, como se muestra en la Figura 3.15.

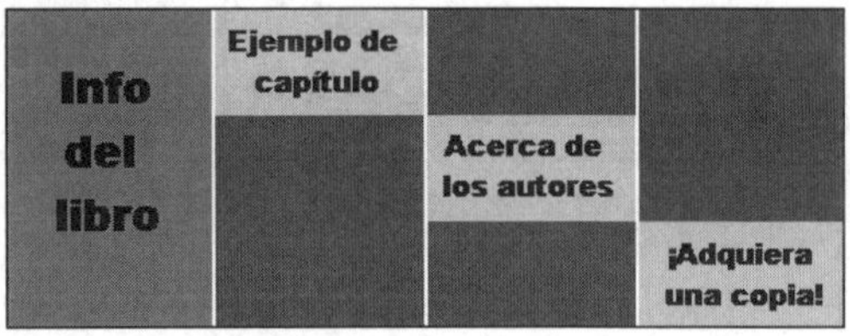


***Figura 3.15.*** *Las cuatro imágenes usadas en este ejemplo. De izquierda a derecha, testRed.gif, testGreen1.gif, testGreen2.gif y testGreen3.gif.*

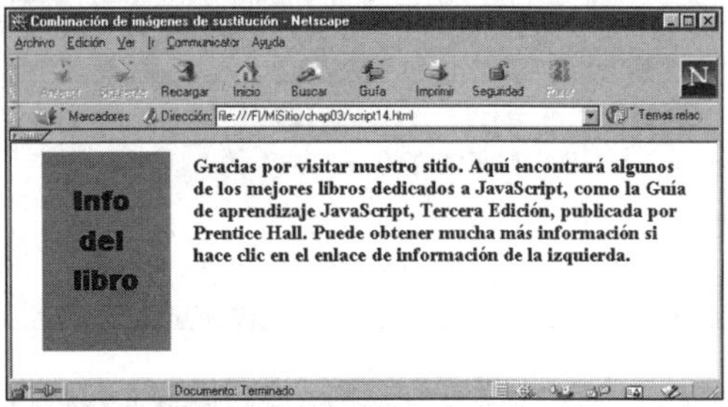


***Figura 3.16.*** *La imagen "Info del libro" es realmente un mapa de imagen.*

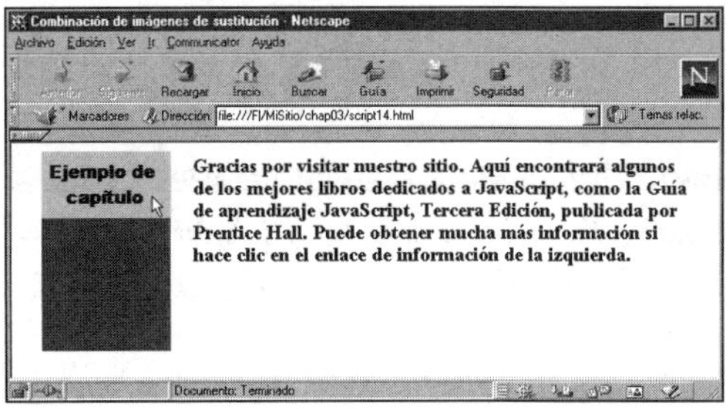


***Figura 3.17.*** *Al apuntar al tercio superior del mapa de imagen, la imagen cambia para "revelar" una nueva interfaz de opción.*

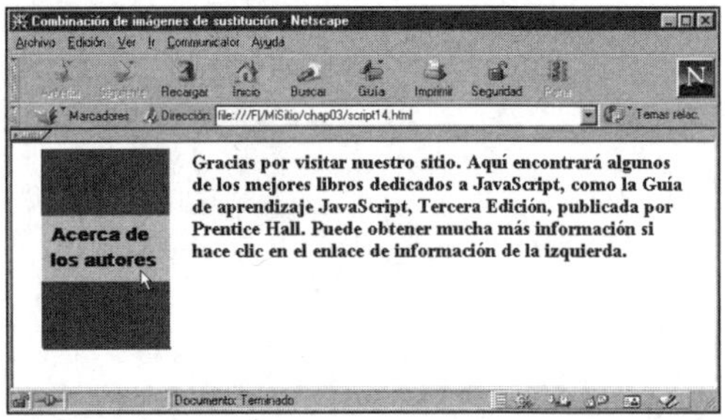


***Figura 3.18.*** *Aquí aparece la segunda opción.*

### Para combinar una imagen de sustitución con un mapa de imagen

1.
```
if (document.images) {
    img1 = new Image
    img2 = new Image
    img3 = new Image
    imgRed = new Image
```

Haga una prueba rápida para ver si el navegador del usuario puede manipular el nivel de JavaScript que está usando con la prueba document.images. Si todo va bien, cree cuatro nuevos objetos de imagen.

2.
```
    img1.src = "images/testGree1.gif"
    img2.src = "images/testGreen2.gif"
    img3.src = "images/testGreen3.gif"
    imgRed.src = "images/testRed.gif"
}
```

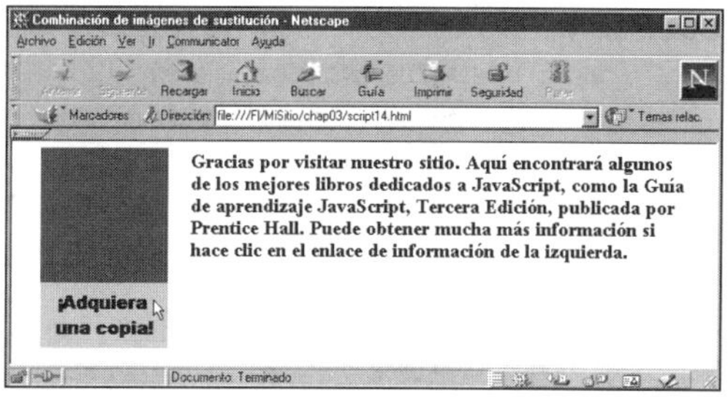


***Figura 3.19.*** *Y la tercera opción. Cada una, al hacer clic en ella, le lleva a una página diferente.*

**Guión 3.14.** La combinación de mapas de imagen e imágenes de sustitución es una técnica poderosa que añade interés y movimiento a los sitios.

```
<HTML>
<HEAD>
   <TITLE>Combinación de imágenes
   → de sustitución</TITLE>
   <SCRIPT LANGUAGE=JAVASCRIPT
   → TYPE="TEXT/JAVASCRIPT">
   <!-- Ocultar guión a navegadores antiguos

   if (document.images) {
      img1 = new Image
      img2 = new Image
      img3 = new Image
      imgRed = new Image

      img1.src = "images/testGreen1.gif"
      img2.src = "images/testGreen2.gif"
      img3.src = "images/testGreen3.gif"
      imgRed.src = "images/testRed.gif"
   }
   else {
      img1 = ""
      img2 = ""
      img3 = ""
      imgRed = ""

      document.roll = ""
   }

   // Fin de ocultación del guión a navegadores
   → antiguos -->
```

*(Continúa en página siguiente)*

Rellene los nuevos objetos de imagen con las imágenes originales iniciales.

3. 
```
else {
      img1 = ""
      img2 = ""
      img3 = ""
      imgRed = ""

      document.roll = ""
   }
```

Si ha fallado la prueba de búsqueda de un navegador reciente, cumplimente las variables con valores nulos para no obtener un mensaje de error del navegador antiguo.

4. `<MAP NAME="roll_map">`

Aquí es donde se le asigna un nombre al mapa de imagen.

5. 
```
<AREA SHAPE=RECT HREF="sec1.html"
→ onMouseover="document.roll.src=
→ img1.src"onMouseout=
→ "document.roll.src=imgRed.src"
→ COORDS="0,0,120,60">
<AREA SHAPE=RECT HREF="sec2.html"
→ onMouseover="document.roll.src=
→ img2.src" onMouseout=
→ "document.roll.src=imgRed.src"
→ COORDS="0, 60, 120, 120">
<AREA SHAPE=RECT HREF="sec3.html"
→ onMouseover="document.roll.src=
→ img3.src" onMouseout=
→ "document.roll.src=imgRed.src"
→ COORDS="0, 120, 120, 180">
```

En estas líneas de código se definen la forma y el tamaño de los tres puntos clave rectangulares del mapa de imagen y, para cada uno, se indica al guión que onMouseover debe asignar el origen adecuado al objeto document.roll.src.

*(Continúa en página siguiente)*

6.
```
</MAP>
→ <A HREF="home.html" onMouseout=
→ "document.roll.src=imgRed.src">
→ <IMG USEMAP="#roll_map"
→ SRC="images/testRed.gif"
→ WIDTH=120 HEIGHT=180 BORDER=0
→ NAME="roll" ALIGN=LEFT
→ HSPACE=20> </A>
```

Aquí es donde se abre la etiqueta del vínculo y se definen los valores iniciales de onMouseover y onMouseout. Ya ha terminado de definir el mapa de imagen, así que cierre la etiqueta del mapa y asigne un nombre al mapa en la etiqueta IMG, utilice testRed.gif como la imagen inicial, y asigne nombre a la imagen roll. Por último, cierre la etiqueta del vínculo con </A>.

**CONSEJOS**

- Cada sección del mapa se vincula a una página web diferente. El navegador no va a una nueva página web hasta que el usuario hace clic con el ratón.
- Esta técnica es magnífica para eliminar el abigarramiento de plantillas y de barras de navegación muy llenas. En efecto, le permite situar en capas las interfaces de usuario.
- También es estupenda para crear menús pseudodesplegables en los sitios web. Puede hacer que una imagen de sustitución descubra un mapa de imagen que parezca un menú, y vincular cada área del mapa de imagen a una página diferente.

**Guión 3.14.** La combinación de mapas de imagen e imágenes de sustitución es una técnica poderosa que añade interés y movimiento a los sitios. *(Continuación)*

```
  </SCRIPT>
</HEAD>
<BODY BGCOLOR=WHITE>
  <MAP NAME="roll_map">
    <AREA SHAPE=RECT HREF="sec1.html"
    → onMouseover="document.roll.src=
    → img1.src" onMouseout="document.roll.src=
    → imgRed.src" COORDS="0,0,120,60">
    <AREA SHAPE=RECT HREF="sec2.html"
    → onMouseover="document.roll.src=img2.
    → src"onMouseout="document.roll.src=
    → imgRed.src" COORDS="0,60,120,120">
    <AREA SHAPE=RECT HREF="sec3.html"
    → onMouseover="document.roll.src=img3.
    → src"onMouseout="document.roll.src=
    → imgRed.src" COORDS="0,120,120,180">
  </MAP>
  <A HREF="home.html" onMouseout=
  → "document.roll.src=imgRed.src">
  → <IMG USEMAP="#roll_map"SRC="images/
  → testRed.gif" WIDTH=120 HEIGHT=180
  → BORDER=0 NAME="roll" ALIGN=LEFT
  → HSPACE=20></A>
  <H3>Gracias por visitar nuestro sitio. Aquí
  → encontrará algunos de los mejores libros
  → dedicados a JavaScript, como la Guía de
  → aprendizaje JavaScript, Tercera Edición,
  → publicada por Prentice Hall. Puede
  → obtener mucha más información si hace
  → clic en el enlace de información de la
  → izquierda.</H3>
</BODY>
</HTML>
```

**Guión 3.15.** Este guión permite que el fondo de la página cambie automáticamente.

```
<HTML>
<HEAD>
  <TITLE>Pruebas con imágenes</TITLE>
  <SCRIPT LANGUAGE=JAVASCRIPT TYPE=
  → "TEXT/JAVASCRIPT">
  <!-- Ocultar guión a navegadores antiguos

  bGrounds = new Array("red","white","blue")
  thisBG = 0
  bgColorCount = bGrounds.length

  function rotateBG() {
     if (document.images) {
        thisBG++
        if (thisBG == bgColorCount) {
           thisBG = 0
        }
        document.bgColor=bGrounds[thisBG]
          setTimeout("rotateBG()", 3 * 1000)
     }
  }

  // Fin de ocultación del guión a navegadores
  → antiguos -->
  </SCRIPT>
</HEAD>
<BODY BGCOLOR=RED onLoad="rotateBG()">
<H1 ALIGN=CENTER>Bienvenido a la página<BR>
de conspiración por Internet de Steve's</H1>
<P><H3>¿No ha tenido alguna vez la sensación
→ de que ciertas personas le impiden obtener
→ la información que desea? Nosotros también
→ hemos tenido esa sensación, pero estamos
→ aquí para descubrirlo. Asesinatos, tomas de
→ poder secretas, círculos extraños en las
→ cosechas, ranas que caen del cielo,
→ helicópteros negros... Aquí encontrará la
→ verdadera historia que se esconde detrás de
→ todo esto.</H3>
<H1 ALIGN=CENTER>La verdad está aquí.
→ En algún lugar.</H1>
</BODY>
</HTML>
```

# Cómo cambiar automáticamente el color de fondo

A decir verdad, no estamos completamente seguros de por qué quiere usted cambiar el color de fondo con JavaScript, pero, puesto que puede hacerlo, le enseñaremos la técnica. En las Figuras 3.20 y 3.21 puede ver cómo cambia el color de fondo cada tres segundos, efectuando ciclos entre el rojo, el blanco y el azul (que no se muestra). Aprenda cómo hacerlo con el Guión 3.15.

## Para cambiar automáticamente el color de fondo

1. ```
   bGrounds = new Array("red", "white",
   → "blue")
   thisBG = 0
   bgColorCount = bGrounds.length
   ```

   La variable bGrounds contiene los nombres de los colores que usará. Podría usar aquí sin problemas colores hexadecimales; incluso puede mezclar y acoplar colores hexadecimales con nombres de colores. La variable thisBG se establece a cero y la variable bgColorCount a la longitud del array bGrounds, que aquí es 3.

2. ```
   function rotateBG( ) {
   ```

   Define una función llamada rotateBG.

3. ```
   if (document.images) {
      thisBG++
   ```

   Si el documento sabe cómo manipular imágenes, incremente entonces en uno el valor de thisBG.

4. ```
   if (thisBG = = bgColor Count) {
      thisBG = 0
   }
   ```

   Si thisBG es igual a bgColorCount, entonces establezca nuevamente thisBG a cero. De otro modo, volvería a iniciar el bucle.

5. `document.bgColor=bGrounds[thisBG]`

   Esta línea dice al documento que establezca la propiedad de su color de fondo al valor representado por la variable bGrounds, que es determinada por el valor actual de thisBG.

6. `setTimeout ("rotateBG()", 3 * 1000)`

   Como se vio anteriormente en este capítulo, setTimeout llama a la función rotateBG cada 3.000 milisegundos.

**CONSEJOS**

- Podría hacer que el guión cambiara entre más colores añadiendo nombres de colores o valores hexadecimales al array bGrounds y ajustando el número asignado a bgColorCount para hacer coincidir el número de colores.
- Para conseguir un efecto psicodélico retro, puede hacer que los colores se enciendan y apaguen de forma rápida e intermitente (en *flashes*), disminuyendo el valor de setTimeout. Si cambia el valor 3 en el paso 6 a un valor menor, como 0,1, creerá al instante que está rememorando los años sesenta.

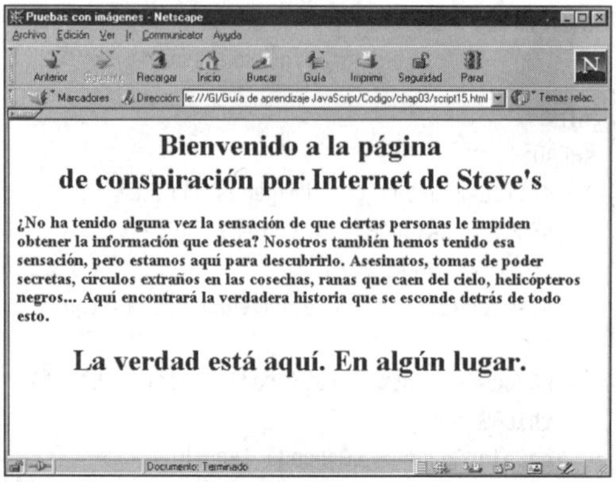


***Figura 3.20.*** *El fondo blanco inicial.*

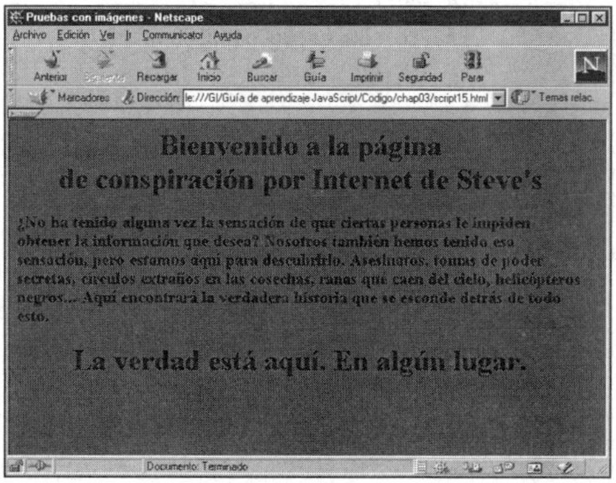


***Figura 3.21.*** *La misma página, ahora con un fondo rojo.*

# MARCOS, MARCOS Y MÁS MARCOS

# 4

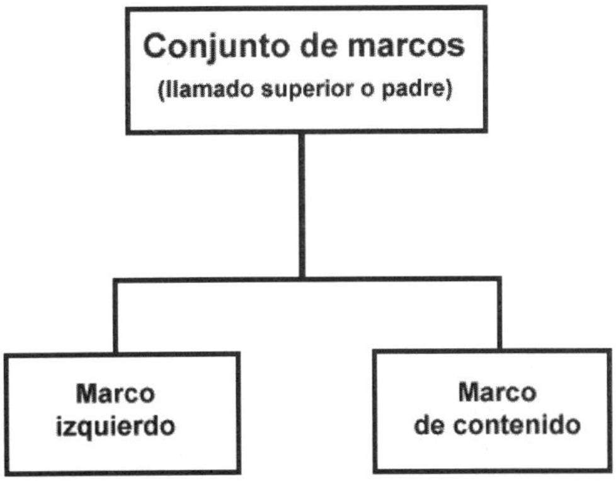


***Figura 4.1.*** *Plantilla de un conjunto de marcos que contiene dos marcos, "izquierdo" y "de contenido".*

Los marcos son una de las funciones más poderosas de HTML. En este capítulo mostraremos cómo utilizar la potencia de JavaScript para hacerla aún más poderosa.

Un marco consiste al menos en tres páginas HTML. La primera, llamada **conjunto de marcos**, establece las dimensiones de cada uno de los marcos hijo. El conjunto de marcos es llamado en JavaScript ***top*** (superior) o **padre**. El resto de las páginas caben en los paneles que ha creado el conjunto de marcos y constituyen las páginas hijas. Puede asignarles el nombre que quiera. La Figura 4.1 muestra un conjunto de marcos que crea dos marcos hijo, "izquierdo" y "de contenido".

## Cómo mantener una página fuera de un marco

Podría suceder que alguien tomara una página creada por usted y la introdujera dentro de un marco en otro sitio, pareciendo que su página forma parte del contenido de ese otro sitio.

En JavaScript, las ventanas aparecen en una jerarquía, con la ventana padre encima de todas. Cuando alguien secuestra su página, está forzándola a ser un marco hijo de su ventana padre. La Figura 4.2 muestra cómo aparecería la página como parte de otro sitio. Con el Guión 4.1, puede evitar este secuestro de página y obligarla a que esté siempre sola en la ventana de un navegador.

### Para aislar su página

1. `if (top.location ! = self.location) {`

   Primero, verifique que la situación de la página actual (self) es la superior en la jerarquía de la ventana del navegador. Si lo es, no hace falta hacer nada.

2. `top.location = self.location`

   Si la página actual no está arriba del todo, disponga que la página actual sea la superior. Esto obligará a la ventana actual a ser su y sólo su página. La Figura 4.3 muestra su página, tal como la diseñó usted.

**Guión 4.1.** JavaScript proporciona una manera de obligar a la página a aparecer en una página independiente.

```
<HTML>
<HEAD>
   <TITLE>No puede estar en un marco</TITLE>
   <SCRIPT LANGUAGE=JAVASCRIPT TYPE=
   → "TEXT/JAVASCRIPT">
   <!-- Ocultar guión a navegadores antiguos

      if (top.location != self.location) {
         top.location = self.location
      }
   // Fin de ocultación del guión a navegadores
   → antiguos -->
   </SCRIPT>
</HEAD>
<BODY BGCOLOR=WHITE>
<H1>Una página realmente importante que
→ cualquiera puede secuestrar</H1>
</BODY>
</HTML>
```

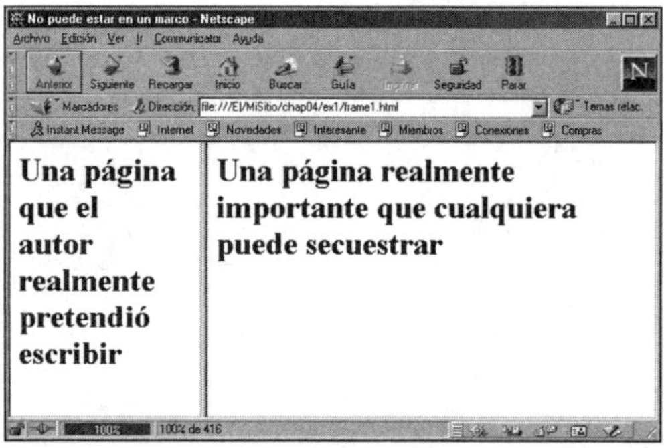


*Figura 4.2. Su página, mezclada en el conjunto de marcos de otra página.*

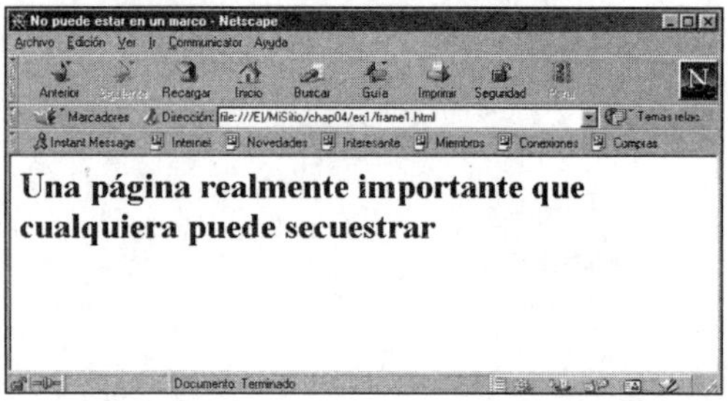


*Figura 4.3. Su página, después de escapar del conjunto de marcos maligno.*

## Cómo obligar a una página a permanecer dentro de un marco

Cuando un motor de búsqueda cataloga una de sus páginas, no sabe si esa página es parte de un marco. Cuando un usuario encuentra su página a través del motor de búsqueda, al hacer clic en el vínculo se mostrará la página sola, no el conjunto de marcos entero como usted lo diseñó. El Guión 4.4 le enseña a forzar al conjunto de marcos entero a que se visualice, aunque el motor de búsqueda no conozca el conjunto de marcos. La Figura 4.4 muestra la página fuera de su ubicación, y la Figura 4.5 la muestra en su sitio, acomodada en su marco.

Los Guiones 4.2 y 4.3 muestran el conjunto de marcos y la barra de navegación de la izquierda, respectivamente.

*(Continúa en página siguiente)*

**Guión 4.2.** He aquí el conjunto de marcos que debería estar cargando su página.

```
<HTML>
<HEAD>
   <TITLE>Ésta es la página que se
visualizará</TITLE>
</HEAD>
<FRAMESET COLS="30%,70%">
   <FRAME SRC="left2.html" NAME="left"
   → SCROLLING=AUTO>
   <FRAME SRC="frame2.html" NAME="content"
   → SCROLLING=AUTO>
</FRAMESET>
</HTML>
```

**Guión 4.3.** La barra de navegación a la izquierda del conjunto de marcos.

```
<HTML>
<HEAD>
   <TITLE>Barra de navegación</TITLE>
</HEAD>
<BODY BGCOLOR=WHITE>
<H1>Información importante que siempre debería
→ estar visible</H1>
</BODY>
</HTML>
```

**Guión 4.4.** Use JavaScript para obligar a su página a estar en el conjunto de marcos.

```
<HTML>
<HEAD>
   <TITLE>Debe estar en un marco</TITLE>
   <SCRIPT LANGUAGE=JAVASCRIPT TYPE=
   → "TEXT/JAVASCRIPT">
   <!-- Ocultar guión a navegadores antiguos

      if (top.location == self.location) {
         top.location.href = "frameset2.html"
      }
   // Fin de ocultación del guión a navegadores
   → antiguos -->
   </SCRIPT>
</HEAD>
<BODY BGCOLOR=WHITE>
<H1>Una página que siempre debería estar dentro
→ de un marco</H1>
</BODY>
</HTML>
```

## Para obligar a una página a permanecer dentro de un marco

1. `if (top.location = = self.location) {`

   Verifique que la página actual está en el nivel superior. Si no es así, se encuentra en un conjunto de marcos.

2. `top.location.href = "frameset2.html"`

   Si la ubicación de la página actual está en el nivel superior, entonces reemplace la página actual con el URL del conjunto de marcos. Esto visualizará su sitio enmarcado tal como lo diseñó.

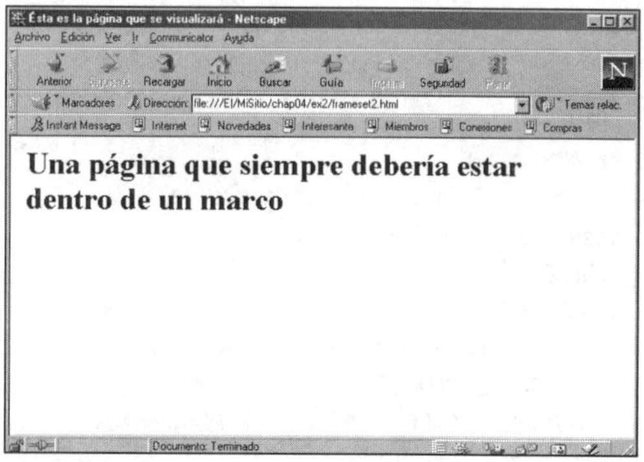


***Figura 4.4.*** *Una página aislada, a la deriva.*

CONSEJO

- Este método funciona bien sólo si tiene unas pocas páginas a las que podría llamar desde fuera de su marco, porque requiere una página de conjunto de marcos separada para cada página que pudiera querer cargar (en este ejemplo) en el marco de contenido. El siguiente ejemplo muestra un modo de gobernar un sitio grande.

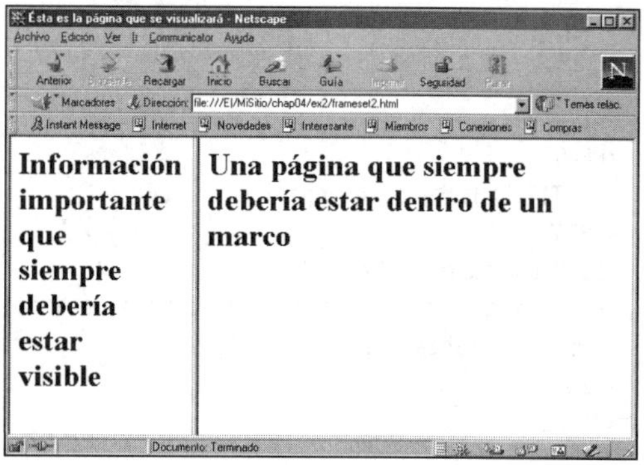


***Figura 4.5.*** *Su página, felizmente reunida con su padre y hermanas.*

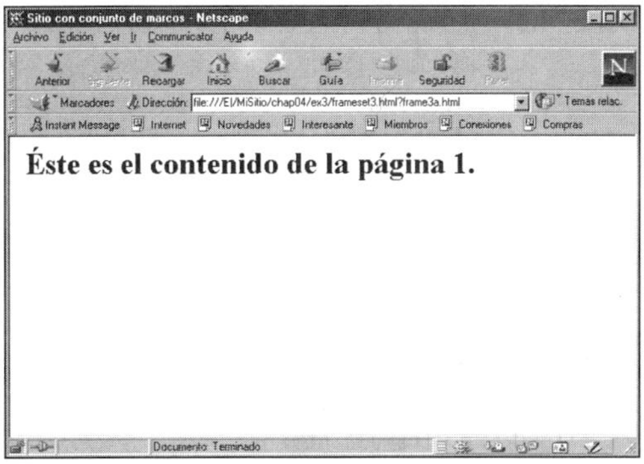


***Figura 4.6.*** *He aquí nuestra página, fuera del marco.*

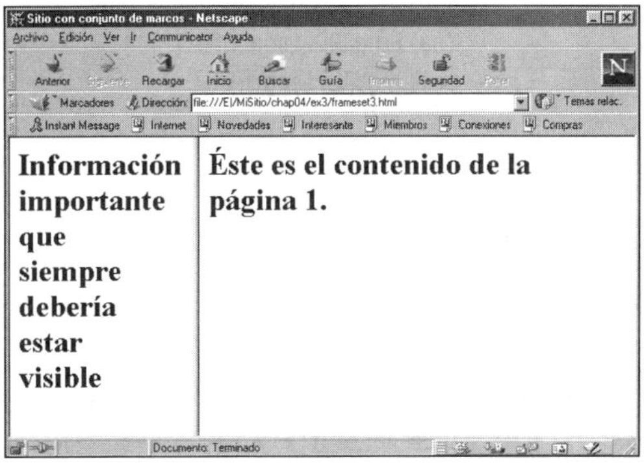


***Figura 4.7.*** *Y he aquí cómo queremos que aparezca.*

# Cómo obligar a un sitio a permanecer dentro de un marco

Si tiene un sitio grande, con numerosas páginas que quiere meter dentro de un marco, el método descrito en la sección anterior puede resultar fácilmente impracticable. Hay un método que funciona mejor con los sitios grandes. El Guión 4.5 (detallado más adelante) muestra el conjunto de marcos, el Guión 4.6 muestra la barra de navegación de la izquierda, y los Guiones 4.7 y 4.8 muestran la pequeña cantidad de JavaScript que tiene que añadir a cada página de su sitio. La Figura 4.7 muestra el sitio con la apariencia que usted quiso que tuviera.

## Para obligar a un sitio a permanecer en un marco

1. `linkURL = "frame3a.html"`

   Haga que linkURL sea aquí la página que aparecerá por defecto en el marco "de contenido", por si acaso está cargando el conjunto de marcos con una referencia a una página de contenido.

2. `if (parent.document.URL) {`

   No todos los navegadores habilitados para JavaScript comprenden el objeto URL. Si este navegador no lo hace, salte los pasos siguientes (hasta el 5). Esto se hace incluyendo los pasos dentro de la sentencia if.

3. `callingURL = parent.document.URL`

   Si el navegador entiende el objeto URL, guarde ese valor en la variable callingURL.

4. `if (callingURL.indexOf('?') != -1  {`

   Va a pasar el nombre de la página que quiera del marco de contenido a la página del conjunto de marcos. Esto se hace tomando el nombre de la página que quiere cargar (la página del conjunto de marcos) y adjuntándole un signo de interrogación, y luego el nombre de la página de contenido deseada. Este paso verifica si hay un signo de interrogación en callingURL. Si lo hay, dé el siguiente paso.

*(Continúa en página siguiente)*

5.
```
linkURL = callingURL.substring
→ (callingURL.indexOf('?')+1.
→ callingURL.length)
```

Aquí, toma el URL y selecciona justo la parte que sigue al signo de interrogación. El método indexOf() devuelve la ubicación del interrogante, y la propiedad de longitud suministra la longitud de callingURL. El método substring() devuelve justo la parte de callingURL que desea: desde un carácter después de la interrogación hasta el final del URL.

6.
```
document.write('<FRAMESET COL=
→ "30%, 70%">')
document.writeln('<FRAME SRC=
→ "left3.html" NAME="left">')
document.writeln('<FRAME SRC=
→ " '+ linkURL + '" NAME="content">')
document.writeln('<\/FRAMESET>')
```

Esta parte del código escribe al vuelo el conjunto de marcos. Si el navegador entendió el objeto URL, y se transmitió un URL con un signo de interrogación, el marco del contenido obtiene el URL deseado. Si no, la página obtiene el marco de contenido predefinido, que se definió en linkURL, en el paso 1.

**Guión 4.5.** La página del conjunto de marcos entiende una ubicación de página de contenido transmitida.

```
<HTML>
<HEAD>
   <TITLE>Sitio con conjunto de marcos</TITLE>
</HEAD>
<SCRIPT LANGUAGE=JAVASCRIPT
TYPE="TEXT/JAVASCRIPT"><
   <!-- Ocultar guión a navegadores antiguos
   linkURL = "frame3a.html"
   if (parent.document.URL) {
      callingURL = parent.document.URL
      if (callingURL.indexOf('?') != -1) {
         linkURL = callingURL.substring
         → (callingURL.indexOf('?')+1,
         → callingURL.length)
      }
   }

   document.writeln('<FRAMESET COLS=
   → "30%,70%">')
   document.writeln('<FRAME SRC="left3.html"
   → NAME="left">')
   document.writeln('<FRAME SRC="' + linkURL
   → + '" NAME="content">')
   document.writeln('<\/FRAMESET>')

   // Fin de ocultación del guión a navegadores
   → antiguos -->
</SCRIPT>
</HTML>
```

**Guión 4.6.** La barra de navegación de la izquierda debería mostrarse siempre.

```
<HTML>
<HEAD>
   <TITLE>Barra de navegación</TITLE>
</HEAD>
<BODY BGCOLOR=WHITE>
<H1>Información importante que siempre debería
→ estar visible</H1>
</BODY>
</HTML>
```

**Guión 4.7.** Una página es transmitida al conjunto de marcos.

```
<HTML>
<HEAD>
   <TITLE>Debe estar en un marco</TITLE>
   <SCRIPT LANGUAGE=JAVASCRIPT TYPE=
   → "TEXT/JAVASCRIPT">
   <!-- Ocultar guión a navegadores antiguos

      if (top.location == self.location) {
         top.location.href =
         → "frameset3.html?frame3a.html"
      }
   // Fin de ocultación del guión a navegadores
   → antiguos -->
   </SCRIPT>
</HEAD>
<BODY BGCOLOR=WHITE>
<H1>Éste es el contenido de la página 1.</H1>
</BODY>
</HTML>
```

**Guión 4.8.** Y se transmite otra, de la misma manera.

```
<HTML>
<HEAD>
   <TITLE>Debe estar en un marco</TITLE>
   <SCRIPT LANGUAGE=JAVASCRIPT TYPE=
   → "TEXT/JAVASCRIPT">
      <!-- Ocultar guión a navegadores antiguos

      if (top.location == self.location) {
         top.location.href =
         → "frameset3.html?frame3b.html"
      }
      // Fin de ocultación del guión a
      → navegadores antiguos -->
   </SCRIPT>
</HEAD>
<BODY BGCOLOR=WHITE>
<H1>Éste es el contenido de la página 2.</H1>
</BODY>
</HTML>
```

7. `top.location.ref. = "frameset3.html?frame3a.html"`

   En la página que desee que esté en un marco (Guión 4.7), este código obliga que se cargue la página del conjunto de marcos. Establezca top.locationhref al nombre de la página del conjunto de marcos, seguido de un signo de interrogación y el nombre de la página que quiere en el marco de contenido.

**CONSEJOS**

- El objeto document.URL sólo existe para los navegadores JavaScript 1.1 y superiores. Si necesita soportar navegadores de versiones anteriores, tenga en cuenta que siempre obtendrán la página predefinida.
- Para mayor sencillez, la página del conjunto de marcos del Guión 4.5 no manipula navegadores antiguos que no sean válidos para JavaScript, o que no soporten marcos. El suyo, por supuesto, debería poder, efectuando una detección de navegador (véase el Capítulo 2).
- ¿Por qué hay una barra inclinada invertida ("\") antes de la barra inclinada ("/") en el paso 6? Según los estándares HTML, el navegador puede interpretar el principio de una etiqueta de cierre ("</") dentro de document.write() como el final de la línea. La barra hacia atrás "escapa" a la barra, permitiéndonos escribir HTML sin provocar errores.

## Cómo cargar un marco

Es frecuente tener un marco que sirva de barra de navegación en el sitio, que cargue las diferentes páginas en el marco principal. El conjunto de marcos del Guión 4.9 le permite cargar la página elegida (Guiones 4.11, 4.12 y 4.13) en el marco de contenido principal, con sólo hacer clic en un vínculo del marco izquierdo (Guión 4.10, detallado más adelante).

### Para cargar un marco desde otro

1. ```
   pageArray = new Array (" ",
   → "frame4a.html", ´"frame4b.html",
   → "frame4c.html")
   ```

   Cree un nuevo array llamado pageArray, que contiene los URL disponibles en la barra de navegación. En la página que se muestra en la Figura 4.8 hay tres páginas susceptibles de

**Guión 4.9.** Este conjunto de marcos carga las páginas deseadas.

```
<HTML>
<HEAD>
   <TITLE>Establecer un marco desde otro
   → </TITLE>
</HEAD>
<FRAMESET COLS="30%,70%">
   <FRAME SRC="left4.html" NAME="left"
   → SCROLLING=AUTO>
   <FRAME SRC="frame4a.html" NAME="content"
   → SCROLLING=AUTO>
</FRAMESET>
</HTML>
```

**Guión 4.10.** Use este guión para establecer el contenido desde el marco de navegación.

```
<HTML>
<HEAD>
   <TITLE>Barra de navegación</TITLE>
   <SCRIPT LANGUAGE=JAVASCRIPT TYPE="TEXT/JAVASCRIPT">
   <!-- Ocultar guión a navegadores antiguos

      pageArray = new Array ("","frame4a.html","frame4b.html","frame4c.html")

      function setContent(thisPage) {
         parent.content.document.location.href = pageArray[thisPage]
      }
   // Fin de ocultación del guión a navegadores antiguos -->
   </SCRIPT>
</HEAD>
<BODY BGCOLOR=WHITE>
<H1>Barra de navegación</H1>
<H2><A HREF="javascript:setContent(1)">Página 1</A><BR>
<A HREF="javascript:setContent(2)">Página 2</A><BR>
<A HREF="javascript:setContent(3)">Página 3</A></H2>
</BODY>
</HTML>
```
```

**Guión 4.11.** He aquí la página 1,

```
<HTML>
<HEAD>
   <TITLE>Marco de contenido</TITLE>
</HEAD>
<BODY BGCOLOR=WHITE>
<H1>¡Ahora está observando la página 1!</H1>
</BODY>
</HTML>
```

**Guión 4.12.** Ila página 2,

```
<HTML>
<HEAD>
   <TITLE>Marco de contenido</TITLE>
</HEAD>
<BODY BGCOLOR=WHITE>
<H1>¡Ahora está observando la página 2!</H1>
</BODY>
</HTML>
```

**Guión 4.13.** y la página 3.

```
<HTML>
<HEAD>
   <TITLE>Marco de contenido</TITLE>
</HEAD>
<BODY BGCOLOR=WHITE>
<H1>¡Ahora está observando la página 3!</H1>
</BODY>
</HTML>
```

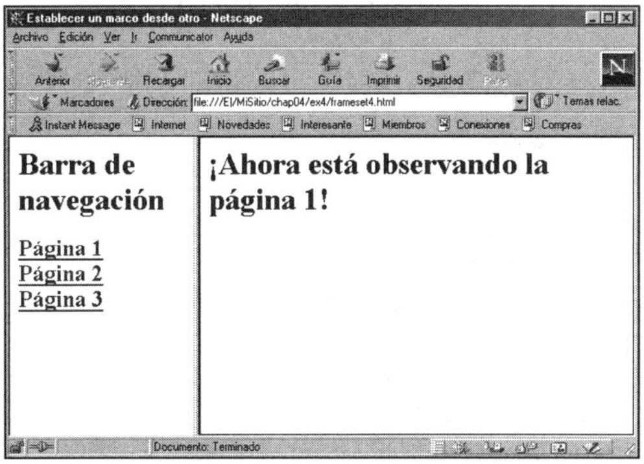


***Figura 4.8.*** *Un marco actuando como barra de navegación, con la página de contenido en un marco de contenido.*

visualizarse en el marco de contenido, así que se necesitan tres URL. La primera posición del array es la posición 0, que se deja en blanco para poder usar las posiciones 1, 2 y 3 del array, que corresponden a las páginas 1, 2 y 3.

2. ```
   function setContent(hisPage)  {
      parent.content.document.location.
      → href = pageArray[thisPage]
   }
   ```

   Cree una nueva función, llamada setContent, que, cuando reciba un número de página, cargue el marco content con la página requerida. Esto lo hace encontrando el padre del documento actual, hallando luego el marco content del documento padre, y cargando por último la página nueva en ese marco estableciendo el origen del URL, location.href, para ese documento de marco.

3. ```
   <A HREF = "javascript:setContent(1)">
   → Página 1</A>
   ```

   Dentro del cuerpo de la página, cree vínculos a las páginas que quiera cargar en la ventana principal. Cuando se hace clic en el vínculo, se llama a la función JavaScript setcontent y se transmite el número de página (1, en este caso) que quiere cargar. Repita esta línea, con un nuevo número de página, para cada página que quiera mostrar en el marco content.

# Cómo crear y cargar un marco dinámico

Como JavaScript puede crear contenido de página en el acto, es útil cargar datos dinámicos en marcos basados en la elección realizada por el usuario en otro marco. El Guión 4.14 es un conjunto de marcos que carga una página de contenido restringido (Guión 4.16) y una página de navegación (Guión 4.15, detallado a continuación) que puede crear una página y cargarla en el marco content principal.

## Para cargar un marco dinámico desde otro marco

1. ```
function writeContent(thisPage) {
    parent.content.document.write'
    → ("<HTML><HEAD><\/HEAD><BODY
    → BGCOLOR=WHITE><H1>")
    parent.content.document.write
    → '("Ahora está observando la página '"
    → +thisPage+".")
    parent.content.document.write'
    → ("</\H1><\/BODY><\/HTML>")
    parent.content.document.close()
}
```

   Cree una nueva función llamada writeContent(), que, al recibir un número de página, cree una página dinámicamente y la cargue en el marco content. Esto lo hace encontrando el padre del documento actual, luego el marco content del documento padre, y más tarde escribiendo la página nueva en el documento content. Termine con document.close() para asegurarse de que todo lo que ha escrito se visualizará.

2. ```
<A HREF = "javascript:writeContent
→ (1)">Página 1</A>
```

   Dentro del cuerpo de la página, cree vínculos a las páginas que quiera cargar en la ventana principal. Cuando se hace clic en el vínculo, se llama a la función JavaScript writeContent y se transmite el número de la página (1, en este

**Guión 4.14.** El conjunto de marcos.

```
<HTML>
<HEAD>
    <TITLE>Establecer un marco desde otro
    → </TITLE>
</HEAD>
<FRAMESET COLS="30%,70%">
    <FRAME SRC="left5.html" NAME="left"
    → SCROLLING=AUTO>
    <FRAME SRC="frame5.html" NAME="content"
    → SCROLLING=AUTO>
</FRAMESET>
</HTML>
```

**Guión 4.15.** JavaScript le permite crear el código HTML en el acto, escribiendo páginas nuevas como resultado de un guión.

```
<HTML>
<HEAD>
    <TITLE>Barra de navegación</TITLE>
    <SCRIPT LANGUAGE=JAVASCRIPT TYPE=
    → "TEXT/JAVASCRIPT">
        <!-- Ocultar guión a navegadores antiguos
        function writeContent(thisPage) {
            → parent.content.document.write
            → ("<HTML><HEAD><\/HEAD>
            → <BODY BGCOLOR=WHITE><H1>")
            parent.content.document.write
            → ("Ahora está observando la página "
            → +thisPage+".")
            → parent.content.document.write
            → ("<\/H1><\/BODY><\/HTML>")
            parent.content.document.close()
        }
    // Fin de ocultación del guión a navegadores
    → antiguos -->
    </SCRIPT>
</HEAD>
<BODY BGCOLOR=WHITE>
<H1>Barra de navegación</H1>
<H2><A HREF="javascript:writeContent(1)">
→ Página 1</A><BR>
<A HREF="javascript:writeContent(2)">
→ Página 2</A><BR>
<A HREF="javascript:writeContent(3)">
→ Página 3</A></H2>
</BODY>
</HTML>
```

**Guión 4.16.** La página restringida que se carga inicialmente.

```
<HTML>
<HEAD>
   <TITLE>Marco de contenido</TITLE>
</HEAD>
<BODY BGCOLOR=WHITE>
</BODY>
</HTML>
```

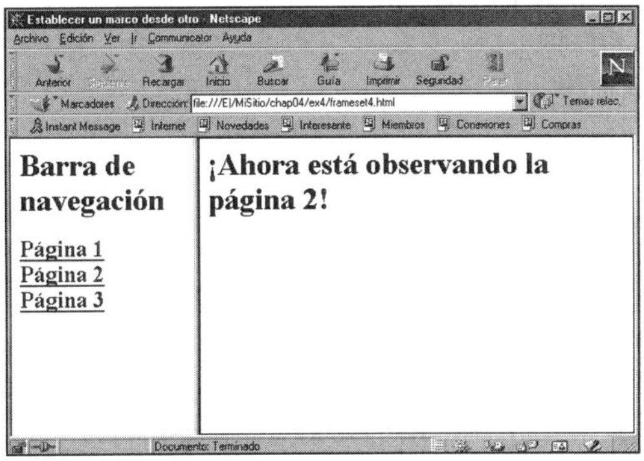


*Figura 4.9. Éste es el resultado del Guión 4.15, una página web escrita por un guión JavaScript.*

caso) que quiere crear y cargar. La Figura 4.9 muestra el resultado. Repita esta línea, con un nuevo número de página, para cada página que quiera crear y mostrar en el marco de contenido.

## Cómo compartir funciones entre marcos

Una plantilla de marco común usa un marco permanente de navegación que podría visualizar varias páginas diferentes. Si todas esas páginas de contenido necesitan llamar a un guión JavaScript idéntico, parece lógico poner la función en esa página para que esté siempre presente, en lugar de duplicarla para cada página de contenido posible. En la Figura 4.10 usamos esta posibilidad para que muchas páginas compartan una función idéntica, que devuelve la imagen del *banner* seleccionado. Esto requiere que parte del código esté en el marco de navegación y parte en el marco de contenido. El Guión 4.17 carga las páginas en el conjunto de marcos.

**Guión 4.17.** La página del conjunto de marcos se carga en los marcos deseados.

```
<HTML>
<HEAD>
   <TITLE>Uso de las funciones de un marco desde
   → otro</TITLE>
</HEAD>
<FRAMESET COLS="30%,70%">
   <FRAME SRC="left6.html" NAME="left"
   → SCROLLING=AUTO>
   <FRAME SRC="frame6a.html" NAME="content"
   → SCROLLING=AUTO>
</FRAMESET>
</HTML>
```

**Guión 4.18.** Escriba una sola vez una función JavaScript y úsela en muchas páginas para establecer la imagen del día.

```
<HTML>
<HEAD>
   <TITLE>Barra de navegación</TITLE>
   <SCRIPT LANGUAGE=JAVASCRIPT TYPE="TEXT/JAVASCRIPT">
      <!-- Ocultar guión a navegadores antiguos

      function setBanner() {
         if (document.images) {
            bannerImg = new Image
            bannerImg.src = 'blueBanner.gif'
            return (bannerImg.src)
         }
         return ("")
      }
      // Fin de ocultación del guión a navegadores antiguos -->
   </SCRIPT>
</HEAD>
<BODY BGCOLOR=WHITE>
<H1>Barra de navegación</H1>
<H2><A HREF="frame6a.html" TARGET="content">Página 1</A><BR>
<A HREF="frame6b.html" TARGET="content">Página 2</A><BR>
<A HREF="frame6c.html" TARGET="content">Página 3</A></H2>
</BODY>
</HTML>
```

**Guión 4.19.** Llame a la función JavaScript en el marco de navegación para visualizar la imagen del día.

```
<HTML>
<HEAD>
   <TITLE>Debe estar en un marco</TITLE>
</HEAD>
<BODY BGCOLOR=WHITE onLoad=
→ "if (document.images)
→ {document.adBanner.src=
→ parent.left.setBanner()}">
<CENTER>
   Sitio descrito hoy:<BR>
   <IMG SRC="spacer.gif" WIDTH=400 HEIGHT=75
   → NAME="adBanner" ALT="banner">
</CENTER>
<H1>¡Ahora está observando la página 1!</H1>
</BODY>
</HTML>
```

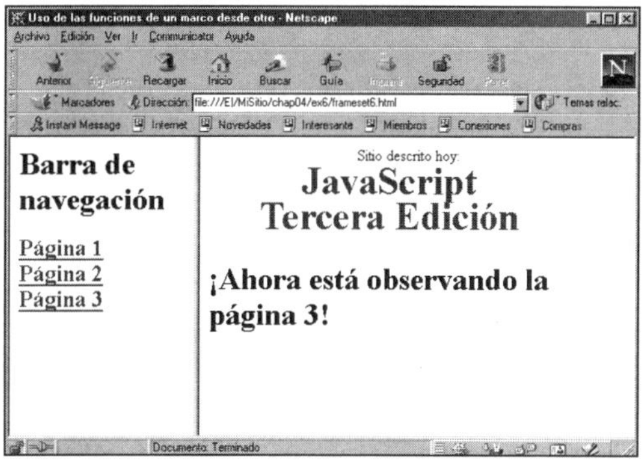


*Figura 4.10. Éste es el resultado de los guiones.*

## Para usar una función en otra página

1. `function setBanner( ) {`

   En el Guión 4.18, que es el marco de navegación, cree una nueva función, llamada setBanner().

2. `if (document.images) {`

   Verifique si este navegador soporta el objeto images. Si no, al ejecutar la línea siguiente obtendrá un error.

3. ```
   bannerImg = new Image
   bannerImg.src = ´blueBanner.gif
   ```

   Cree una nueva imagen, llamada bannerImg, y establezca su origen como el URL de la imagen seleccionada. Cambiando el valor de esta variable, o usando una de las rutinas de imagen aleatoria del Capítulo 3, cambiará el *banner* para cada página que llame a esta función.

4. `return (bannerImg.src)`

   Devuelve el valor del nuevo *banner* que haya establecido.

5. `return (" ")`

   El guión sólo alcanzará esta línea cuando el navegador sea demasiado antiguo para entender el objeto images. Así, el guión devuelve una cadena vacía en lugar de una imagen.

6. ```
   document.adBanner.src =
   → parent.left.setBanner( )
   ```

   Los Guiones 4.19, 4.20 y 4.21, que están en el marco de contenido, establecen la variable local adBanner para que sea la nueva imagen del *banner* devuelto por setBanner en parent.left (el marco de navegación).

**Guión 4.20.** Y puede llamarla otra vez...

```
<HTML>
<HEAD>
   <TITLE>Debe estar en un marco</TITLE>
</HEAD>
<BODY BGCOLOR=WHITE onLoad="if (document.images) {document.adBanner.src=parent.left.setBanner()}">
<CENTER>
   Sitio descrito hoy:
   <BR>
   <IMG SRC="spacer.gif" WIDTH=400 HEIGHT=75 NAME="adBanner" ALT="banner">
</CENTER>
<H1>¡Ahora está observando la página 2!</H1>
</BODY>
</HTML>
```

**Guión 4.21.** ...y otra.

```
<HTML>
<HEAD>
   <TITLE>Debe estar en un marco</TITLE>
</HEAD>
<BODY BGCOLOR=WHITE onLoad="if (document.images) {document.adBanner.src=parent.left.setBanner()}">
<CENTER>
   Sitio descrito hoy:<BR>
   <IMG SRC="spacer.gif" WIDTH=400 HEIGHT=75 NAME="adBanner" ALT="banner">
</CENTER>
<H1>¡Ahora está observando la página 3!</H1>
</BODY>
</HTML>
```

**Guión 4.22.** Comience cargando en el conjunto de marcos.

```
<HTML>
<HEAD>
   <TITLE>Navegación por marcos</TITLE>
</HEAD>
<FRAMESET COLS="30%,70%">
   <FRAME SRC="left7.html" NAME="left"
   → SCROLLING=AUTO>
   <FRAME SRC="frame7a.html" NAME="content"
   → SCROLLING=AUTO>
</FRAMESET>
</HTML>
```

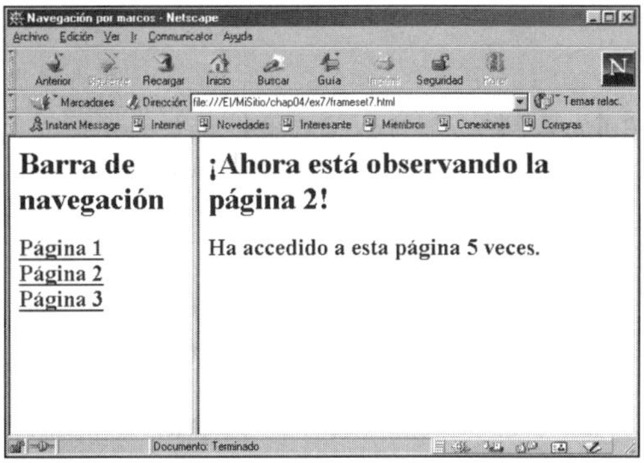


*Figura 4.11. El guión JavaScript indica que ha visitado la página cinco veces en esta sesión.*

## Cómo almacenar información en los marcos

En situaciones similares a las del ejemplo anterior, puede guardar un registro de la información útil en los marcos, almacenando las variables en la página de marco permanente.

La Figura 4.11 muestra el número de veces que el usuario ha visitado en una sesión cada página de contenido. Una vez más, los guiones se necesitan en múltiples marcos, y esos marcos son cargados por el conjunto de marcos del Guión 4.22.

### Para llevar la cuenta de visitas a la página

1\.

```
page1Count = 0
page2Count = 0
page3Count = 0
```

En el Guión 4.23, en el marco de navegación, inicialice las tres variables que quiere registrar, una para cada página de contenido.

*(Continúa en página siguiente)*

**Guión 4.23.** Inicialice las variables JavaScript en el marco de navegación.

```
<HTML>
<HEAD>
   <TITLE>Barra de navegación</TITLE>
   <SCRIPT LANGUAGE=JAVASCRIPT TYPE="TEXT/JAVASCRIPT">
      <!-- Ocultar guión a navegadores antiguos

      page1Count = 0
      page2Count = 0
      page3Count = 0

      pageArray = new Array ("","frame7a.html","frame7b.html","frame7c.html")

      function setContent(thisPage) {
         parent.content.document.location.href = pageArray[thisPage]
      }

      // Fin de ocultación del guión a navegadores antiguos -->
   </SCRIPT>
```

*(Continúa en página siguiente)*

2. `parent.left.page1Count++`

   En el área del encabezado del Guión 4.24, en el marco de contenido, añada uno al contador page1Count, situado en el marco de navegación. Use una variable de contador diferente para cada página de contenido, como se muestra en los Guiones 4.25 y 4.26.

3. `document.write`
   `→ (parent.left.page1Count)`

   En el área del cuerpo del Guión 4.24, utilice la variable page1Count, que visualiza el número de veces que un visitante ha visitado esta página en la sesión actual.

**Guión 4.23.** Inicialice las variables JavaScript en el marco de navegación. *(Continuación)*

```
</HEAD>
<BODY BGCOLOR=WHITE>
<H1>Barra de navegación</H1>
<H2><A HREF="javascript:setContent(1)">
→ Página 1</A><BR>
<A HREF="javascript:setContent(2)">
→ Página 2</A><BR>
<A HREF="javascript:setContent(3)">
→ Página 3</A></H2>
</BODY>
</HTML>
```

**Guión 4.24.** Añada uno al contador de la página JavaScript y muestre el resultado.

```
<HTML>
<HEAD>
   <TITLE>Marco de contenido</TITLE>
   <SCRIPT LANGUAGE=JAVASCRIPT TYPE=
   → "TEXT/JAVASCRIPT">
      <!-- Ocultar guión a navegadores antiguos

      parent.left.page1Count++
      // Fin de ocultación del guión a
      → navegadores antiguos -->
   </SCRIPT>
</HEAD>
<BODY BGCOLOR=WHITE>
<H1>¡Ahora está observando la página 1!</H1>
<H2>Ha accedido a esta página
<SCRIPT LANGUAGE=JAVASCRIPT TYPE=
→ "TEXT/JAVASCRIPT">
   <!-- Ocultar guión a navegadores antiguos
   document.write(parent.left.page1Count)

   // Fin de ocultación del guión a navegadores
   → antiguos -->
</SCRIPT>
veces.</H2>
</BODY>
</HTML>
```

**Guión 4.25.** Este guión incrementa en uno el contador de la página 2.

```
<HTML>
<HEAD>
   <TITLE>Marco de contenido</TITLE>
   <SCRIPT LANGUAGE=JAVASCRIPT TYPE="TEXT/JAVASCRIPT">
      <!-- Ocultar guión a navegadores antiguos

      parent.left.page2Count++
      // Fin de ocultación del guión a navegadores antiguos -->
   </SCRIPT>
</HEAD>
<BODY BGCOLOR=WHITE>
<H1>¡Ahora está observando la página 2!</H1>
<H2>Ha accedido a esta página
<SCRIPT LANGUAGE=JAVASCRIPT TYPE="TEXT/JAVASCRIPT">
   <!-- Ocultar guión a navegadores antiguos
   document.write(parent.left.page2Count)

   // Fin de ocultación del guión a navegadores antiguos -->
</SCRIPT>
veces.</H2>
</BODY>
</HTML>
```

**Guión 4.26.** El contador de la página 3 se incrementa con este guión.

```
<HTML>
<HEAD>
   <TITLE>Marco de contenido</TITLE>
   <SCRIPT LANGUAGE=JAVASCRIPT TYPE="TEXT/JAVASCRIPT">
      <!-- Ocultar guión a navegadores antiguos

      parent.left.page3Count++
      // Fin de ocultación del guión a navegadores antiguos -->
   </SCRIPT>
</HEAD>
<BODY BGCOLOR=WHITE>
<H1>¡Ahora está observando la página 3!</H1>
<H2>Ha accedido a esta página
<SCRIPT LANGUAGE=JAVASCRIPT TYPE="TEXT/JAVASCRIPT">
   <!-- Ocultar guión a navegadores antiguos
   document.write(parent.left.page3Count)

   // Fin de ocultación del guión a navegadores antiguos -->
</SCRIPT>
veces.</H2>
</BODY>
</HTML>
```

## Cómo cargar simultáneamente múltiples marcos

Sólo necesita un vínculo con un atributo objetivo para cambiar el contenido de un marco; es simple código HTML. Para cambiar con un clic el contenido de múltiples marcos, necesita JavaScript. El Guión 4.27 se carga en el conjunto de marcos y los Guiones 4.28, 4.29 y 4.30 actualizan simultáneamente los marcos left y content, como se muestra en las Figuras 4.12 y 4.13.

### Para cargar de una vez múltiples marcos

- ```
  function setFrames(newPage) {
     parent.content.document.location.
     → href = "frame" + newPage +
     → ".html"
  document.location.href ="left" +
  → newPage + ".html"
  }
  ```

  A esta función se le transmite la variable newPage, que se usa luego para construir la ubicación de los dos marcos que se han de cargar. El marco content vuelve a restablecerse cambiando el valor de parent.content.document.location.href, y el marco left (actual) se restablece cambiando el valor de document.location.href.

  Por ejemplo, cuando se llama a setFrames ('8b'), el marco content se vuelve a establecer al valor "frame8b.html" (Guión 4.32), y el marco left se vuelve a establecer a

  "left8b.html" (Guión 4.29). Llamando a setFrames('8a') se vuelve a establecer el marco content a "left8c.html" (Guión 4.30). En cada caso, la página de navegación de la izquierda muestra la página que se está visualizando actualmente en el marco de contenido, y no permite al usuario elegir esa opción.

**Guión 4.27.** Empiece cargando el conjunto de marcos.

```
<HTML>
<HEAD>
   <TITLE>Navegación por marcos</TITLE>
</HEAD>
<FRAMESET COLS="30%,70%">
   <FRAME SRC="left8a.html" NAME="left"
   → SCROLLING=AUTO>
   <FRAME SRC="frame8a.html" NAME="content"
   → SCROLLING=AUTO>
</FRAMESET>
</HTML>
```

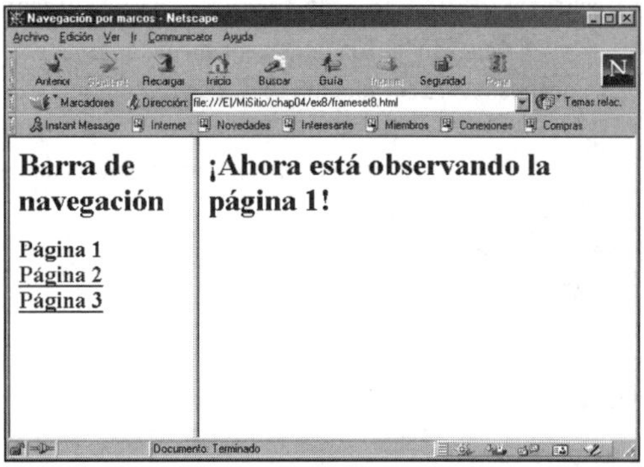


***Figura 4.12.*** *La página tiene este aspecto al principio.*

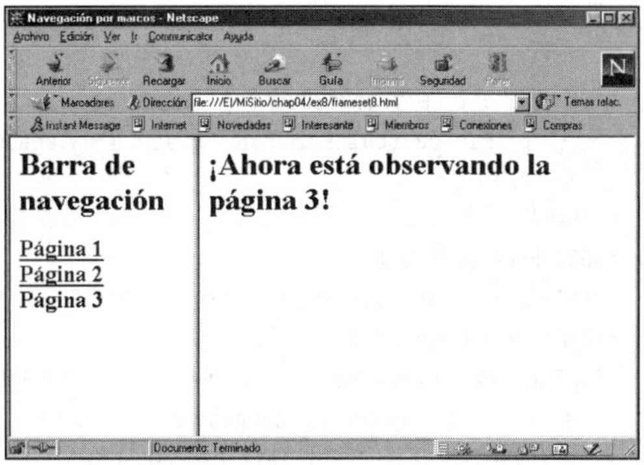


***Figura 4.13.*** *Pero cuando se hace clic en un vínculo, cambian ambos marcos.*
```

**Guión 4.28.** La página de navegación inicial...

```
<HTML>
<HEAD>
   <TITLE>Barra de navegación</TITLE>
   <SCRIPT LANGUAGE=JAVASCRIPT TYPE="TEXT/JAVASCRIPT">
      <!-- Ocultar guión a navegadores antiguos

      function setFrames(newPage) {
         parent.content.document.location.href = "frame" + newPage + ".html"
         document.location.href = "left" + newPage + ".html"
      }
      // Fin de ocultación del guión a navegadores antiguos -->
   </SCRIPT>
</HEAD>
<BODY BGCOLOR=WHITE>
<H1>Barra de navegación</H1>
<H2>Página 1<BR>
<A HREF="javascript:setFrames('8b')">Página 2</A><BR>
<A HREF="javascript:setFrames('8c')">Página 3</A></H2>
</BODY>
</HTML>
```

**Guión 4.29.** ... puede convertirse en la segunda página de navegación...

```
<HTML>
<HEAD>
   <TITLE>Barra de navegación</TITLE>
   <SCRIPT LANGUAGE=JAVASCRIPT TYPE="TEXT/JAVASCRIPT">
      <!-- Ocultar guión a navegadores antiguos

      function setFrames(newPage) {
         parent.content.document.location.href = "frame" + newPage + ".html"
         document.location.href = "left" + newPage + ".html"
      }
      // Fin de ocultación del guión a navegadores antiguos -->
   </SCRIPT>
</HEAD>
<BODY BGCOLOR=WHITE>
<H1>Barra de navegación</H1>
<H2><A HREF="javascript:setFrames('8a')">Página 1</A><BR>
Página 2<BR>
<A HREF="javascript:setFrames('8c')">Página 3</A></H2>
</BODY>
</HTML>
```

**CONSEJO**

- Si quiere cargar más de dos marcos simultáneamente, basta con que los añada a la lista. En otras palabras, tiene que añadir otra línea especificando un valor de document.location.href para cada marco que quiera añadir. Y si quiere cambiar dos marcos, ninguno de los cuales es el marco actual, basta que siga el modelo del paso anterior, pero especifique ambas ubicaciones, empezando por el objeto padre.

**Guión 4.30.** ...o incluso la tercera página de navegación.

```
<HTML>
<HEAD>
   <TITLE>Barra de navegación</TITLE>
   <SCRIPT LANGUAGE=JAVASCRIPT TYPE="TEXT/JAVASCRIPT">
      <!-- Ocultar guión a navegadores antiguos

      function setFrames(newPage) {
         parent.content.document.location.href = "frame" + newPage + ".html"
         document.location.href = "left" + newPage + ".html"
      }
      // Fin de ocultación del guión a navegadores antiguos -->
   </SCRIPT>
</HEAD>
<BODY BGCOLOR=WHITE>
<H1>Barra de navegación</H1>
<H2><A HREF="javascript:setFrames('8a')">Página 1</A><BR>
<A HREF="javascript:setFrames('8b')">Página 2</A><BR>
Página 3</H2>
</BODY>
</HTML>
```

**Guión 4.31.** La página de contenido inicial...

```
<HTML>
<HEAD>
   <TITLE>Marco de contenido</TITLE>
</HEAD>
<BODY BGCOLOR=WHITE>
<H1>¡Ahora está observando la página 1!</H1>
</BODY>
</HTML>
```

**Guión 4.32.** ...se convierte en la segunda página de contenido...

```
<HTML>
<HEAD>
   <TITLE>Marco de contenido</TITLE>
</HEAD>
<BODY BGCOLOR=WHITE>
<H1>¡Ahora está observando la página 2!</H1>
</BODY>
</HTML>
```

**Guión 4.33.** ...y en la tercera página de contenido.

```
<HTML>
<HEAD>
   <TITLE>Marco de contenido</TITLE>
</HEAD>
<BODY BGCOLOR=WHITE>
<H1>¡Ahora está observando la página 3!</H1>
</BODY>
</HTML>
```

## Cómo detectar el navegador con marcos

Otra utilidad de los marcos es la detección de la versión del navegador y sus capacidades. En este ejemplo, los visitantes se ven detenidos a la entrada si no tienen un navegador válido con soporte para JavaScript. La Figura 4.15 muestra la advertencia.

### Para detectar el navegador con marcos

- 
```
document.write
→ ('<FRAMESET COLS="100%,*"
→ FRAMEBORDER=NO BORDER=0>
→ <FRAME SRC="frame9.html"
→ SCROLLING=AUTO><\/FRAMESET>')
```

  Esta única línea de código del Guión 4.34 crea un conjunto de marcos en el acto con sólo una página (como se muestra en el Guión 4.35). Si los usuarios no tienen JavaScript, caerán en el cuerpo de la página, que visualizará los mensajes de advertencia.

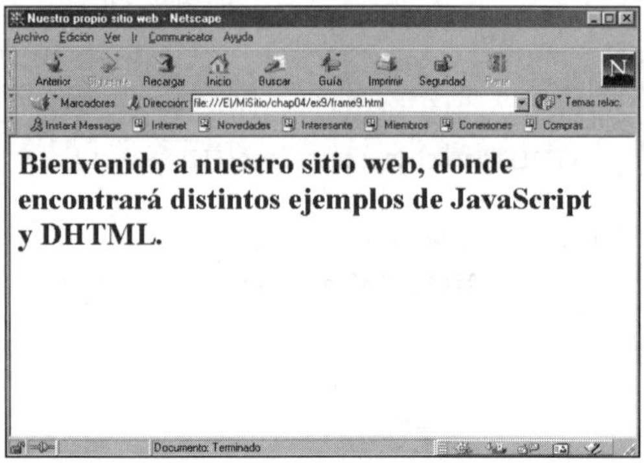


***Figura 4.14.*** *Ha pasado la prueba. ¡Bienvenido a nuestro sitio!*

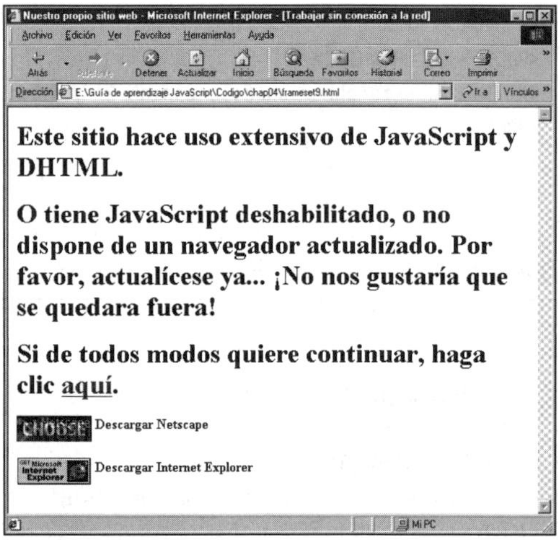


***Figura 4.15.*** *Necesita mejorar su navegador para conseguir el acceso.*

**CONSEJOS**

- Los usuarios no creerán estar en un marco, pero realmente lo están; ocurre que sólo hay un marco, y ocupa la ventana entera. Es necesario que se asegure de que todos los vínculos de la segunda página sitúan el objetivo en "_top". Esto permitirá que sus páginas siguientes se carguen en el conjunto de marcos "oculto".
- ¿Por qué usar este sistema en lugar de cargar document.location.href? Si usa ese método, el cuerpo de la página empezará a cargarse y visualizarse antes de que la página se visualice de forma rápida e intermitente (en *flashes*) y cargue una página diferente. Con este método, sólo se mostrará la página deseada.
- En este ejemplo, los visitantes aún pueden decidir probar el sitio, pero han sido advertidos de sus limitaciones. Puede ser más concreto sobre lo que causa la advertencia añadiendo una sentencia if() en torno a document.write(). Por ejemplo, podría querer

bloquear a los que no estén ejecutando una versión 4 o posterior del navegador, a aquellos que no tengan un determinado *plug-in*, o a los que estén ejecutando una versión más antigua de JavaScript.

**Guión 4.34.** Esta página es un conjunto de marcos para navegadores actualizados, y una página normal para navegadores más antiguos.

```
<HTML>
<HEAD>
   <TITLE>Nuestro propio sitio web</TITLE>
   <SCRIPT LANGUAGE=JAVASCRIPT TYPE="TEXT/JAVASCRIPT">
   <!-- Ocultar guión a navegadores antiguos

      document.write('<FRAMESET COLS="100%,*" FRAMEBORDER=NO BORDER=0>
      → <FRAME SRC="frame9.html" SCROLLING=AUTO><\/FRAMESET>')

   // Fin de ocultación del guión a navegadores antiguos -->
   </SCRIPT>
</HEAD>
<BODY BGCOLOR=WHITE>
<H1> Este sitio hace uso extensivo de JavaScript y DHTML.</P>
<P> O tiene JavaScript deshabilitado, o no dispone de un navegador actualizado. Por favor, actualícese
→ ya... ¡No nos gustaría que se quedara fuera!</P>
<P> Si de todos modos quiere continuar, haga clic <A HREF="frame9.html">aquí</A>.</H1>
<H4><A HREF="http://home.netscape.com/comprod/mirror/"><IMG SRC="http://home.netscape.com/
→ comprod/mirror/images/netscape_now_anim.gif" WIDTH=90 HEIGHT=30 BORDER=0 ALIGN=MIDDLE
→ ALT="Netscape Now"></A> Descargar Netscape
<P><A HREF="http://www.microsoft.com/ie/logo.asp"><IMG SRC="http://www.microsoft.com/sitebuilder/
→ graphics/ie4get_animated.gif"WIDTH=88 HEIGHT=31 BORDER=0 ALIGN=MIDDLE ALT="Get MSIE"
→ HSPACE=1></A> Descargar Internet Explorer</H4>
</BODY>
</HTML>
```

**Guión 4.35.** Ésta es la página que permite al visitante saber que tiene el navegador adecuado.

```
<HTML>
<HEAD>
   <TITLE>Nuestro propio sitio web</TITLE>
</HEAD>
<BODY BGCOLOR=WHITE>
<H1> Bienvenido a nuestro sitio web, donde encontrará distintos ejemplos de JavaScript y DHTML.</H1>
</BODY>
</HTML>
```

# CÓMO TRABAJAR CON VENTANAS DE NAVEGADOR

# 5

La ventana es el elemento más importante de la interfaz de un navegador web y, como era de esperar, JavaScript proporciona muchas herramientas para manipular ventanas.

JavaScript trabaja con la ventanas de manera similar a como lo hace con los marcos (consulte el Capítulo 4). Es lógico, puesto que los marcos son sólo otras ventanas de documento dentro del conjunto de la ventana del navegador.

En este capítulo aprenderá a usar JavaScript para abrir ventanas nuevas, a crear ventanas que podrá usar como paneles de control y a usar guiones para escribir información en las ventanas.

## Cómo abrir una ventana nueva

A menudo querrá crear ventanas nuevas, para mostrar a los usuarios información adicional sin perder la información que están leyendo. Por ejemplo, podría abrir una ventana de anotaciones para una publicación técnica o para una sección de noticias. Aunque es posible abrir una nueva ventana de navegador con HTML, JavaScript le brinda mayor control sobre el contenido de la ventana nueva y sus características. La Figura 5.1 muestra una ventana de navegador estándar, con todas las partes que la integran. Puede crear ventanas que tengan alguno o todos esos elementos. El Guión 5.1 muestra cómo crear una ventana desde una página (véase la Figura 5.2), de modo que al hacer clic en un vínculo aparezca una ventana nueva (que contiene una imagen del gato, en este ejemplo).

**Guión 5.1.** Use este guión para abrir una ventana nueva.

```
<HTML>
<HEAD>
   <TITLE>Apertura de una ventana</TITLE>
   <SCRIPT LANGUAGE=JAVASCRIPT
   → TYPE="TEXT/JAVASCRIPT">
   <!-- Ocultar guión a navegadores antiguos

   function newWindow() {
      catWindow = window.open('pixel2.jpg',
      → 'catWin', 'width=330,height=250')
   }

   // Fin de ocultación del guión a navegadores
   → antiguos -->
   </SCRIPT>
</HEAD>
<BODY BGCOLOR=WHITE>
   <H1>El Rey de la casa</H1>
   <H3>Haga clic en su nombre para contemplar
   → al verdadero Rey de la casa
   <P><A HREF="javascript:newWindow()">
   → Pixel</A>
</H3>
</BODY>
</HTML>
```

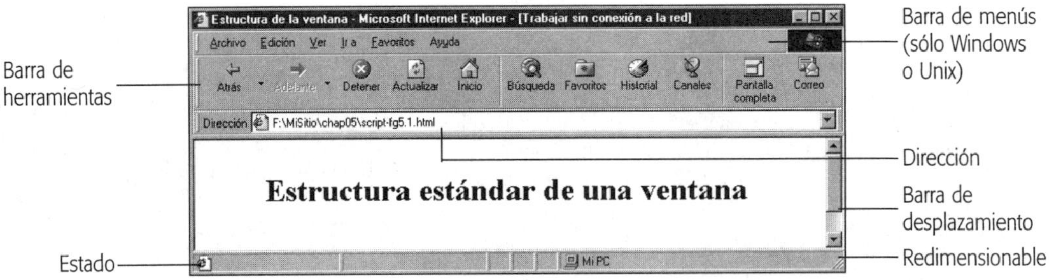


***Figura 5.1.*** *Los elementos de una ventana de navegador. Los nombres de esta figura corresponden a los parámetros que puede aplicar en el comando open().*

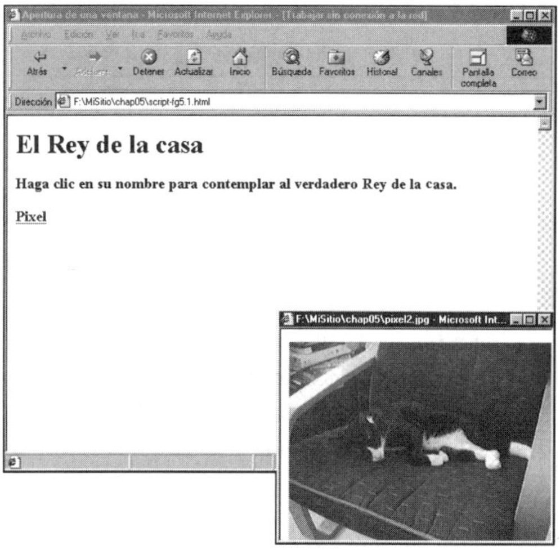


***Figura 5.2.*** *Apertura de una ventana nueva.*

## Para abrir una ventana nueva

1. ```
   function newWindow() {
   ```

   Primero, defina una función llamada newWindow( ).

2. ```
   catWindow = window.open
   → ('pixel12.jpg', 'catWin',
   → 'width=330,height=250')
   ```

   La variable catWindow tiene un objeto de ventana abierto, conteniendo el archivo de imagen pixel12.jpg. El nombre de esta ventana nueva es catWin. Los nombres son necesarios porque podría querer referenciar esta ventana más adelante en un vínculo o en otro guión. La ventana nueva tiene una anchura de 330 *pixels*; estos parámetros son opcionales.

3. ```
   <A HREF="javascript:
   → newWindow()">Pixel</A>
   ```

   En la etiqueta de vínculo, indíquele a JavaScript que ejecute la función newWindow cuando se haga clic en el vínculo.

**CONSEJO**

- En el paso 2 anterior, no puede haber espacios entre las comas en los parámetros de anchura y altura. Si los pusiera, puede que su guión no funcione en algunos navegadores. En general, cuando obtiene errores de guión y necesita eliminar fallos rápidamente, busque pequeños problemas como éste. Los errores de sintaxis son una gran fuente de frustraciones para el codificador principiante.

### Añadir parámetros a las ventanas

Para añadir uno o más de los elementos listados en la Figura 5.1 a sus ventanas, sitúelos en el comando open() entre comillas sencillas, con =yes después del nombre de una característica que quiere, y con =no tras la que no quiera. Por ejemplo, si quiere una ventana de un tamaño determinado, con una barra de herramientas, cuadro de dirección y barras de desplazamiento, escriba lo siguiente:

```
'toolbar=yes,location=yes,
→ scrollbars=yes,width=300,
→ height=300'
```

como parte del comando open(). Observe que la ventana creada no tendría botones de directorio ni una barra de estado, y no sería redimensionable.
```

## Cómo cargar diferentes contenidos en una ventana

En la tarea anterior, haciendo clic en un vínculo se creaba una ventana nueva, y ésta se llenaba con una imagen. Pero, ¿qué pasa si tiene varios vínculos en una página y quiere que todos tengan como objetivo la misma ventana nueva? El Guión 5.2 muestra esta técnica. La ventana principal de la Figura 5.3 tiene tres vínculos. Haciendo clic en cualquiera de los vínculos se abre una ventana nueva, con una imagen del libro apropiado. Si vuelve de nuevo a la ventana principal y hace clic en otro vínculo, la imagen de la ventana más pequeña es sustituida.

### Para cargar diferentes contenidos en una ventana

1. `function newWindow(bookgif) {`

   La primera cosa que necesita hacer es definir una nueva función, llamada newWindow. Pero la diferencia en este guión es que se declara un parámetro de la función, es decir, la variable bookgif. Volveremos en seguida con bookgif.

2. ```
   bookWindow = window.open(bookgif,
   → 'bookWin', 'width=140,height=160')
   ```

   Aquí, en la variable bookWindow, está abriendo el objeto Window, seguido por los parámetros de la ventana. El contenido de la ventana está en la variable bookgif. El nombre de la ventana nueva es bookWin, y los parámetros de altura y de anchura establecen el tamaño de la ventana.

3. `bookWindow.focus()`

   Esta línea usa el método focus() para indicar a la ventana que acaba de abrir que se coloque en primer plano. Puede usar focus() siempre que necesite hacer visible una ventana; si hay abiertas varias ventanas, usando focus() la ventana irá a la parte superior.

**Guión 5.2.** Con este guión, puede abrir una ventana nueva y llenarla con contenido diverso.

```
<HTML>
<HEAD>
   <TITLE>Información del libro</TITLE>
   <SCRIPT LANGUAGE=JAVASCRIPT
   → TYPE="TEXT/JAVASCRIPT">
   <!-- Ocultar guión a navegadores antiguos

   function newWindow(bookgif) {
      bookWindow = window.open(bookgif,
      → 'bookWin', 'width=140,height=160')
      bookWindow.focus()
   }

   // Fin de ocultación del guión a navegadores
   → antiguos -->
   </SCRIPT>
</HEAD>
<BODY BGCOLOR=WHITE>
   <H1>Otros libros de Prentice Hall</H1>
   <H3>Haga clic en el nombre para ver una imagen
   → de la cubierta
   <P><A HREF="javascript:newWindow
   → ('3dmax-sm.gif')">Guía de aprendizaje
   → 3D Studio MAX 3</A>
   <P><A HREF="javascript:newWindow
   ('html4-sm.gif')">Guía de aprendizaje HTML4</A>
   <P><A HREF="javascript:newWindow
   → ('jscript-sm.gif')">Guía de aprendizaje
   → JavaScript, Tercera Edición</A></H3>
</BODY>
</HTML>
```
```

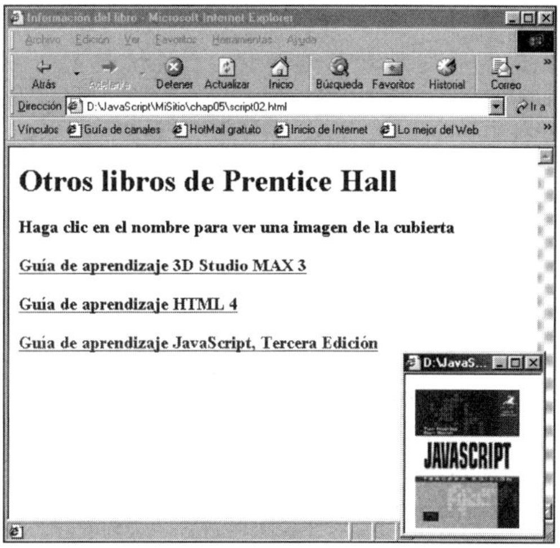


***Figura 5.3.*** *Al hacer clic en cualquiera de los tres vínculos, se abre la ventana más pequeña y se llena con la imagen de la portada del libro adecuado.*

4.
```
<A HREF="javascript:newWindow
→ ('3dmax-sm.gif')">Guía de
→ aprendizaje 3D Studio
→ MAX 3</A>
```

Los tres vínculos funcionan del mismo modo, así que sólo se ha incluido en la lista uno de ellos en este paso, para mayor claridad. El vínculo llama a la función JavaScript newWindow, y la rellena con el nombre del archivo de imagen del libro al que se refiere el vínculo; para este vínculo, es '3dmax-sm.gif'. Esto es todo lo que tiene que hacer.

Ahora, seguramente se estará preguntando: "¿Qué hay de bookgif? ¿Dónde se ha asignado esta variable?". En este guión, es implícitamente asignada en el vínculo. Regrese al paso 1, donde definió la función newWindow(bookgif). Después, cuando llamó a la función en el vínculo, efectuó la llamada newWindow('3dmax-sm.gif'). El nombre de la imagen se convirtió en el valor de bookgif. Otra forma de explicar esto es que el vínculo pasó el valor de bookgif a la función. En los otros dos vínculos de la página, las otras imágenes tomaron el lugar de '3dmax-sm.gif'.

**CONSEJO**

- Lo contrario del método focus() usado en el paso 3 es blur(). Al usar blur() se empuja una ventana detrás de cualesquiera otras que estén abiertas. Los métodos focus() y blur() del objeto Window tienen asociados los manejadores de eventos onFocus y onBlur, lo cual le permite actuar cuando una ventana gana o pierde el foco.

## Cómo abrir una ventana nueva usando un vínculo de imagen

Igual que usa los vínculos de texto para abrir ventanas nuevas, puede usar los vínculos de imagen. La Figura 5.4 muestra tres imágenes reducidas; al hacer clic en una de ellas se abre una ventana nueva con el tamaño completo de la imagen. El Guión 5.3 le muestra el código, que es bastante similar al Guión 5.2. Consulte la tarea anterior si necesita explicaciones más detalladas del código usado aquí.

### Para abrir ventanas nuevas usando vínculos de imagen

1. ```
   function newWindow(bookgif) {
      bookWindow = window.open
      → (bookgif, 'bookWin',
      → 'width=400, height=500')
      bookWindow.focus()
   ```

   Primero, necesita definir la función nueva, newWindow, a la que se transmite la variable bookgif. Luego, la variable bookWindow obtiene el objeto de ventana abierta, con sus parámetros. A continuación, bookWindow se coloca en primer plano con el método focus().

2. ```
   <A HREF="javascript:newWindow
   → ('3dmax-big.gif')"><IMG SRC=
   → "3dmax-sm.gif" WIDTH=108
   → HEIGHT=140 VSPACE=10></A>
   ```

   Este código (similar para los tres vínculos) llama primero a la función newWindow, y pasa a esa función el valor de la imagen, que es '3dmax-big.gif' para este vínculo, y las versiones grandes de los GIF en los otros vínculos. En las etiquetas <A> </A> también tendrá que especificar el origen de la imagen para la imagen reducida, que aquí es "3dmax-sm.gif", y los GIF pequeños equivalentes en los otros vínculos.

**Guión 5.3.** Este guión enseña a usar un vínculo de imagen para abrir una ventana nueva.

```
<HTML>
<HEAD>
   <TITLE>Información del libro</TITLE>
   <SCRIPT LANGUAGE=JAVASCRIPT
   → TYPE="TEXT/JAVASCRIPT">
   <!-- Ocultar guión a navegadores antiguos

   function newWindow(bookgif) {
      bookWindow = window.open(bookgif,
      → 'bookWin', 'width=400,height=500')
      bookWindow.focus()
   }

   // Fin de ocultación del guión a navegadores
   → antiguos -->
   </SCRIPT>
</HEAD>
<BODY BGCOLOR=WHITE>
<H1>Otros libros de Prentice Hall</H1>
<H3>Haga clic en el nombre para ver una imagen
→ de la cubierta</H3>
<TABLE CELLPADDING=10>
   <TR>
      <TD>
         <A HREF="javascript:newWindow
         → ('3dmax-big.gif')"><IMG SRC=
         → "3dmax-sm.gif" WIDTH=108 HEIGHT=140
         → VSPACE=10></A><BR>
         Guía de aprendizaje<BR>
         3D Studio MAX 3
      </TD>
      <TD>
         <A HREF="javascript:newWindow
         → ('html4-big.gif')"><IMG SRC=
         → "html4-sm.gif" WIDTH=108 HEIGHT=140
         → VSPACE=10></A><BR>
         Guía de aprendizaje<BR>
         HTML 4
      </TD>
      <TD>
         <A HREF="javascript:newWindow
         → ('jscript-big.gif')"><IMG SRC=
         → "jscript-sm.gif" WIDTH=108 HEIGHT=140
         → VSPACE=10></A><BR>
         Guía de aprendizaje<BR>
         JavaScript, Tercera Edición
      </TD>
   </TR>
</TABLE>
</BODY>
</HTML>
```

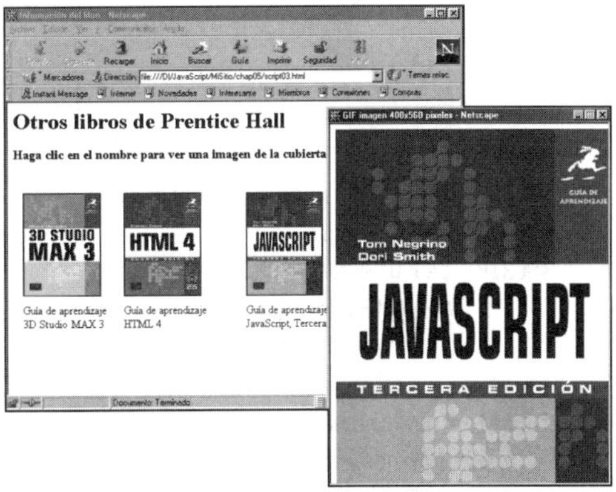


***Figura 5.4.*** *Al hacer clic en la imagen reducida se abre una ventana con la imagen grande.*

**CONSEJO**

- Observe que en el paso 2 se empieza encerrando entre dobles comillas la llamada a JavaScript. Luego, dentro de la llamada a la función, la referencia a la imagen grande está encerrada entre comillas simples, después de lo cual se cierran las dobles comillas. Cuando se tienen múltiples conjuntos de comillas solapadas de este modo, habrá de intercalar comillas simples y dobles para evitar la confusión. Por ejemplo, puede hacer esto:

  "función('parámetro')"

  pero no puede mezclar las comillas así:

  "función('parámetro')".

  El último ejemplo causará un error.

## Cómo desplazar una ventana

Al abrir una ventana nueva, puede que desee que la ventana desplace información importante, que quiere que vea el usuario. En el Guión 5.4 abrirá una ventana que contiene tres imágenes y desplazará la ventana a la imagen que quiera (véase la Figura 5.5). El Guión 5.5 muestra el código HTML de la ventana que se desplaza.

### Para desplazar una ventana

1. `function newWindow(downscroll) {`

   Defina la función newWindow, a la que se transmitirá el parámetro downscroll.

2. ```
   bookpixWindow = window.open
   → ('bookpix.html', 'bookpixWin',
   → 'width=130,height=170,
   → scrollbars=yes')
   ```

   Establezca los parámetros de la ventana nueva y almacénelos en la variable bookpixWindow.

3. `bookpixWindow.focus()`

   Esta línea le asegura que la ventana que está creando se coloca en primer plano.

4. ```
   setTimeout
   → ("bookpixWindow.scroll
   → (0, "+downscroll+")",1000)
   ```

   Aquí es donde se produce el desplazamiento. Se ha establecido la variable bookpixWindow para desplazar cero *pixels* horizontalmente y, cualquiera que sea el valor de la variable downscroll, ese número de *pixels* verticalmente. El comando de desplazamiento está incluido en el comando setTimeout porque la ventana debe crearse antes de que pueda ser desplazada. Por tanto, debe esperar un segundo (1.000 milisegundos) y dejar que la ventana sea generada.

**Guión 5.4.** Este guión se abre y se desplaza por una ventana nueva.

```
<HTML>
<HEAD>
   <TITLE>Ejemplo de desplazamiento del
   → navegador</TITLE>
   <SCRIPT LANGUAGE=JAVASCRIPT TYPE=
   → "TEXT/JAVASCRIPT">
   <!-- Ocultar guión a navegadores antiguos

   function newWindow(downscroll) {
      bookpixWindow = window.open
      → ('bookpix.html', 'bookpixWin',
      → 'width=150,height=170,scrollbars=yes')
      bookpixWindow.focus()
      setTimeout("bookpixWindow.scroll
      → (0,"+downscroll+")",1000)
   }

   // Fin de ocultación del guión a navegadores
   → antiguos -->
   </SCRIPT>
</HEAD>
<BODY BGCOLOR=WHITE>
   <H1>Otros libros de Prentice Hall</H1>
   <H3>Haga clic en el nombre para ver una imagen
   → de la cubierta
   <P><A HREF="javascript:newWindow(0)">
   → Guía de aprendizaje
   → 3D Studio MAX 3</A>
   <P><A HREF="javascript:newWindow(160)">
   → Guía de aprendizaje
   → HTML 4</A>
   <P><A HREF="javascript:newWindow(320)">
   → Guía de aprendizaje JavaScript,
   → Tercera Edición</A></H3>
</BODY>
</HTML>
```

**Guión 5.5.** Ésta es la página HTML que crea la ventana que contiene las imágenes que está desplazando.

```
<HTML>
<HEAD>
   <TITLE>Ventana pequeña de portadas</TITLE>
</HEAD>
<BODY BGCOLOR=WHITE>
<IMG SRC="3dmax-sm.gif" WIDTH=108 HEIGHT=140
→ VSPACE=10><BR>
<IMG SRC="html4-sm.gif" WIDTH=108 HEIGHT=140
→ VSPACE=10><BR>
<IMG SRC="jscript-sm.gif" WIDTH=108 HEIGHT=140
→ VSPACE=10><BR>
</BODY>
</HTML>
```

***Figura 5.5.*** *Cuando el usuario hace clic en el vínculo, la ventana nueva se abre y se desplaza hasta la imagen correspondiente al vínculo.*

5.
```
<A HREF="javascript:newWindow(320)">
→ Guía de aprendizaje
→ 3D Studio MAX 3</A>
<A HREF=2javascript:newWindow(160)">
→ Guía de aprendizaje
→ HTML 4</A>
<A HREF="javascript:newWindow(0)">
→ Guía de aprendizaje JavaScript,
→ Tercera Edición</A>
```

Los tres vínculos establecen el valor de downscroll, a la que se transmite la función newWindow en el paso 1. En este caso, el 0 en el primer vínculo, el 160 en el segundo y el 320 en el tercero representan el número de *pixels* que contendrá la variable downscroll, dependiendo del vínculo en que se haga clic. En las líneas superiores, se han eliminado para mayor claridad las etiquetas <P> existentes en el guión real.

**CONSEJOS**

- A diferencia de Netscape, Internet Explorer no puede desplazar una ventana si la ventana contiene un URL de otro servidor. Con Microsoft Internet Explorer, sólo puede desplazar contenido desde el mismo dominio.
- Sólo puede desplazar ventanas con Netscape Navigator 3.0 o superior, o con Microsoft Internet Explorer o superior.
- Este ejemplo asume que la ventana se cargará en un segundo o menos, lo cual puede o no ser verdad. Si la ventana no se ha abierto todavía, obtendrá un error. Asimismo, si cierra rápidamente la ventana dentro de ese segundo, obtendrá un error.

# Cómo actualizar una ventana desde otra

Si trabaja con formularios y datos introducidos por los usuarios, querrá saber cómo enviar información introducida en una ventana a otra ventana, para que se visualice. Podría servirle en una situación en la que está vendiendo un producto, para reproducir la información del usuario en una ventana a modo de sumario. En este ejemplo, usaremos dos ventanas: la ventana principal es la ventana padre, que recibirá y visualizará información introducida en una ventana hija. El Guión 5.6 muestra el guión de la ventana padre.

## Para actualizar una ventana desde otra

1. ```
   newWindow = window.open
   → ('child.html', 'newWin',
   → 'toolbar=yes,location=yes,scrollbars=yes,
   → width=300,height=300')
   ```

   Esta línea del guión de la ventana padre dice al navegador que cree una ventana hija utilizando el archivo child.html. El resto de la línea especifica los parámetros de la ventana hija (véase la Figura 5.7).

2. ```
   <FORM NAME="outputForm">
   ```

   Hay un formulario elemental en la página padre (véase la Figura 5.6), designado de modo que el guión pueda rellenar fácilmente un campo de texto con la información que le llegará de la ventana hija. Esta línea abre la etiqueta FORM y asigna un nombre al formulario.

3. ```
   <INPUT TYPE=TEXT SIZE=20
   → NAME="msgLine" VALUE=" "></FORM>
   ```

   Esta línea especifica que el formulario contendrá texto con una longitud máxima de 20 caracteres, y asigna al cuadro de texto el nombre msgLine. También inicializa el campo con un valor nulo, es decir, empieza con el campo vacío, y cierra la etiqueta FORM.

**Guión 5.6.** Guión de la ventana padre.

```
<HTML>
<HEAD>
   <TITLE>Ventana grande</TITLE>
   <SCRIPT LANGUAGE=JAVASCRIPT
   → TYPE="TEXT/JAVASCRIPT">
   <!-- Ocultar guión a navegadores antiguos

   newWindow = window.open('child.html',
   → 'newWin','toolbar=yes,location=yes,
   → scrollbars=yes,width=300,height=100')

   // Fin de ocultación del guión a navegadores
   → antiguos -->
   </SCRIPT>
</HEAD>
<BODY BGCOLOR=WHITE>
<CENTER>
   <H1>¡Bienvenido a esta página!</H1>
   <FORM NAME="outputForm">
      <INPUT TYPE=TEXT SIZE=20 NAME="msgLine"
      → VALUE="">
   </FORM>
</CENTER>
</BODY>
</HTML>
```

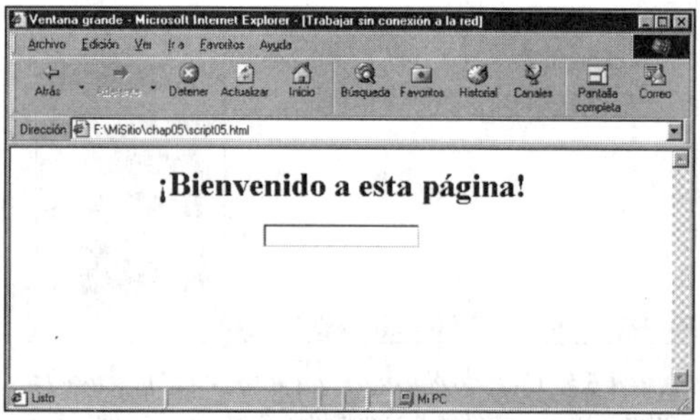


*Figura 5.6. Ventana inicial padre inicial.*

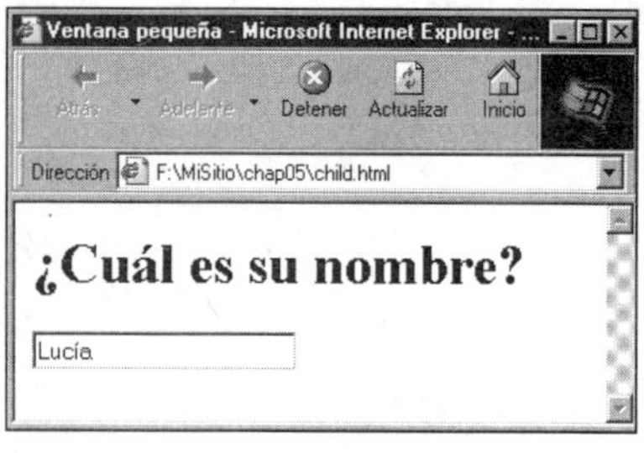


*Figura 5.7. La ventana hija es donde el usuario introduce los datos.*
```

**Guión 5.7.** Guión de la ventana hija.

```
<HTML>
<HEAD>
   <TITLE>Ventana pequeña</TITLE>
   <SCRIPT LANGUAGE=JAVASCRIPT
   → TYPE="TEXT/JAVASCRIPT">
   <!-- Ocultar guión a navegadores antiguos

   function updateParent(textField) {
      opener.document.outputForm.msgLine.
      → value = "¡Hola " + textField.value
      → + "!"
   }

   // Fin de ocultación del guión a navegadores
   → antiguos -->
   </SCRIPT>
</HEAD>
<BODY BGCOLOR=WHITE>
<H1>¿Cuál es su nombre?</H1>
<FORM>
   <INPUT TYPE=TEXT onBlur="updateParent
   → (this)" SIZE=20>
</FORM>
</BODY>
</HTML>
```

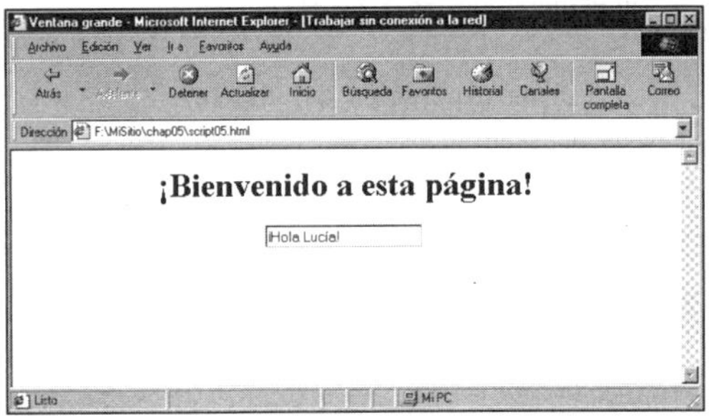


***Figura 5.8.*** *La ventana padre actualizada después de recibir la información desde la ventana hija.*

Mire ahora el guión de la ventana hija (véase el Guión 5.7).

4. `function updateParent(textField) {`

   Aquí crea la función updateParent. La variable textField es el contenido del formulario de la página hija.

5. ```
   opener.document.outputForm.msgLine.
   → value = "¡Hola " + textField.value
   → + "!"
   ```

   Esta línea introduce la propiedad opener, que es como JavaScript referencia la vuelta al documento padre que abrió la ventana hija. Esta línea dice a la ventana del documento opener que mire al formulario outputForm, encuentre el campo llamado msgLine e inserte el valor de la expresión después del signo igual. Esa expresión toma la palabra "Hola", añade el valor de textField y luego añade una exclamación.

6. ```
   <FORM>
      <INPUT TYPE=TEXT OnBlur=
      → "updateParent(this)" SIZE=20>
   </FORM>
   ```

   Ésta es la etiqueta FORM de la página HTML hija. Establece el campo de texto e indica que se ejecute la función updateParent onBlur, es decir, cuando el usuario deja el campo de texto después de introducir los datos. El resultado de la ventana padre se aprecia en la Figura 5.8.

# Cómo crear páginas nuevas con JavaScript

Los ejemplos previos de múltiples ventanas presentados en este capítulo emplearon más de un archivo HTML para crear las diferentes ventanas. Pero no hay necesidad de hacer eso, puesto que puede incrustar código HTML en un guión y crear una página HTML nueva en el acto. Esto es especialmente útil porque puede usar la potencia de JavaScript para llenar la página nueva con contenido dinámico. El Guión 5.8 es un ejemplo bastante simple; en esta página creará una página HTML nueva y luego incrementará un bucle que añade 100 líneas de texto a la página (véase la Figura 5.9).

## Para crear una página nueva con JavaScript

1. ```
   newWindow = window.open
   → ('', 'newWin', 'toolbar=yes,
   → location=yes,scrollbars=yes,
   → resizable=yes,width=300,
   → height=300')
   ```

   Esta línea abre la ventana nueva, establece sus parámetros y la asigna a la variable newWindow.

2. ```
   newWindow.document.write
   → ("<HTML><HEAD><TITLE>Ventana generada
   → <\/TITLE><\/HEAD><BODY
   → BGCOLOR=WHITE><H2>Esta ventana
   → muestra el resultado desde la
   → otra ventana<\/H2>")
   ```

   Ésta es la parte novedosa. Aquí, el guión está escribiendo en la ventana del documento representada por newWindow. Usted está generando los encabezados HTML y la primera parte del cuerpo de la página (véase la Figura 5.10).

3. ```
   for (i=0; i<100; i++) {
   ```

   Está iniciando un bucle con el contador variable i. Establezca i a cero para empezar, y luego, mientras i sea menor que 100, incremente el valor de i en 1.

**Guión 5.8.** Puede crear páginas HTML nuevas controladas enteramente por el guión.

```
<HTML>
<HEAD>
   <TITLE>Ventana principal</TITLE>
</HEAD>
<BODY BGCOLOR=WHITE>
<CENTER>
   <H1>¡Esta ventana se repite alocadamente!</H1>
   <SCRIPT LANGUAGE=JAVASCRIPT
   → TYPE="TEXT/JAVASCRIPT">
   <!-- Ocultar guión a navegadores antiguos

   newWindow = window.open('', 'newWin',
   → 'toolbar=yes,location=yes,scrollbars=
   → yes,resizable=yes,width=300,height=300')
   newWindow.document.write("<HTML><HEAD>
   → <TITLE>Ventana generada<\/TITLE>
   → <\/HEAD><BODY BGCOLOR=WHITE><H2>Esta
   → ventana muestra el resultado de otra
   → ventana<\/H2>")

   for (i=0; i<100; i++) {
      newWindow.document.writeln("<BR>El
      → bucle está establecido ahora a: " + i)
   }
   newWindow.document.write("<\/BODY>
   → <\/HTML>")
   newWindow.document.close()

   // Fin de ocultación del guión a
navegadores antiguos -->
</SCRIPT>
</BODY>
</HTML>
```
```

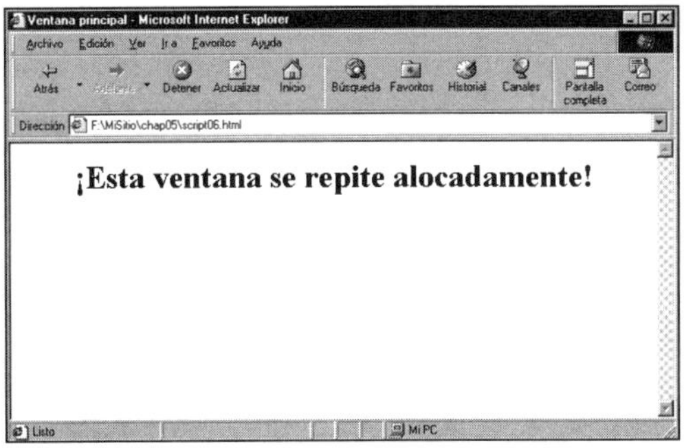


*Figura 5.9. Esta ventana padre está escribiendo en la ventana hija...*

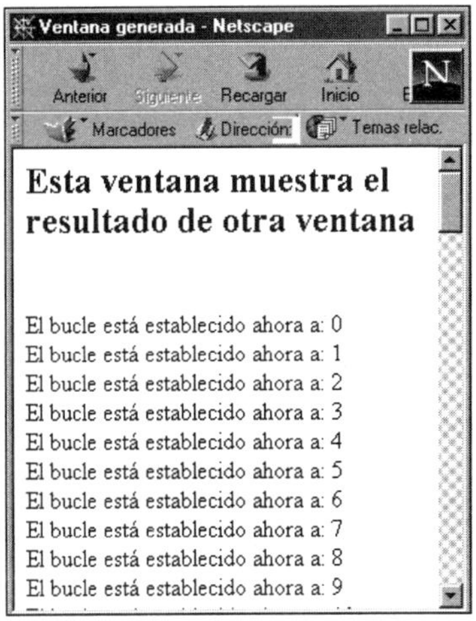


*Figura 5.10. ... y la ventana hija muestra el resultado.*

4.
```
newWindow.document.writeln("<BR>
→ El bucle está establecido ahora a: " + i)
```

Dentro del bucle, el código escribe texto en la página usando el comando document.write. En esta línea, el guión escribe en la ventana del documento newWindow. El comando writeln añade automáticamente un carácter de retorno después de cada cadena de texto que escribe en el documento, pero aún ha de añadir otro <BR> para insertar un salto de línea. La cadena incluye el valor de i, que es actualizado cada vez a través del bucle.

5.
```
newWindow.document.write()
→ ("<\/BODY><\/HTML>")
```

Aquí es donde escribe la parte de cierre del código HTML de la página.

6.
```
newWindow.document.close()
```

Finalmente, necesita indicar al navegador que ha terminado de escribir en el documento newWindow con el comando close().

## Cómo cerrar una ventana

Así como puede crear ventanas, debería saber cómo deshacerse de ellas cerrándolas. En el Guión 5.9, la ventana padre tiene vínculos abiertos y cerrados que crean y cierran la ventana hija.

### Para cerrar una ventana

1. 
```
function openWindow() {
newWindow = window.open('',
→ 'newWin', 'toolbar=yes,
→ location=yes,scrollbars=yes,
→ width=300,height=200')
```

**Guión 5.9.** Este guión abre y cierra una ventana hija.

```
<HTML>
<HEAD>
   <TITLE>Comprobación de ventana</TITLE>
   <SCRIPT LANGUAGE=JAVASCRIPT TYPE="TEXT/JAVASCRIPT">
   <!-- Ocultar guión a navegadores antiguos

   function openWindow() {
      newWindow = window.open('', 'newWin','toolbar=yes,location=yes,scrollbars=yes,width=300,
      → height=200')
   }

   function closeWindow() {
      if (newWindow && !newWindow.closed) {
         newWindow.close()
      }
   }

   // Fin de ocultación del guión a navegadores antiguos -->
   </SCRIPT>
</HEAD>
<BODY BGCOLOR=WHITE>
<CENTER>
   <H1>¡Juguemos con las ventanas!</H1>
   <H3><A HREF="javascript:openWindow()">Abrir una ventana nueva</A>  
   <A HREF="javascript:closeWindow()">Cerrar la ventana</A></H3>
</CENTER>
</BODY>
</HTML>
```

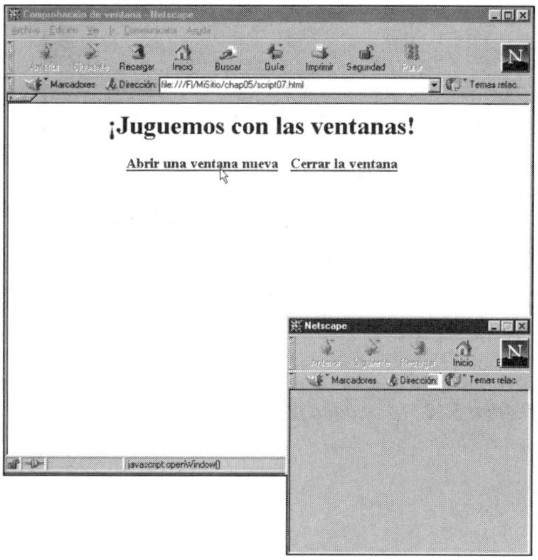


*Figura 5.11. Los vínculos de esta ventana crean y eliminan una ventana hija. Observe la función openWindow() a punto de ser llamada, como se muestra en la barra de estado.*

Ésta es la definición, ya familiar, de una función, asignando al objeto newWindow los parámetros de la ventana.

2. `function closeWindow() {`

   Primero, cree la nueva función closeWindow().

3. ```
   if (newWindow && !newWindow.closed) {
   → newWindow.close()
   ```

   La sentencia if realiza una comprobación lógica usando el operador &&, que sólo devolverá un valor verdadero si los valores de ambos lados son verdaderos. Así que, en este caso, newWindow debe existir y newWindow no debe haberse cerrado (el carácter ! es el operador lógico not). Si el resultado de la prueba es verdadero, el guión aplica el comando close al objeto newWindow.

4. ```
   <A HREF="javascript:openWindow()">
   → Abrir una ventana nueva</A>
   ```

   Haciendo clic en el vínculo Abrir una ventana nueva de la Figura 5.11 se llama a la función openWindow y se crea una ventana nueva.

5. ```
   <A HREF="javascript:closeWindow()">
   → Cerrar la ventana</A>
   ```

   De forma similar, haciendo clic en el vínculo Cerrar la ventana, de la Figura 5.11, se llama a la función closeWindow y se cierra la ventana hija.
   ```

## Cómo crear un panel de control

Usar una ventana hija como panel de control (es decir, una ventana que contiene controles que afectan a otras ventanas) abre un mundo de posibilidades en el diseño de la interfaz del sitio web. Puede usar paneles de control para ayudar al usuario a interaccionar con su sitio.

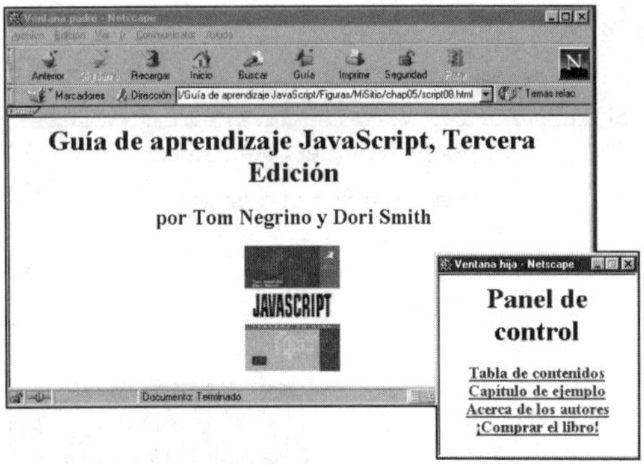


*Figura 5.12.* *La ventana padre y la ventana del pane de control hija.*

### Para crear un panel de control

1. ```
   newWindow = window.open
   → ('cpanel.html', 'newWin',
   → 'width=225,height=200')
   ```

   Lo único que hace el Guión 5.10 es abrir una ventana nueva (el panel de control), usando el código HTML del archivo cpanel.html. Con esto obtendrá dos ventanas, como se muestra en la Figura 5.12. Ahora consulte el Guión 5.11.

2. ```
   function updateParent(newURL) {
   ```

   Ahora está trabajando en cpanel.html, que es el código mostrado en el Guión 5.11. Esta

**Guión 5.10.** Este guión establece el panel de control.

```
<HTML>
<HEAD>
   <TITLE>Ventana padre</TITLE>
   <SCRIPT LANGUAGE=JAVASCRIPT TYPE="TEXT/JAVASCRIPT">
   <!-- Ocultar guión a navegadores antiguos

   newWindow = window.open('cpanel.html', 'newWin', 'width=225,height=200')

   // Fin de ocultación del guión a navegadores antiguos -->
   </SCRIPT>
</HEAD>
<BODY BGCOLOR=WHITE>
<CENTER>
   <H1>Guía de aprendizaje JavaScript, Tercera Edición</H1>
   <H2>por Tom Negrino y Dori Smith</H2>
   <IMG SRC="js3-sm.gif" WIDTH=109 HEIGHT=140>
</CENTER>
</BODY>
</HTML>
```

***Figura 5.13.*** *Haciendo clic en el panel de control se carga la página "Acerca de los autores" en la ventana padre.*

línea define la nueva función updateParent como contenedora del valor de la variable newURL.

3. `opener.document.location = newURL`

   Esta línea indica a opener (el documento padre) que tome su propiedad de ubicación (la página HTML que está visualizándose) de la variable newURL.

4. ```
   <A HREF="javascript:updateParent
   → ('about.html')">Acerca de los
   → autores</A>
   ```

   Al hacer clic en el vínculo Acerca de los autores se dispara la función updateParent y almacena en newURL el nombre de la página HTML about.html. La página padre carga obedientemente esa página, como se ve en la Figura 5.13. El resto de los vínculos del panel de control funciona de la misma manera.

**Guión 5.11.** El guión del panel de control determina la página que se visualizará en la ventana padre.

```
<HTML>
<HEAD>
   <TITLE>Ventana hija</TITLE>
   <SCRIPT LANGUAGE=JAVASCRIPT TYPE="TEXT/JAVASCRIPT">
   <!-- Ocultar guión a navegadores antiguos

   function updateParent(newURL) {
      opener.document.location = newURL
   }

   // Fin de ocultación del guión a navegadores antiguos -->
   </SCRIPT>
</HEAD>
<BODY BGCOLOR=WHITE>
<CENTER>
   <H1>Panel de control</H1>
   <H3><A HREF="javascript:updateParent('toc.html')">Tabla de contenidos</A><BR>
   <A HREF="javascript:updateParent('chapter.html')">Capítulo de ejemplo</A><BR>
   <A HREF="javascript:updateParent('about.html')">Acerca de los autores</A><BR>
   <A HREF="javascript:updateParent('buy.html')">¡Comprar el libro!</A></H3>
</CENTER>
</BODY>
</HTML>
```
```

## Cómo situar una ventana en la pantalla

Al crear ventanas, es deseable poder situarlas en un punto determinado de la pantalla del usuario. Es posible hacerlo, pero sólo si el usuario tiene la versión 4 o posterior de Microsoft Internet Explorer o Netscape Navigator. El Guión 5.12 usa la propiedad width del objeto pantalla (screen), disponible a partir de la versión 4 de los navegadores. Una vez más, usará una ventana padre y una ventana de panel de control hija. Partimos de que quiere situar la ventana hija.

**Guión 5.3.** El guión abre una ventana hija en una ubicación determinada de la pantalla.

```
<HTML>
<HEAD>
   <TITLE>Colocación de ventana</TITLE>
   <SCRIPT LANGUAGE=JAVASCRIPT TYPE="TEXT/JAVASCRIPT">
   <!-- Ocultar guión a navegadores antiguos

   leftPos = 0
   if (screen) {
      leftPos = screen.width-225
   }

   newWindow = window.open('cpanel.html', 'newWin', 'width=225,height=200,left='+leftPos+',top=0')

   // Fin de ocultación del guión a navegadores antiguos -->
   </SCRIPT>
</HEAD>
<BODY BGCOLOR=WHITE>
<CENTER>
   <H1>Guía de aprendizaje JavaScript, Tercera Edición</H1>
   <H2>por Tom Negrino y Dori Smith</H2>
   <IMG SRC="js3-sm.gif" WIDTH=109 HEIGHT=140>
</CENTER>
</BODY>
</HTML>
```

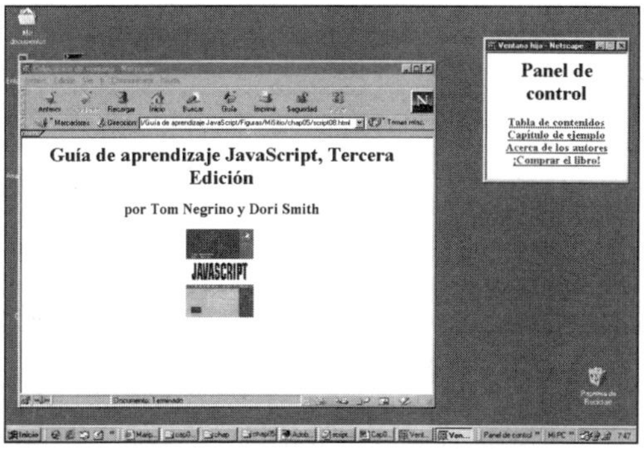


***Figura 5.14.*** *El panel de control puede ubicarse en cualquier lugar de la pantalla (pero sólo si el usuario tiene la versión 4.0 ó posterior de los navegadores de Netscape o Microsoft).*

## Para situar una ventana en la pantalla

1. `leftPos = 0`

   Establece la variable leftPos a cero.

2. ```
   if (screen) {
      leftPos = screen.width-225
   }
   ```

   La sentencia if pregunta si existe el objeto pantalla (screen). Es un método ingenioso de preguntar si el navegador entiende el objeto pantalla antes de empezar a usarlo. Si lo entiende, entonces se asigna a la variable leftPos el valor de la anchura de la pantalla, menos 225 *pixels*, que es la anchura del panel de control.

3. ```
   newWindow = window.open
   → ('cpanel.html', 'newWin',
   → width=225,height=200,left=
   → +leftPos+',top=0')
   ```

   Esta línea abre una ventana nueva (el panel de control), usando el código HTML del archivo cpanel.html. El parámetro left contiene el valor de leftPos. Esto significa que el panel de control se abrirá en el borde superior derecho de la pantalla (véase la Figura 5.14).

**CONSEJO**

- Si quisiera poner el panel de control en el borde inferior derecho de la pantalla, usaría screen.height para comprobar la altura de la ventana, y si quisiera ponerla en el borde superior izquierdo, tan sólo establecería las posiciones superior e izquierda a cero.

## Cómo visualizar una alerta cuando se ha cargado una ventana

Circunstancialmente, podría necesitar un mensaje intermitente para los usuarios cuando carguen o recarguen una página. Puede usar una ventana de alerta para conseguirlo. El Guión 5.13 muestra cómo crear este simple truco y la Figura 5.15 muestra el resultado.

### Para visualizar una alerta cuando se ha cargado una ventana

- ```
  <BODY BGCOLOR=WHITE onLoad=
  → "alert('¡Bienvenido a esta página!')">
  ```

  Como parte de la etiqueta BODY, escriba onLoad="alert('mensaje')", donde mensaje es lo que quiere mostrar en la ventana de alerta.

**CONSEJOS**

- Las ventanas de alerta son modales, es decir, esperan una acción del usuario. Así que, si el usuario no está frente a la computadora, todo el proceso se detendrá mientras la ventana de alerta espera una entrada. Las ventanas de alerta pueden molestar al usuario, porque interrumpen su trabajo.
- Las ventanas de alerta pueden serle más útiles a usted que al usuario. Esto es debido a que pueden visualizar casi cualquier cosa, incluso objetos JavaScript. Esto convierte a las ventanas de alerta en valiosas herramientas de depuración JavaScript, porque puede usarlas para visualizar los resultados intermedios de un cálculo o el valor actual de una variable. Consulte el Capítulo 11 si desea más información sobre la depuración.

**Guión 5.13.** Este sencillísimo guión despliega una ventana de alerta modal cuando se carga la página.

```
<HTML>
<HEAD>
   <TITLE>Visualización de ventanas de
   → alerta</TITLE>
</HEAD>
<BODY BGCOLOR=WHITE onLoad="alert('¡Bienvenido
→ a esta página!')">
<CENTER>
   <H1>Guía de aprendizaje JavaScript,
   → Tercera Edición</H1>
</CENTER>
</BODY>
</HTML>
```

*Figura 5.15. La ventana de alerta resultante.*
```

# CÓMO VERIFICAR FORMULARIOS 6

Cada vez que necesite reunir en sus sitios web información de los usuarios, tendrá que usar un formulario.

Los formularios pueden contener la mayoría de los elementos de una interfaz gráfica habitual, como campos de entrada, botones de radio, casillas de verificación, menús desplegables y listas de entrada. Además, los formularios HTML pueden contener campos de contraseña, para proteger al usuario de los entrometidos.

Una vez rellenado el formulario, un clic en el botón Enviar envía la información a su servidor web, donde un CGI (*Common Gateway Interface*, Interfaz de Pasarela Común), es decir, un guión que se ejecuta en el servidor web interpreta los datos y actúa sobre ellos. A menudo, los datos se almacenan luego en una base de datos para su uso posterior. Es útil asegurarse de que los datos que introduce el usuario están "limpios", es decir, ajustados y en el formato adecuado, antes de que se almacenen en el servidor. JavaScript es el modo perfecto de controlar los datos; a esto se llama **validación del formulario**. Aunque el CGI puede hacer la validación, es mucho más rápido y eficaz hacerlo en la computadora del cliente con JavaScript.

En este capítulo aprenderá a usar JavaScript para asegurarse de que sus formularios contienen información válida, a contrastar los datos de un campo con los de otro y a destacar la información incorrecta para informar al usuario de lo que debe cambiar.

# Cómo verificar contraseñas

Cuando le pida al usuario que introduzca una contraseña que se le solicitará en el futuro, querrá que el usuario la teclee dos veces, para asegurarse de que no se confundió al teclearla, como se muestra en la Figura 6.1. Si las dos contraseñas no coinciden, entonces el guión (véase el Guión 6.1) se lo comunica al usuario con una ventana de alerta, como la de la Figura 6.2.

## Para verificar la entrada de una contraseña

1. 
```
function validForm(passForm) {
   if (passForm.passwd1.value ==
   → "") {
      alert("Debe introducir una
      → contraseña")
      passForm.passwd1.focus()
      return false
}
```

   Tras definir la función, verifique que el valor del campo passwd1 está vacío, como muestra la expresión ==“”. Si es así, emita una ventana de alerta que solicite una entrada, devuelva el cursor al campo passwd1 y evalúe la función como falsa.

2. 
```
if (passForm.passwd1.value !=
→ passForm.passwd2.value) {
   alert("Las contraseñas introducidas
   → no coinciden")
   passForm.passwd1.focus()
   passForm.passwd1.select()
   return false
}
return true
```

   Si el valor de passwd1 no es igual al valor de passwd2, es necesaria otra ventana de alerta. Esta vez, debe regresar al campo passwd1 y seleccionar su contenido, preparado para sustituir el contenido presumiblemente malo, y devolver falso para la función. Si la prueba tiene éxito, el guión devuelve un resultado verdadero.

**Guión 6.1.** Use este guión para comparar el valor de un campo con el del otro. ¿Coinciden?

```
<HTML>
<HEAD>
  <TITLE>Verificación de contraseña</TITLE>
  <SCRIPT LANGUAGE=JAVASCRIPT
  → TYPE="TEXT/JAVASCRIPT">
     <!-- Ocultar guión a navegadores antiguos

     function validForm(passForm) {
        if (passForm.passwd1.value == "") {
           alert("Debe introducir una
           → contraseña")
           passForm.passwd1.focus()
           return false
        }
        if (passForm.passwd1.value !=
        → passForm.passwd2.value) {
           alert("Las contraseñas introducidas
           → no coinciden")
           passForm.passwd1.focus()
           passForm.passwd1.select()
           return false
        }
        return true
     }

     // Fin de ocultación del guión a
     → navegadores antiguos -->
  </SCRIPT>
</HEAD>
<BODY BGCOLOR=WHITE>
<FORM onSubmit="return validForm(this)"
→ ACTION="someAction.cgi">
  Su nombre: <INPUT TYPE=TEXT SIZE=30>
  <P>Seleccione una contraseña: <INPUT TYPE=
  → PASSWORD NAME="passwd1">
  <P>Verifique la contraseña: <INPUT TYPE=
  → PASSWORD NAME="passwd2">
  <P><INPUT TYPE=SUBMIT
  → VALUE="Enviar"> <INPUT TYPE=RESET>
</FORM>
</BODY>
</HTML>
```

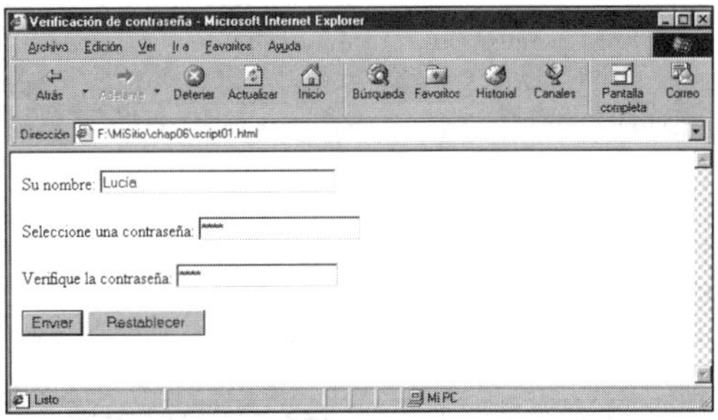


***Figura 6.1.*** *Asegúrese de que las contraseñas se han introducido correctamente.*

***Figura 6.2.*** *Una ventana de alerta hace saber al usuario que ha cometido un error.*

**CONSEJO**

- Este guión no contrasta una base de datos de contraseñas maestras para ver si la contraseña introducida es válida; eso requiere un CGI en el servidor. Sólo se asegura de que la contraseña se ha introducido dos veces, y que las dos veces es el mismo valor.

## Navegación seleccionar-e-ir

Probablemente haya visto muchos ejemplos de menú de navegación estándar en la Web; es aquel donde se elige una opción de menú y luego se hace clic en un botón Ir, que le lleva a su destino. Por ejemplo, muchos almacenes en línea usan estos menús para trasladarle a los distintos departamentos del almacén. Pero con un poco de JavaScript, puede dirigir a los usuarios sólo con el menú de opciones, eliminando el botón Ir (véase la Figura 6.3). Esto hace más rápido su sitio, con mayor capacidad de respuesta. A estos menús mejorados de JavaScript se les denomina **menús seleccionar-e-ir**, y son fáciles de crear, como se muestra en el Guión 6.2. ¡No querrá usar ya más un botón Ir!

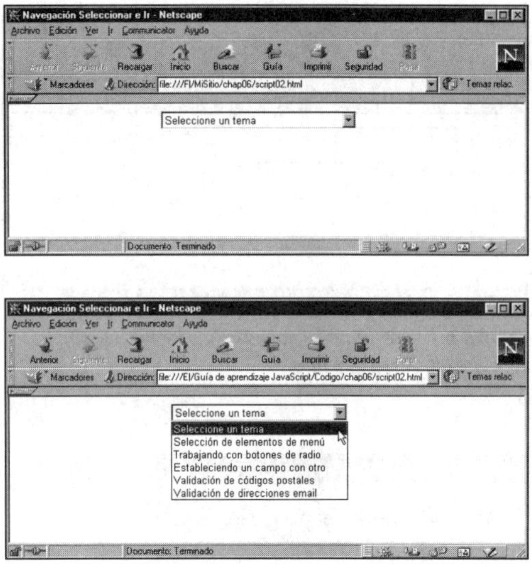


*Figura 6.3. Eligiendo cualquiera de las opciones de este menú se salta directamente a la página de ese tema, sin necesidad de un botón Ir.*

**Guión 6.2.** Puede usar JavaScript y formularios para la navegación activa por el sitio.

```
<HTML>
<HEAD>
   <TITLE>Navegación Seleccionar e Ir</TITLE>
   <SCRIPT LANGUAGE=JAVASCRIPT TYPE="TEXT/JAVASCRIPT">
      <!-- Ocultar guión a navegadores antiguos

      function jumpPage(newLoc) {
         newPage = newLoc.options[newLoc.selectedIndex].value

         if (newPage != "") {
            window.location.href = newPage
         }
      }

      // Fin de ocultación del guión a navegadores antiguos -->
      </SCRIPT>
</HEAD>
<BODY BGCOLOR=WHITE>
<DIV ALIGN=CENTER>
   <FORM ACTION="gotoLocation.cgi" METHOD=GET>
      <SELECT NAME="newLocation" onChange="jumpPage(this.form.newLocation)">
```

*(Continúa en página siguiente)*

**Guión 6.2.** Puede usar JavaScript y formularios para la navegación activa por el sitio. *(Continuación)*

```
        <OPTION VALUE="" SELECTED>Seleccione
        → un tema
        <OPTION VALUE="script03.html">
        → Selección de elementos de menú
        <OPTION VALUE="script04.html">
        → Trabajando con botones de radio
        <OPTION VALUE="script05.html">
        → Estableciendo un campo con otro
        <OPTION VALUE="script06.html">
        → Validación de códigos postales
        <OPTION VALUE="script07.html">
        → Validación de direcciones email
      </SELECT>
      <NOSCRIPT>
        <INPUT TYPE=SUBMIT VALUE=
        → "¡Ir allí!">
      </NOSCRIPT>
    </FORM>
</DIV>
</BODY>
</HTML>
```

## Para crear un menú seleccionar-e-ir

1. `function jumpPage(newLoc) {`

   Primero, cree la función jumpPage, a la que se pasará el valor newLoc.

2. `newPage = newLoc.options[newLoc.`
   `→ selectedIndex].value`

   Comience el código desde el interior de los corchetes y trabaje hacia fuera. El objeto newLoc.selectedIndex será un número de 0 a 5 (porque hay seis opciones posibles en el menú; recuerde que JavaScript empieza a contar a menudo desde cero). Dado ese número, obtenga el valor de la opción correspondiente del menú, que es el nombre de la página web a la que queremos saltar. Luego, asigne el resultado a la variable newPage.

3. ```
   if (newPage != ""){
      window.location.href = newPage
   }
   ```

   Esta sentencia condicional primero verifica que newPage no es igual a nada (es decir, no está vacío). En otras palabras, si newPage tiene un valor, le dice a la ventana que vaya al URL especificado por la opción de menú elegida.

4. ```
   <SELECT NAME="newLocation"
   → onChange="jumpPage(this.form.
   → newLocation)">
   ```

   La etiqueta SELECT crea el menú con NAME newLocation. Cuando el usuario elige una opción de menú, el manejador de eventos onChange llama a la función jumpPage, a la que pasa this.form.newLocation, que se convierte en el valor de newLoc, que vio en el paso 1. El valor del objeto this.form.newLocation es el URL o la opción de menú que haya elegido el usuario, como se especifica en las sentencias OPTION VALUE de las líneas siguientes, anteriores a la etiqueta </SELECT>.

**CONSEJO**

- Una de las mejores cosas de este guión es que una vez que se ha añadido la función JavaScript, no hay necesidad de modificar la función cuando se añaden, modifican o sustituyen opciones desplegables. Sólo es necesario establecer el valor de las opciones (es decir, los URL a los que saltan las opciones de menú). Por este motivo, este guión funciona bien con los editores de páginas WYSIWYG.

***Figura 6.4.*** *Si el usuario no tiene JavaScript, podrá no obstante moverse por el sitio, porque aparece automáticamente el botón "Ir allí".*

## Acomodar al usuario sin JavaScript

El sentido de esta tarea es usar JavaScript para eliminar la necesidad de un botón Ir al usar un formulario para saltar de una página a otra. Pero, ¿qué pasa si el usuario tiene un navegador antiguo, sin soporte para JavaScript, o, simplemente, lo tiene desactivado? No hay problema: el guión se adapta a esos usuarios, añadiendo un botón Ir que sólo se hace visible en ausencia de JavaScript.

La única manera de ir de una página a otra con un formulario, pero sin JavaScript, es usar un CGI, un programa que se ejecuta en el servidor web. El Guión 6.2 lo establece en esta línea:

```
<FORM ACTION="gotoLocation.cgi" METHOD=GET>
```

La etiqueta FORM tiene el atributo ACTION, que llama al CGI. Pero FORM ACTION requiere que el usuario haga clic en un botón de envío, y no hay tal botón en la Figura 6.3. Pero lo hay en la Figura 6.4, que muestra lo que ocurre cuando se desactiva JavaScript. Estas líneas contienen el botón, encerrado en las etiquetas NOSCRIPT, que sólo se ejecutan si falta JavaScript.

```
<NOSCRIPT>
<INPUT TYPE=SUBMIT VALUE="¡Ir allí!">
</NOSCRIPT>
```

Lo verdaderamente interesante de todo esto es que el CGI sólo es llamado si falta JavaScript; si el usuario tiene un navegador con soporte para JavaScript, entonces el botón de envío no aparece y el CGI es innecesario.

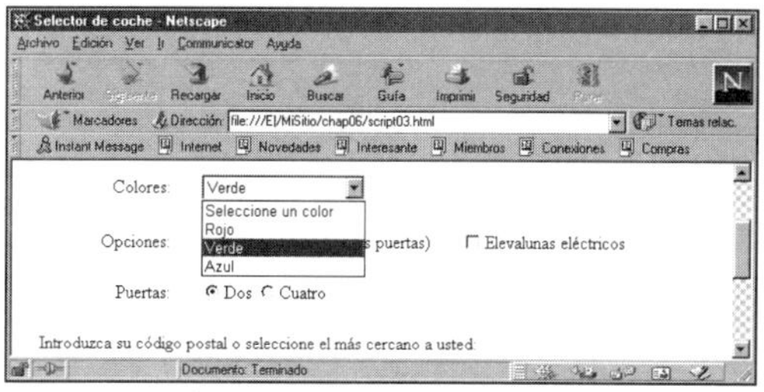


*Figura 6.5. Los menús desplegables son buenos para usarlos cuando se dispone de más opciones que pueden ajustarse cómodamente en un grupo de botones de radio.*

## Cómo seleccionar elementos de menú

En el ejemplo "Selector de coche" (consulte la nota "Sobre estos guiones"), los posibles compradores de coches disponen de la opción de tres colores: rojo, verde y azul, como se muestra en la Figura 6.5. Cuando el menú no está desplegado, el usuario ve un mensaje de ayuda: "Seleccione un color". Como un coche debe tener un color, querrá verificar que el usuario eligió realmente un color y no se saltó este apartado. El Guión 6.3 lo resuelve.

**Guión 6.3.** Solicitar al usuario que elija de un menú desplegable no requiere mucho código.

```
<HTML>
<HEAD>
   <TITLE>Selector de coche</TITLE>
   <SCRIPT LANGUAGE=JAVASCRIPT TYPE="TEXT/JAVASCRIPT">
      <!-- Ocultar guión a navegadores antiguos

      function submitIt(carForm) {

         colorChoice = carForm.color.selectedIndex
         if (carForm.color.options[colorChoice].value == "") {
            alert("Elija un color")
            return false
         }

         return true
      }

      // Fin de ocultación del guión a navegadores antiguos -->
   </SCRIPT>
</HEAD>
<BODY BGCOLOR=WHITE>
<H2 ALIGN=CENTER>Selector de coche</H2>
<FORM onSubmit="return submitIt(this)" ACTION="someAction.cgi" NAME="myForm">
   <TABLE BORDER=0 CELLSPACING=8 CELLPADDING=8>
      <TR>
         <TD ALIGN=RIGHT>
            Dirección de email:
         </TD>
         <TD COLSPAN=2>
            <INPUT NAME="emailAddr" TYPE=TEXT SIZE=30>
         </TD>
      </TR>
      <TR>
```

*(Continúa en página siguiente)*

**Guión 6.3.** Solicitar al usuario que elija de un menú desplegable no requiere mucho código. *(Continuación)*

```
        <TD ALIGN=RIGHT>
           Colores:
        </TD>
        <TD COLSPAN=2>
           <SELECT NAME="color">
              <OPTION VALUE="" SELECTED>Seleccione un color
              <OPTION VALUE=RED>Rojo
              <OPTION VALUE=GREEN>Verde
              <OPTION VALUE=BLUE>Azul
           </SELECT>
        </TD>
     </TR>
     <TR>
        <TD ALIGN=RIGHT>
           Opciones:
        </TD>
        <TD>
           <INPUT TYPE=CHECKBOX NAME="sunroof" VALUE=YES>Techo solar (sólo dos puertas)
        </TD>
        <TD>
           <INPUT TYPE=CHECKBOX NAME="pSteering" VALUE=YES>Elevalunas eléctricos
        </TD>
     </TR>
     <TR>
        <TD ALIGN=RIGHT>
           Puertas:
        </TD>
        <TD COLSPAN=2>
           <INPUT TYPE=RADIO VALUE="twoDoor" NAME="DoorCt">Dos
           <INPUT TYPE=RADIO VALUE="fourDoor" NAME="DoorCt">Cuatro
        </TD>
     </TR>
     <TR>
        <TD COLSPAN=3>
           Introduzca su código postal o seleccione el más cercano a usted:
           <P>C.P.: <INPUT NAME="zip" TYPE=TEXT SIZE=5 MAXLENGTH=5>  
           <SELECT NAME="dealerList" SIZE=4>
              <OPTION>Madrid-Galapagar
              <OPTION>Madrid-Las Matas
              <OPTION>Madrid-Las Rozas
              <OPTION>Madrid-Torrelodones
              <OPTION>Madrid-Villalba
           </SELECT>
           <P><INPUT TYPE=SUBMIT VALUE="Enviar"> <INPUT TYPE=RESET>
        </TD>
     </TR>
  </TABLE>
</FORM>
</BODY>
</HTML>
```

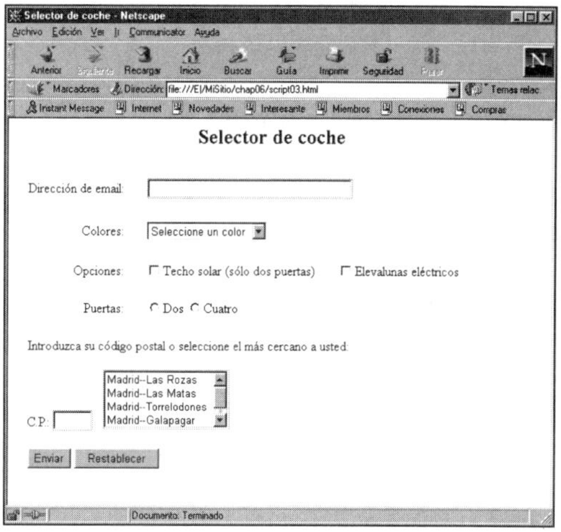


***Figura 6.6.*** *El formulario "Selector de coche" usa campos de texto, un menú desplegable, casillas de verificación y botones de radio, todos ellos elementos comunes en un formulario.*

## Para solicitar una elección del menú

1. `function submitIt(carForm) {`

   Esto define la función submitIt, que opera sobre los contenidos del formulario.

2. ```
   colorChoice = carForm.color.
   → selectedIndex
   ```

   La variable colorChoice obtiene un resultado numérico basado en el color elegido por el usuario. Ninguna opción es cero; Rojo,1; Verde, 2 y Azul, 3. El número se refiere al orden de la opción en el menú.

3. ```
   if (carForm.color.options
   → [colorChoice].value == "") {
      alert("Elija un color")
      return false
   ```

   Ahora, verifique el valor de colorChoice. Si el valor es cero (== ""), entonces el formulario avisa al usuario con un mensaje.

4. `return true`

   Como todo está bien, es hora de ir a la siguiente tarea de validación.

### Sobre estos guiones

Los ejemplos de guión en el resto de este capítulo son de hecho fragmentos de un guión completo llamado "Selector de coche". El formulario completo se muestra en la Figura 6.6.

Hemos incluido el formulario HTML entero en cada uno de los ejemplos del guión, para que pueda ver cómo puede ajustarse cada tarea en una página real.

Puede ver el guión entero en el Guión 6.8, al final de este capítulo.

## Cómo trabajar con botones de radio

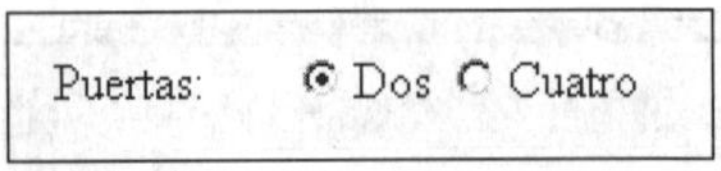


***Figura 6.7.*** *Los botones de radio son el mejor método de permitir al usuario elegir sólo una opción entre un grupo de opciones.*

Los botones de radio son un elemento de interfaz que permiten al usuario elegir una (y sólo una) opción de un grupo de opciones. Los botones de radio deben usarse cuando se solicita una de esas opciones. Como se muestra en la Figura 6.7, el formulario usa los botones de radio para permitir al hipotético comprador seleccionar entre un automóvil de dos o cuatro puertas. En este caso, sólo puede elegir una de estas opciones, y debe elegir una. Si no, el formulario hace una elección por el usuario, llamada elección predefinida.

Como vio en el Guión 6.4, no se necesita mucha codificación para verificar que un botón está seleccionado. Usamos una técnica en la que se efectúa un bucle para cada botón y verificamos su estado; luego, se emite un mensaje de error si no se elige ningún botón.

**Guión 6.4.** Sólo puede activarse un botón de radio, y este código JavaScript está aquí para hacer cumplir la ley de la interfaz.

```
<HTML>
<HEAD>
   <TITLE>Selector de coche</TITLE>
   <SCRIPT LANGUAGE=JAVASCRIPT TYPE="TEXT/JAVASCRIPT">
      <!-- Ocultar guión a navegadores antiguos

      function submitIt(carForm) {
         doorOption = -1
         for (i=0; i<carForm.DoorCt.length; i++) {
            if (carForm.DoorCt[i].checked) {
               doorOption = i
            }
         }
         if (doorOption == -1) {
            alert("Elija 2 ó 4 puertas")
            return false
         }
         return true
      }
```

*(Continúa en página siguiente)*

**Guión 6.4.** Sólo puede activarse un botón de radio, y este código JavaScript está aquí para hacer cumplir la ley de la interfaz. *(Continuación)*

```
// Fin de ocultación del guión a navegadores
→ antiguos -->
  </SCRIPT>
</HEAD>
<BODY BGCOLOR=WHITE>
<H2 ALIGN=CENTER>Selector de coche</H2>
<FORM onSubmit="return submitIt(this)"
→ ACTION="someAction.cgi" NAME="myForm">
  <TABLE BORDER=0 CELLSPACING=8
  → CELLPADDING=8>
    <TR>
      <TD ALIGN=RIGHT>
        Dirección de email:
      </TD>
      <TD COLSPAN=2>
        <INPUT NAME="emailAddr" TYPE=TEXT
        → SIZE=30>
      </TD>
    </TR>
    <TR>
      <TD ALIGN=RIGHT>
        Colores:
      </TD>
      <TD COLSPAN=2>
        <SELECT NAME="color">
          <OPTION VALUE="" SELECTED>
          → Seleccione un color
          <OPTION VALUE=RED>Rojo
          <OPTION VALUE=GREEN>Verde
          <OPTION VALUE=BLUE>Azul
        </SELECT>
      </TD>
    </TR>
    <TR>
      <TD ALIGN=RIGHT>
        Opciones:
      </TD>
      <TD>
        <INPUT TYPE=CHECKBOX NAME=
        → "sunroof" VALUE=YES>Techo solar
        → (sólo dos puertas)
      </TD>
      <TD>
        <INPUT TYPE=CHECKBOX NAME=
        → "pSteering" VALUE=YES>Elevalunas
        → eléctricos
```

*(Continúa en página siguiente)*

## Para asegurarse de que el usuario elige un botón de radio

1. 
```
function submitIt(carForm) {
   doorOption = -1
```

   Defina la función submitIt y establezca la variable doorOption a –1, lo cual, obviamente, no es un número válido de puertas para un coche.

2. 
```
for (i=0; i<carForm.DoorCt.length;
→ i++) {
```

   Ahora empieza el bucle. El contador i se establece a cero, y siempre que i sea menor que el número de botones de radio del formulario, añada 1 a i con el operador i++.

3. 
```
if (carForm.DoorCt[i].checked) {
   doorOption = i
}
```

   Ésta es la sentencia condicional dentro del bucle: si el botón de radio está activado, entonces doorOption se establece al valor de i.

4. 
```
if (doorOption == -1) {
   alert("Elija 2 ó 4
   → puertas")
   return false
}
```

   Si llega a este punto y el valor de doorOption es todavía –1, entonces el formulario visualiza una ventana de alerta que dice al usuario que debe hacer una elección.

5. 
```
return true
```

   Si se vuelve a establecer doorOption, entonces ha debido producirse una elección. El guión devuelve un resultado verdadero y termina.

**Guión 6.4.** Sólo puede activarse un botón de radio, y este código JavaScript está aquí para hacer cumplir la ley de la interfaz. *(Continuación)*

```
            </TD>
        </TR>
        <TR>
            <TD ALIGN=RIGHT>
                Puertas:
            </TD>
            <TD COLSPAN=2>
                <INPUT TYPE=RADIO VALUE="twoDoor" NAME="DoorCt">Dos
                <INPUT TYPE=RADIO VALUE="fourDoor" NAME="DoorCt">Cuatro
            </TD>
        </TR>
        <TR>
            <TD COLSPAN=3>
                Introduzca su código postal o seleccione el más cercano a usted:
                <P>C.P.: <INPUT NAME="zip" TYPE=TEXT SIZE=5 MAXLENGTH=5>  
                <SELECT NAME="dealerList" SIZE=4>
                    <OPTION>Madrid-Galapagar
                    <OPTION>Madrid-Las Matas
                    <OPTION>Madrid-Las Rozas
                    <OPTION>Madrid-Torrelodones
                    <OPTION>Madrid-Villalba
                </SELECT>
                <P><INPUT TYPE=SUBMIT VALUE="Enviar"> <INPUT TYPE=RESET>
            </TD>
        </TR>
    </TABLE>
</FORM>
</BODY>
</HTML>
```

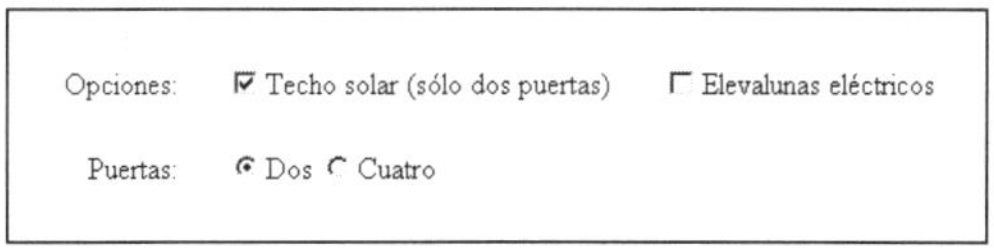


***Figura 6.8.*** *Cuando el usuario activa la opción del techo solar, el guión activa automáticamente el botón de radio de las dos puertas.*

## Cómo establecer un campo con otro

Con los formularios, a menudo encontrará que si el usuario hace una elección, esa elección dictará el valor de otros campos del formulario. Supongamos, por ejemplo, que la opción del techo solar sólo está disponible en un modelo de dos puertas. Puede tratar esto de dos maneras. Primero, podría comprobar la entrada y emitir una ventana de alerta si el usuario elige la opción equivocada. Pero es un diseño demasiado ingenioso para simplemente una entrada de usuario. Así que, si el usuario elige el techo solar, el guión activa automáticamente la opción de las dos puertas. El Guión 6.5 le muestra cómo hacerlo.

**Guión 6.5.** Una manera sofisticada de manipular las elecciones del usuario le permite controlar y establecer entradas de campo basadas en otras elecciones realizadas por el usuario.

```
<HTML>
<HEAD>
   <TITLE>Selector de coche</TITLE>
   <SCRIPT LANGUAGE=JAVASCRIPT TYPE="TEXT/JAVASCRIPT">
      <!-- Ocultar guión a navegadores antiguos

      function submitIt(carForm) {
         doorOption = -1
         for (i=0; i<carForm.DoorCt.length; i++) {
            if (carForm.DoorCt[i].checked) {
               doorOption = i
            }
         }
         if (doorOption == -1) {
            alert("Elija 2 ó 4 puertas")
            return false
         }

         if (carForm.DoorCt[doorOption].value == "fourDoor" && carForm.sunroof.checked) {
            alert("El techo solar sólo está disponible en modelos de dos puertas")
            return false
         }
         return true
      }
```

*(Continúa en página siguiente)*

Igual que en la sección del botón de radio, primero tiene que asegurarse de que el usuario activó una de las dos opciones de puertas. Observe que la primera parte del código en el Guión 6.5 es la misma que en la sección anterior; a continuación se explicará sólo el código nuevo.

## Para verificar una entrada adecuada

1. `if (carForm.DoorCt[doorOption].value → == "fourDoor" && carForm.sunroof. → checked) {`
```
   alert("El techo solar sólo está
   → disponible en modelos de dos
   → puertas")
   return false
}
return true
```

   Es bastante directo. Si el valor del botón de radio es fourDoor y la casilla de verificación del techo solar está activada, entonces se emite la ventana de error. Por otro lado, ha terminado. La siguiente parte del Guión 6.5 establece el valor del campo para el usuario.

## Para establecer automáticamente un valor de campo

1. `function doorSet(sunroofField) {`

Como es habitual, primero definirá la función.

2. `if (sunroofField.checked) { → for (i=0; i<document.myForm. → DoorCt.length;i++) {`

   A continuación, si se activa la opción del techo solar, comienza un bucle donde puede rastrear todos los campos de doorCt.

3. `if (document.myForm.DoorCt[i].value → == "twoDoor") {`

   Está buscando el campo correspondiente a la opción de dos puertas.

4. `document.myForm.DoorCt[i].checked = → true`

   Una vez encontrado el campo de las dos puertas, selecciónelo estableciendo su valor a verdadero (true).

**Guión 6.5.** Una manera sofisticada de manipular las elecciones del usuario le permite controlar y establecer entradas de campo basadas en otras elecciones realizadas por el usuario. *(Continuación)*

```
      function doorSet(sunroofField) {
         if (sunroofField.checked) {
            for (i=0; i<document.myForm.
            → DoorCt.length; i++) {
               if (document.myForm.DoorCt[i].
               → value == "twoDoor") {
                  document.myForm.DoorCt[i].
                  → checked = true
               }
            }
         }
      }

      // Fin de ocultación del guión a
      → navegadores antiguos -->
   </SCRIPT>
</HEAD>
<BODY BGCOLOR=WHITE>
<H2 ALIGN=CENTER>Selector de coche</H2>
<FORM onSubmit="return submitIt(this)"
→ ACTION="someAction.cgi" NAME="myForm">
   <TABLE BORDER=0 CELLSPACING=8
   → CELLPADDING=8>
      <TR>
         <TD ALIGN=RIGHT>
            Dirección de email:
         </TD>
         <TD COLSPAN=2>
            <INPUT NAME="emailAddr" TYPE=TEXT
            → SIZE=30>
         </TD>
      </TR>
      <TR>
         <TD ALIGN=RIGHT>
            Colores:
         </TD>
         <TD COLSPAN=2>
            <SELECT NAME="color">
               <OPTION VALUE="" SELECTED>
               → Seleccione un color
               <OPTION VALUE=RED>Rojo
               <OPTION VALUE=GREEN>Verde
               <OPTION VALUE=BLUE>Azul
            </SELECT>
         </TD>
      </TR>
      <TR>
         <TD ALIGN=RIGHT>
```

*(Continúa en página siguiente)*

**Guión 6.5.** Una manera sofisticada de manipular las elecciones del usuario le permite controlar y establecer entradas de campo basadas en otras elecciones realizadas por el usuario. (*Continuación*)

```
         Opciones:
      </TD>
      <TD>
         <INPUT TYPE=CHECKBOX NAME=
         → "sunroof" VALUE=YES onClick=
         → "doorSet(this)">Techo solar
         → (sólo dos puertas)
      </TD>
      <TD>
         <INPUT TYPE=CHECKBOX NAME=
         → "pSteering" VALUE=YES>Elevalunas
         → eléctricos
      </TD>
   </TR>
   <TR>
      <TD ALIGN=RIGHT>
         Puertas:
      </TD>
      <TD COLSPAN=2>
         <INPUT TYPE=RADIO VALUE="twoDoor"
         → NAME="DoorCt">Dos
         <INPUT TYPE=RADIO
         → VALUE="fourDoor"
         → NAME="DoorCt">Cuatro
      </TD>
   </TR>
   <TR>
      <TD COLSPAN=3>
         Introduzca su código postal o
         → seleccione el más cercano a usted:
         <P>C.P.: <INPUT NAME="zip" TYPE=
         → TEXT SIZE=5 MAXLENGTH=
         → 5>  
         <SELECT NAME="dealerList" SIZE=4>
            <OPTION>Madrid-Galapagar
            <OPTION>Madrid-Las Matas
            <OPTION>Madrid-Las Rozas
            <OPTION>Madrid-Torrelodones
            <OPTION>Madrid-Villalba
         </SELECT>
         <P><INPUT TYPE=SUBMIT VALUE=
         → "Enviar"> <INPUT
         → TYPE=RESET>
      </TD>
   </TR>
  </TABLE>
</FORM>
</BODY>
</HTML>
```

5. `<INPUNT TYPE=CHECKBOX NAME="sunroof"`
   `→ VALUE=YES onClick="doorSet(this)">`

   Abajo, en la sección BODY, hay un fragmento de código que se necesita en el campo de la casilla de verificación del techo solar. El manejador de eventos onClick llama a la función doorSet, a la que pasa el valor (this). Necesita el manejador de eventos para ejecutar la función.

## Cómo validar códigos postales

Algunos usuarios son capaces de teclear cualquier cosa en un formulario, así que necesitará asegurarse de que los campos de código postal sólo contienen números (véase la Figura 6.9). El Guión 6.6 le enseña a realizar tal verificación.

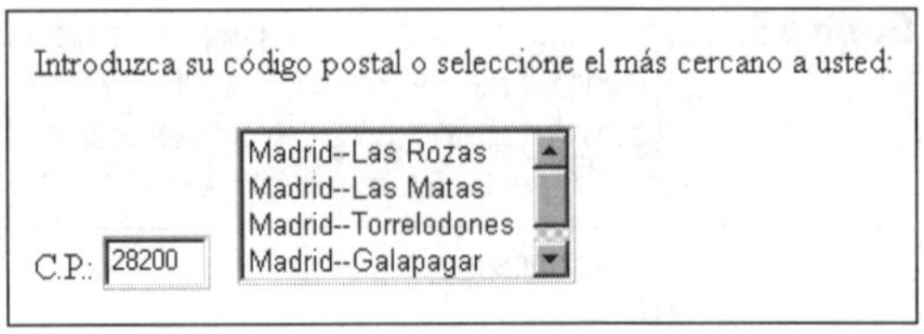


***Figura 6.9.*** *Puede asegurarse de que el usuario introduce un código postal o hace una selección de la lista desplegable.*

### Para asegurarse de que los códigos postales son numéricos

1. `function isNum(passedVal) {`

   Primero, defina la función isNum. La variable passedVal se envió a JavaScript desde el formulario.

**Guión 6.6.** Ignore las letras incorrectas de los códigos postales con sólo unas líneas de JavaScript.

```
<HTML>
<HEAD>
   <TITLE>Selector de coche</TITLE>
   <SCRIPT LANGUAGE=JAVASCRIPT TYPE="TEXT/JAVASCRIPT">
      <!-- Ocultar guión a navegadores antiguos

      function isNum(passedVal) {
         if (passedVal == "") {
            return false
         }
         for (i=0; i<passedVal.length; i++) {
            if (passedVal.charAt(i) < "0") {
               return false
            }
            if (passedVal.charAt(i) > "9") {
               return false
            }
         }
         return true
      }

      function validZip(inZip) {
         if (inZip == "") {
            return true
         }
         if (isNum(inZip)) {
            return true
         }
         return false
      }

   function submitIt(carForm) {
      if (carForm.zip.value == "" && carForm.dealerList.selectedIndex == -1) {
```

*(Continúa en página siguiente)*

**Guión 6.6.** Ignore las letras incorrectas de los códigos postales con sólo unas líneas de JavaScript. (*Continuación*)

```
            alert("Introduzca un código
            → postal, o elija el más próximo
            → al concesionario")
            carForm.zip.focus()
            return false
        }
        if (!validZip(carForm.zip.value)) {
            alert("El código postal es
            → erróneo")
            carForm.zip.focus()
            carForm.zip.select()
            return false
        }
        return true
    }
    // Fin de ocultación del guión a
    → navegadores antiguos -->
  </SCRIPT>
</HEAD>
<BODY BGCOLOR=WHITE>
<H2 ALIGN=CENTER>Selector de coche</H2>
<FORM onSubmit="return submitIt(this)"
→ ACTION="someAction.cgi" NAME="myForm">
  <TABLE BORDER=0 CELLSPACING=8
  → CELLPADDING=8>
    <TR>
      <TD ALIGN=RIGHT>
        Dirección de email:
      </TD>
      <TD COLSPAN=2>
        <INPUT NAME="emailAddr" TYPE=TEXT
        → SIZE=30>
      </TD>
    </TR>
    <TR>
      <TD ALIGN=RIGHT>
        Colores:
      </TD>
      <TD COLSPAN=2>
        <SELECT NAME="color">
          <OPTION VALUE="" SELECTED>
          → Seleccione un color
          <OPTION VALUE=RED>Rojo
          <OPTION VALUE=GREEN>Verde
          <OPTION VALUE=BLUE>Azul
        </SELECT>
      </TD>
    </TR>
```

*(Continúa en página siguiente)*

2. ```
   if (passedVal == "") {
      return false
   }
   ```

   Si passedVal está vacía, entonces el código postal no es numérico, la función es falsa y el guión debería emitir un mensaje de error.

3. ```
   for (i=0; i<passedVal.length; i++) {
   ```

   Ahora explore todas las posiciones de passedVal, incrementando el contador i cada vez que se ejecuta el bucle.

4. ```
   if (passedVal.charAt(i) < "0") {
      return false
   }
   if (passedVal.charAt(i) > "9") {
      return false
   }
   ```

   El operador charAt comprueba el carácter en la posición de i. Si el carácter es menor que "0", o mayor que "9", no es un dígito, así que declare esa entrada como no numérica, o falsa. Si el resultado es verdadero, el código postal es numérico.

5. ```
   function submitIt(carForm) {
      if (carForm.zip.value == "" &&
      → carForm.dealerList.
      → selectedIndex == -1) {
         alert("Introduzca un código
         → postal, o elija el más próximo
         → al concesionario")
         carForm.zip.focus()
         return false
   }
   ```

   La función submitIt se asegura de que el usuario introduzca un código postal o seleccione un concesionario del cuadro de texto desplazable. Lo hace verificando si no hay nada introducido o seleccionado en los dos campos correspondientes. Si la verificación es verdadera, aparece una ventana de alerta para el usuario y el cursor regresa al campo del código postal usando el método focus().

**CONSEJO**

- Recuerde que es la *World Wide* Web, no la *Spanish* Web. Si su sitio puede captar la atención de usuarios que no viven en España, no es preciso que el usuario introduzca un código postal. Las direcciones que no son de España pueden o no tener códigos postales, y esos códigos postales pueden no ser numéricos.

**Guión 6.6.** Ignore las letras incorrectas de los códigos postales con sólo unas líneas de JavaScript. *(Continuación)*

```
      <TR>
         <TD ALIGN=RIGHT>
            Opciones:
         </TD>
         <TD>
            <INPUT TYPE=CHECKBOX NAME=
            → "sunroof" VALUE=YES>Techo solar
            → (sólo dos puertas)
         </TD>
         <TD>
            <INPUT TYPE=CHECKBOX NAME=
            → "pSteering" VALUE=YES>Elevalunas
            → eléctricos
         </TD>
      </TR>
      <TR>
         <TD ALIGN=RIGHT>
            Puertas:
         </TD>
         <TD COLSPAN=2>
            <INPUT TYPE=RADIO VALUE="twoDoor"
            → NAME="DoorCt">Dos
            <INPUT TYPE=RADIO VALUE=
            → "fourDoor" NAME="DoorCt">Cuatro
         </TD>
      </TR>
      <TR>
         <TD COLSPAN=3>
            Introduzca su código postal o
            → seleccione el más cercano a usted:
            <P>C.P.: <INPUT NAME="zip"
            → TYPE=TEXT SIZE=5
            → MAXLENGTH=5>  
            <SELECT NAME="dealerList" SIZE=4>
               <OPTION>Madrid-Galapagar
               <OPTION>Madrid-Las Matas
               <OPTION>Madrid-Las Rozas
               <OPTION>Madrid-Torrelodones
               <OPTION>Madrid-Villalba
            </SELECT>
            <P><INPUT TYPE=SUBMIT VALUE=
            → "Enviar"> <INPUT TYPE=
            → RESET>
         </TD>
      </TR>
   </TABLE>
</FORM>
</BODY>
</HTML>
```

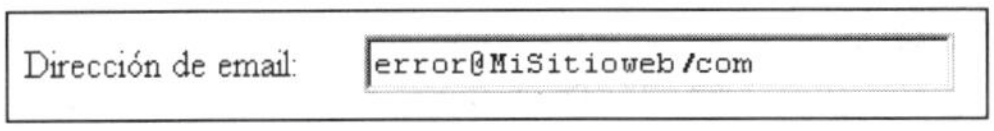


***Figura 6.10.*** *Un ejemplo del tipo de errores de entrada que el guión de validación captará.*

**Guión 6.7.** Estudiando el texto de un campo de email en su formulario, puede asegurarse de que obtiene las direcciones de email adecuadas.

```
<HTML>
<HEAD>
   <TITLE>Selector de coche</TITLE>
   <SCRIPT LANGUAGE=JAVASCRIPT
   → TYPE="TEXT/JAVASCRIPT">
      <!-- Ocultar guión a navegadores antiguos

      function validEmail(email) {
         invalidChars = " /:,;"

         if (email == "") {
            return false
         }
         for (i=0; i<invalidChars.length;
         → i++) {
            badChar = invalidChars.charAt(i)
            if (email.indexOf(badChar,0) >
            → -1) {
               return false
            }
         }
         atPos = email.indexOf("@",1)
         if (atPos == -1) {
            return false
         }
         if (email.indexOf("@",atPos+1) >
         → -1) {
            return false
         }
         periodPos = email.indexOf(".",atPos)
         if (periodPos == -1) {
            return false
         }
         if (periodPos+3 > email.length)    {
            return false
         }
         return true
      }
```

*(Continúa en página siguiente)*

# Cómo validar direcciones de email

Las direcciones de Internet pueden ser complicadas de escribir para los usuarios, especialmente los nuevos. Puede ayudarles comprobando la dirección de email que introdujeron, verificando así la corrección del formulario. Por ejemplo, puede verificar que sólo hay un signo @, y que no hay caracteres no válidos, como en la Figura 6.10. El límite, por supuesto, es que su guión no puede corregir errores ortográficos, así que si el usuario quería teclear jose@miproveedor.com y escribió jose@iproveedor.com, habrá un error. El Guión 6.7 le enseña a investigar en una dirección de email en busca de errores.

## Para validar una dirección de email

1. `function validEmail (email) {`

   Primero, defina una función a la que se pasará el contenido del campo email del formulario.

2. `invalidChars = " /:,;"`

   Cree una variable, invalidChars, que contiene los cinco caracteres no válidos de una dirección de email: espacio en blanco, barra inclinada, dos puntos, coma, y punto y coma.

3. ```
   if (email == "") {
      return false
   }
   ```

   Esta prueba dice: "Si el contenido de la dirección de email está vacío, entonces el resultado es falso".

4. `for (i=0; i<invalidChars.length;i++) {`

   En esta sentencia for, comienza un bucle que explora a través de la cadena invalidChars. Empiece inicializando el contador i a cero. Luego, cada ciclo del bucle en que i sea menor que la longitud de la cadena, añada 1 a i con el operador ++ de incremento.

*(Continúa en página siguiente)*
   ```

5. `badChar = invalidChars.charAt(i)`

```
if (email.indexOf(badChar,0) > -1) {
   return false
}
```

La variable badChar guarda la posición del carácter no válido en la cadena invalidChars. Por ejemplo, si el carácter no válido fueran los dos puntos, badChar contendría ese carácter y la posición de badChar en la cadena de cinco caracteres sería 2 (recuerde que JavaScript comienza la numeración en 0). indexOf busca la posición de un carácter en una cadena. Si el resultado de la función indexOf es –1, el carácter no está en la cadena, y no se obtiene un resultado de falso.

6. `atPos = email.indexOf("@",1)`

```
if (atPos == -1) {
   return false
}
```

La variable atPos almacena la posición del carácter @. Usando indexOf, el guión realiza una exploración en busca del primer carácter @, empezando por el segundo carácter de la dirección. Si el resultado es que la posición del signo es –1, significa que no hay carácter @ en la dirección, y tendrá problemas en la dirección.

7. `if (email.indexOf("@",atPos+1)`

```
> -1) {
   return false
}
```

Ahora, el guión está asegurándose de que hay sólo un carácter @, y rechazando cualquier cosa con más de un carácter @. El signo de exclamación significa "no", así que si hay un carácter @ en cualquier posición que no sea –1, entonces la cadena fracasa en la comprobación.

**Guión 6.7.** Estudiando el texto de un campo de email en su formulario, puede asegurarse de que obtiene las direcciones de email adecuadas. *(Continuación)*

```
      function submitIt(carForm) {
         if (!validEmail(carForm.emailAddr.
         → value)) {
            alert("Dirección de email errónea")
            carForm.emailAddr.focus()
            carForm.emailAddr.select()
            return false
         }

         return true
      }

      // Fin de ocultación del guión a
      → navegadores antiguos -->
   </SCRIPT>
</HEAD>
<BODY BGCOLOR=WHITE>
<H2 ALIGN=CENTER>Selector de coche</H2>
<FORM onSubmit="return submitIt(this)"
→ ACTION="someAction.cgi" NAME="myForm">
   <TABLE BORDER=0 CELLSPACING=8
   → CELLPADDING=8>
      <TR>
         <TD ALIGN=RIGHT>
            Dirección de email:
         </TD>
         <TD COLSPAN=2>
            <INPUT NAME="emailAddr" TYPE=TEXT
            → SIZE=30>
         </TD>
      </TR>
      <TR>
         <TD ALIGN=RIGHT>
            Colores:
         </TD>
         <TD COLSPAN=2>
            <SELECT NAME="color">
               <OPTION VALUE="" SELECTED>
               → Seleccione un color
               <OPTION VALUE=RED>Rojo
               <OPTION VALUE=GREEN>Verde
               <OPTION VALUE=BLUE>Azul
            </SELECT>
         </TD>
      </TR>
      <TR>
         <TD ALIGN=RIGHT>
            Opciones:
         </TD>
```

*(Continúa en página siguiente)*

**Guión 6.7.** Estudiando el texto de un campo de email en su formulario, puede asegurarse de que obtiene las direcciones de email adecuadas. *(Continuación)*

```
        <TD>
           <INPUT TYPE=CHECKBOX NAME=
           → "sunroof" VALUE=YES>Techo solar
           → (sólo dos puertas)
        </TD>
        <TD>
           <INPUT TYPE=CHECKBOX NAME=
           → "pSteering"
           → VALUE=YES>Elevalunas
           → eléctricos
        </TD>
     </TR>
     <TR>
        <TD ALIGN=RIGHT>
           Puertas:
        </TD>
        <TD COLSPAN=2>
           <INPUT TYPE=RADIO VALUE="twoDoor"
           → NAME="DoorCt">Dos
           <INPUT TYPE=RADIO VALUE="fourDoor"
           → NAME="DoorCt">Cuatro
        </TD>
     </TR>
     <TR>
        <TD COLSPAN=3>
           Introduzca su código postal o
           → seleccione el más cercano a usted:
           <P>C.P.: <INPUT NAME="zip"
           → TYPE=TEXT SIZE=5
           → MAXLENGTH=5>  
           <SELECT NAME="dealerList" SIZE=4>
              <OPTION>Madrid-Galapagar
              <OPTION>Madrid-Las Matas
              <OPTION>Madrid-Las Rozas
              <OPTION>Madrid-Torrelodones
              <OPTION>Madrid-Villalba
           </SELECT>
           <P><INPUT TYPE=SUBMIT VALUE=
           → "Enviar"> <INPUT TYPE=
           → RESET>
        </TD>
     </TR>
  </TABLE>
</FORM>
</BODY>
</HTML>
```

8.
```
periodPos = email.indexOf(".",atPos)
if (periodPos == -1) {
   return false
}
```

A continuación, el guión busca un punto en alguna parte después del carácter @. Si no lo encuentra, se devuelve un resultado falso.

9.
```
if (periodPos+3 > email.lenght) {
   return false
}
return true
```

Finalmente, el guión requiere que haya al menos dos caracteres después del punto en la dirección. Si lo hizo hasta ahora sin un resultado de falso, entonces el valor de la función validEmail es verdadero, lo que significa que la dirección de email es correcta.
Ahora que sabe si la dirección es o no correcta, necesita decir al guión qué hacer con este nuevo dato.

10.
```
function submitIt(carForm) {
   if (!validEmail(carForm.
   → emailAddr.value)) {
      alert("Dirección de email errónea")
      carForm.emailAddr.focus()
      carForm.emailAddr.select()
      return false
   }
   return true
```

Tras definir la función submitIt, la sentencia if dice que la variable validEmail no es verdadera. Emita un mensaje de alerta que diga "Dirección de email errónea". Cuando el usuario haga clic en el botón Aceptar de la ventana de alerta, el guión devolverá el cursor al campo Dirección de email del formulario, llamado emailAddr, con el comando focus(). Luego, seleccione el contenido del campo emailAddr con el comando select().

CONSEJOS

- Hay una diferencia entre validar una dirección de email y verificarla. Este guión valida direcciones asegurándose de que lo que ha introducido el usuario en el formulario responde al formato de una dirección de email. Pero no verifica si la dirección existe. La única manera de hacer eso sería enviando un mensaje a la dirección para comprobar si el mensaje es devuelto. Además del hecho de que probablemente molestaría a los usuarios si enviara tal mensaje de verificación, el mensaje puede tardar horas en ser devuelto, y el usuario no va a esperar pacientemente en su formulario mientras tanto.
- Este guión no capta todas las incorrecciones posibles de la dirección de email. Una verificación completa de cada dirección de email incorrecta necesitaría varias páginas de código. Si lo piensa un poco, posiblemente encontrará fallos que quedan fuera del control de este guión.

**Guión 6.8.** Página HTML completa, incluyendo todo el código JavaScript, correspondiente al ejemplo "Selector de coche".

```
<HTML>
<HEAD>
   <TITLE>Selector de coche</TITLE>
   <SCRIPT LANGUAGE=JAVASCRIPT TYPE="TEXT/JAVASCRIPT">
      <!-- Ocultar guión a navegadores antiguos

      function validEmail(email) {
         invalidChars = " /:,;"

         if (email == "") {                   // no puede estar vacía
            return false
         }
         for (i=0; i<invalidChars.length; i++) {   // ¿Contiene caracteres erróneos?
            badChar = invalidChars.charAt(i)
            if (email.indexOf(badChar,0) > -1) {
               return false
            }
         }
         atPos = email.indexOf("@",1)         // debe tener un carácter "@"
         if (atPos == -1) {
            return false
         }
         if (email.indexOf("@",atPos+1) != -1) {   // y sólo un carácter "@"
            return false
         }
         periodPos = email.indexOf(".",atPos)
         if (periodPos == -1) {               // y al menos un "." después de "@"
            return false
         }
         if (periodPos+3 > email.length)    {      // al menos dos caracteres después de "."
            return false
         }
            return true
      }

      function isNum(passedVal) {                  // ¿Es un número?
         if (passedVal == "") {
            return false
         }
         for (i=0; i<passedVal.length; i++) {
            if (passedVal.charAt(i) < "0") {
               return false
            }
            if (passedVal.charAt(i) > "9") {
               return false
            }
      }
```

*(Continúa en página siguiente)*

**Guión 6.8.** Página HTML completa, incluyendo todo el código JavaScript, correspondiente al ejemplo "Selector de coche". *(Continuación)*

```
        return true
    }

    function validZip(inZip) {            // ¿Es correcto el código postal?
        if (inZip == "") {
            return true
        }
        if (isNum(inZip)) {               // comprueba si el código postal es numérico
            return true
        }
        return false
    }

    function submitIt(carForm) {
        // se asegura de que se ha introducido un color
        colorChoice = carForm.color.selectedIndex
        if (carForm.color.options[colorChoice].value == "") {
            alert("Elija un color")
            return false
        }

        // se asegura de que se ha seleccionado el número de puertas
        doorOption = -1
        for (i=0; i<carForm.DoorCt.length; i++) {
            if (carForm.DoorCt[i].checked) {
                doorOption = i
            }
        }
        if (doorOption == -1) {
            alert("Elija 2 ó 4 puertas")
            return false
        }

        // no puede seleccionarse el techo solar con un modelo de cuatro puertas
        if (carForm.DoorCt[doorOption].value == "fourDoor" && carForm.sunroof.checked) {
            alert("El techo solar sólo está disponible en modelos de dos puertas")
            return false
        }

        // comprueba si la dirección de email es correcta
        if (!validEmail(carForm.emailAddr.value)) {
            alert("Dirección email errónea")
            carForm.emailAddr.focus()
            carForm.emailAddr.select()
            return false
        }
```

*(Continúa en página siguiente)*

**Guión 6.8.** Página HTML completa, incluyendo todo el código JavaScript, correspondiente al ejemplo "Selector de coche". *(Continuación)*

```
        if (carForm.zip.value == "" && carForm.dealerList.selectedIndex == -1) {
           alert("Introduzca un código postal, o elija el más próximo al concesionario ")
           carForm.zip.focus()
           return false
        }

        if (!validZip(carForm.zip.value)) {
           alert("El código postal es erróneo")
           carForm.zip.focus()
           carForm.zip.select()
           return false
        }

        // Si se ha llegado hasta aquí, todo es correcto, por lo que se devuelve true (verdadero)
        return true
     }

     function doorSet(sunroofField) {
        if (sunroofField.checked) {
           for (i=0; i<document.myForm.DoorCt.length; i++) {
              if (document.myForm.DoorCt[i].value == "twoDoor") {
                 document.myForm.DoorCt[i].checked = true
              }
           }
        }
     }

     // Fin de ocultación del guión a navegadores antiguos -->
   /SCRIPT>
</HEAD>
<BODY BGCOLOR=WHITE>
<H2 ALIGN=CENTER>Selector de coche</H2>
<FORM onSubmit="return submitIt(this)" ACTION="someAction.cgi" NAME="myForm">
   <TABLE BORDER=0 CELLSPACING=8 CELLPADDING=8>
     <TR>
        <TD ALIGN=RIGHT>
           Dirección de email:
        </TD>
        <TD COLSPAN=2>
           <INPUT NAME="emailAddr" TYPE=TEXT SIZE=30>
        </TD>
     </TR>
     <TR>
        <TD ALIGN=RIGHT>
           Colores:
        </TD>
        <TD COLSPAN=2>
           <SELECT NAME="color">
```

*(Continúa en página siguiente)*

**Guión 6.8.** Página HTML completa, incluyendo todo el código JavaScript, correspondiente al ejemplo "Selector de coche". *(Continuación)*

```
            <OPTION VALUE="" SELECTED>Seleccione un color
            <OPTION VALUE=RED>Rojo
            <OPTION VALUE=GREEN>Verde
            <OPTION VALUE=BLUE>Azul
         </SELECT>
      </TD>
   </TR>
   <TR>
      <TD ALIGN=RIGHT>
         Opciones:
      </TD>
      <TD>
         <INPUT TYPE=CHECKBOX NAME="sunroof" VALUE=YES onClick="doorSet(this)">Techo solar (solo
         → dos puertas)
      </TD>
      <TD>
         <INPUT TYPE=CHECKBOX NAME="pSteering" VALUE=YES>Elevalunas eléctricos
      </TD>
   </TR>
   <TR>
      <TD ALIGN=RIGHT>
         Puertas:
      </TD>
      <TD COLSPAN=2>
         <INPUT TYPE=RADIO VALUE="twoDoor" NAME="DoorCt">Dos
         <INPUT TYPE=RADIO VALUE="fourDoor" NAME="DoorCt">Cuatro
      </TD>
   </TR>
   <TR>
      <TD COLSPAN=3>
         Introduzca su código postal o seleccione el más cercano a usted:
         <P>C.P.: <INPUT NAME="zip" TYPE=TEXT SIZE=5 MAXLENGTH=5>  
         <SELECT NAME="dealerList" SIZE=4>
            <OPTION>Madrid-Galapagar
            <OPTION>Madrid-Las Matas
            <OPTION>Madrid-Las Rozas
            <OPTION>Madrid-Torrelodones
            <OPTION>Madrid-Villalba
         </SELECT>
         <P><INPUT TYPE=SUBMIT VALUE="Enviar"> <INPUT TYPE=RESET>
      </TD>
   </TR>
</TABLE>
</FORM>
</BODY>
</HTML>
```

# CÓMO CONSTRUIR PÁGINAS DINÁMICAS 7

Las páginas web eficaces son resultado de muchos factores diferentes, incluidos un contenido atractivo, un buen diseño y la atención a detalles tales como la rapidez con que se cargan. Una de las maneras de acelerar la carga de las páginas, que, además, ofrece al usuario una interesante experiencia interactiva, es usar JavaScript para que los elementos de la página individual se actualicen dentro del navegador del usuario. En otras palabras, en lugar de que su servidor web ofrezca la experiencia de la página al usuario, el servidor vuelca el guión en las líneas telefónicas. Entonces el guión usa la capacidad de la computadora del usuario para hacer que la página cobre vida. Las páginas con guiones similares se llaman **páginas dinámicas**.

Trasladando el proceso del lado del servidor al del cliente (usuario), se obtiene mejor rendimiento, y es posible personalizar en alguna medida la experiencia del usuario.

En este capítulo aprenderá a utilizar JavaScript para visualizar en sus páginas la hora y la fecha locales, para personalizar un saludo según el momento del día que sea, y para enviar a los usuarios diferentes páginas, dependiendo del dominio del que procedan, o de qué página fue la última que visitaron.

# Cómo imprimir la fecha actual en una página web

JavaScript puede determinar la fecha actual y la hora desde su computadora (la cual se obtiene como un número), y manipular esa cifra de muchas maneras. Su guión tiene que manipular la conversión de un número en una fecha textual. El Guión 7.1 muestra cómo obtener la fecha actual, cómo convertir ese número en una fecha estándar y cómo escribir luego el resultado en una ventana del documento. Observe que el Guión 7.1 contiene realmente dos guiones, uno en el encabezado del documento HTML (el guión del encabezado), y el otro en el cuerpo del documento (no en vano se le llama guión del cuerpo).

## Para poner la fecha actual en una página web

1. `dayName = new Array → ("Domingo","Lunes","Martes, → "Miércoles",Jueves","Viernes", → "Sábado")`

   Primero, necesita crear un array nuevo que contenga los días de la semana. Asegúrese de usar comas para separar los elementos del array. Como son cadenas de texto, cada elemento debe estar encerrado entre comillas. El array es asignado a la variable dayName.

2. `monName = new Array ("Enero", → "Febrero", "Marzo", "Abril", → "Mayo", "Junio", "Julio", "Agosto", → "Septiembre", "Octubre", → "Noviembre", "Diciembre")`

   En este paso está haciendo lo mismo con los nombres de los meses, y asignándolos a la variable denominada monName.

3. `now = new Date`

   Lo último que hay que hacer en este primer guión es crear una variable now de fecha nueva, con el comando newDate, lo que indica a JavaScript que cree un nuevo objeto Date y lo llene con la fecha actual.

**Guión 7.1.** Este guión está realmente formado por dos guiones cortos, y escribe la fecha actual en la ventana del documento.

```
<HTML>
<HEAD>
   <TITLE>Visualización dinámica de la
   → fecha</TITLE>
   <SCRIPT LANGUAGE=JAVASCRIPT
   → TYPE="TEXT/JAVASCRIPT">
   <!-- Ocultar guión a navegadores antiguos

   dayName = new Array ("Domingo","Lunes",
   → "Martes","Miércoles","Jueves",
   → "Viernes","Sábado")
   monName = new Array ("Enero", "Febrero",
   → "Marzo", "Abril", "Mayo", "Junio",
   → "Julio", "Agosto", "Septiembre",
   → "Octubre", "Noviembre", "Diciembre")

   now = new Date

   // Fin de ocultación del guión a navegadores
   → antiguos -->
   </SCRIPT>
</HEAD>
<BODY BGCOLOR=WHITE>
<SCRIPT LANGUAGE=JAVASCRIPT TYPE=
→ "TEXT/JAVASCRIPT">
   <!-- Ocultar guión a navegadores antiguos

   document.write("<H1>Hoy es " +
   → dayName[now.getDay()] + ", " +
   → monName[now.getMonth()] + " " +
   → now.getDate() + ".<\/H1>")

   // Fin de ocultación del guión a
navegadores antiguos -->
</SCRIPT>
</BODY>
</HTML>
```

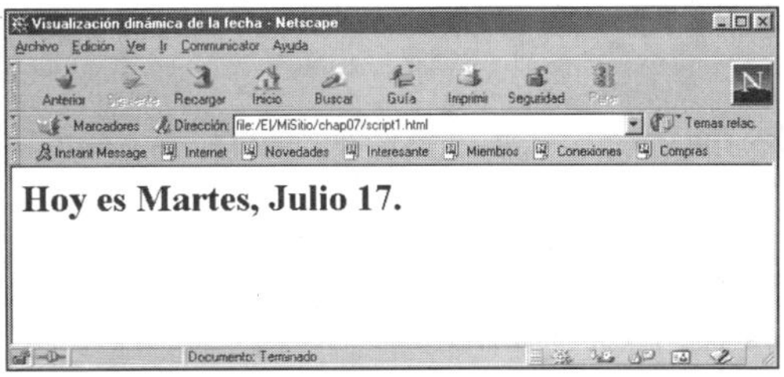


***Figura 7.1.*** *JavaScript visualiza dinámicamente la fecha actual en la ventana.*

## La manipulación incompatible del tiempo de JavaScript

Como se mencionó anteriormente en este libro, JavaScript empieza la numeración por cero en la mayoría de los casos, así que la numeración empieza con 0, 1, 2, 3, etc. Pero esto es incompatible con las fechas, que empiezan con el número 1. De modo que si tiene un array para manipular los días de la semana, tendrá esto:

```
Domingo = 0
Lunes = 1
Martes = 2
Miércoles = 3
Jueves = 4
Viernes = 5
Sábado = 6
```

De manera muy parecida, los doce meses del año se numeran del 0 al 11.

Por otro lado, cuando se trata de la fecha del mes, no tiene sentido empezar por cero (sin duda, nunca ha oído hoy es 0 de abril), así que JavaScript empieza por 1.

Las horas parten de 0 (medianoche) hasta 23 (11 de la noche, PM), como el horario militar. Más adelante, en este capítulo, le mostraremos cómo convertir la hora militar a AM/PM.

4.
```
document.write("
→ dayName[now.
→ monName[now
→ now.getDat
```

La segunda á
y escribe directamen
mento (en el Capítulo 5 hay más
sobre esta técnica). El comando document.write pone la expresión dentro del paréntesis en la ventana del documento.

El primer elemento del paréntesis es un trozo de código HTML, la etiqueta H1, que convierte la línea que está escribiendo a un tamaño Encabezado 1, el mayor de los encabezados.

Continúe con la cadena de texto "Hoy es " (observe que hay un espacio después de la segunda palabra), seguida por el signo +, que significa concatenar (o añadirlo a) lo que sigue.

El objeto dayName[now.getDay()] se lee de derecha a izquierda; getDay() es el comando de JavaScript que obtiene el día de la semana, y añadiéndole now se obtiene el día de la semana correspondiente a hoy. El resultado numérico hace referencia a una de las entradas del array dayName.

A continuación, concatene una coma con la cadena de texto que está construyendo; luego concatene la siguiente expresión, que es el nombre del mes, expresado por el objeto monName[now.getMonth()]. Esto obtiene el mes de forma muy parecida a como se obtiene el día y hace referencia a una de las entradas del array monName.

A continuación se concatena un espacio, y luego sigue el objeto now.getDate(), que obtiene la fecha del mes. Continúe concatenando un punto a la cadena de texto y cierre la etiqueta H1. El resultado se muestra en la Figura 7.1.

## ...o trabajar con los días

...Podría querer visualizar un mensaje diferente para ...us usuarios si es un fin de semana. El Guión 7.2 le indica cómo hacerlo.

### Para averiguar si es fin de semana

1. `now = new Date`

   Asigne a la variable `now` la fecha actual.

2. ```
   if (now.getDay() > 0 && now.getDay()
   → < 6) {
   ```

   Esto extrae el día numérico de la semana de la variable `now` y pregunta si es mayor que 0 (recuerde que el domingo es 0). La siguiente línea usa el operador &&, que es una "y" lógica (es decir, ambas partes tienen que ser verdaderas), y pregunta si `now` es menor que 6, que es el número correspondiente al sábado.

3. ```
   document.write("Lo siento, es día
   → laborable.")
   ```

   Si el resultado de la última expresión es mayor que 0 y menor que 6, tiene que estar entre 1 y 5, es decir, de lunes a viernes, así que el guión escribe su triste mensaje en la ventana del documento, como se muestra en la Figura 7.2.

4. ```
   else {
      document.write("¡Hurra, es fin de
      → semana!")
   }
   ```

   Si falló la prueba del último paso, debe ser fin de semana, por lo que escribiremos la buena noticia en la ventana del documento.

**Guión 7.2.** Este guión averigua si es un día laborable o fin de semana.

```
<HTML>
<HEAD>
   <TITLE>Comprobar fin de semana</TITLE>
</HEAD>
<BODY BGCOLOR=WHITE>
<H1>
   <SCRIPT LANGUAGE=JAVASCRIPT
   → TYPE="TEXT/JAVASCRIPT">
   <!-- Ocultar guión a navegadores antiguos

   now = new Date

   if (now.getDay() > 0 && now.getDay() < 6) {
      document.write("Lo siento, es día
      → laborable.")
   }
   else {
      document.write("¡Hurra, es fin de semana!")
   }

   // Fin de ocultación del guión a navegadores
   → antiguos -->
   </SCRIPT>
</H1>
</BODY>
</HTML>
```

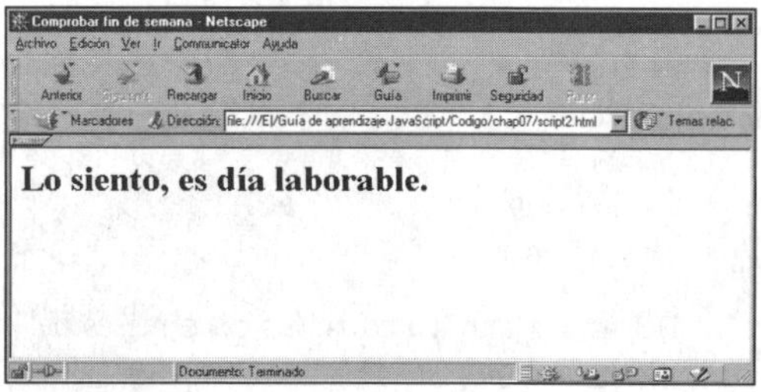


*Figura 7.2. La mala noticia se escribe en la ventana.*
```

**Guión 7.3.** Los guiones pueden usarse para comprobar qué hora del día es, y reaccionar adecuadamente.

```
<HTML>
<HEAD>
   <TITLE>¿Qué hora es? JavaScript lo
   → sabe...</TITLE>
</HEAD>
<BODY BGCOLOR=WHITE>
<H1>
   <SCRIPT LANGUAGE=JAVASCRIPT
   → TYPE="TEXT/JAVASCRIPT">
   <!-- Ocultar guión a navegadores antiguos

   now = new Date

   if (now.getHours() < 5) {
      document.write("¿Qué estáis haciendo
      → levantados tan tarde?")
   }
   else if (now.getHours() < 9) {
      document.write("¡Buenos días!")
   }
   else if (now.getHours() < 17) {
      document.write("¡No navegue en
      → horas de trabajo!")
   }
   else {
      document.write("¡Buenas noches!")
   }

   // Fin de ocultación del guión a navegadores
   → antiguos -->
   </SCRIPT>
</H1>
</BODY>
</HTML>
```

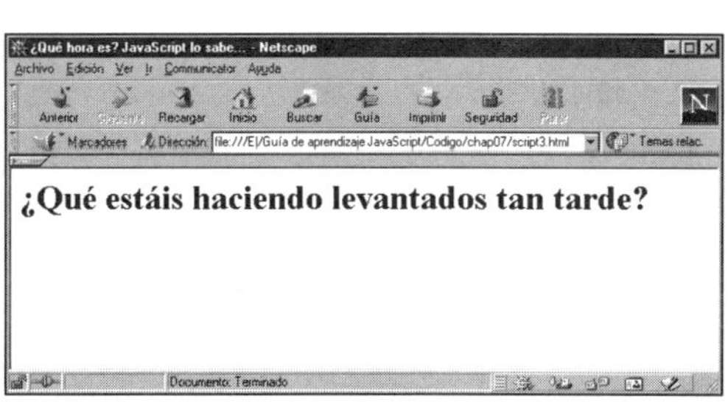


*Figura 7.3. Definitivamente, era demasiado tarde cuando escribimos esto.*

# Cómo personalizar el mensaje según la hora del día

Puede usar de nuevo la técnica empleada en el último ejemplo para personalizar un mensaje dirigido al usuario, dependiendo de la hora del día. Se usa a menudo como saludo amistoso cuando un usuario entra al sitio. El Guión 7.3 muestra cómo aún estábamos levantados y escribiendo fuera de nuestro horario habitual.

## Para personalizar mensajes según la hora del día

1. 
```
now = new Date
if (now.getHours() < 5) {
```

   Una vez más, defina la variable now y rellénela con un objeto Date nuevo. El método getHours extrae las horas de la variable now y luego comprueba si ese número es menor que 5 (que corresponde a las 5 AM, puesto que la numeración de JavaScript empieza a medianoche).

2. 
```
document.write("¿Qué estáis haciendo
→ levantados tan tarde?")
```

   Si es antes de las 5 AM, el guión regaña al usuario escribiendo este mensaje en la ventana del documento, como se muestra en la Figura 7.3.

   El resto del guión repite la línea superior, adaptándola a la hora del día y escribiendo un mensaje diferente. Si es entre las 6 AM y las 9 AM, el guión dice "¡Buenos días!"; entre las 9 AM y las 5 PM, responde con "¡No navegue en horas de trabajo!", y después de las 5 dice "¡Buenas noches!".

## Cómo convertir la hora militar a AM/PM

JavaScript devuelve la hora en el formato de 24 horas, también conocido como horario militar. Mucha gente se encuentra poco cómoda con este formato, o no le resulta familiar, así que querrá saber cómo convertirla al formato de 12 horas. En el Guión 7.4 dispone de un método para realizar esta tarea, que necesita alguna explicación. La página que estamos creando tiene un formato con un solo campo de texto en el cual se escribe el tiempo, basado en una función del guión. El formato está controlado por dos botones de radio, lo cual nos permite convertir la hora expresada en formato de 24 horas al formato de 12 horas. El resultado se muestra en la Figura 7.4.

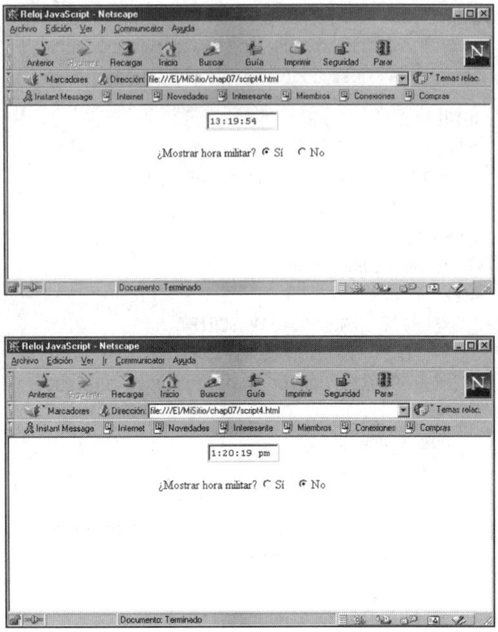


***Figura** 7.4. El guión en funcionamiento.*

**Guión 7.4.** Este guión convierte el formato de 24 horas en formato de 12 horas.

```
<HTML>
<HEAD>
   <TITLE>Reloj JavaScript</TITLE>
   <SCRIPT LANGUAGE=JAVASCRIPT TYPE="TEXT/JAVASCRIPT">
   <!-- Ocultar guión a navegadores antiguos

   function showMilitaryTime() {
      if (document.theForm.showMilitary[0].checked) {
         return true
      }
      return false
   }

   function showTheHours(theHour) {
      if (showMilitaryTime() || (theHour > 0 && theHour < 13)) {
         return (theHour)
      }
      if (theHour == 0) {
         return (12)
      }
      return (theHour-12)
   }
```

*(Continúa en página siguiente)*

**Guión 7.4.** Este guión convierte el formato de 24 horas en formato de 12 horas. *(Continuación)*

```
    function showZeroFilled(inValue) {
        if (inValue > 9) {
            return ":" + inValue
        }
        return ":0" + inValue
    }

    function showAmPm() {
        if (showMilitaryTime()) {
            return ("")
        }
        if (now.getHours() < 12) {
            return (" am")
        }
        return (" pm")
    }

    function showTheTime() {
        now = new Date

        document.theForm.showTime.value =
        → showTheHours(now.getHours()) +
        → showZeroFilled(now.getMinutes()) +
        → showZeroFilled(now.getSeconds()) +
        → showAmPm()
        setTimeout("showTheTime()",1000)
    }

    // Fin de ocultación del guión a navegadores
    → antiguos -->
    </SCRIPT>
</HEAD>
<BODY BGCOLOR=WHITE onLoad="showTheTime()">
<CENTER>
    <FORM NAME="theForm">
        <INPUT TYPE=TEXT NAME="showTime"
        → SIZE=11><P>
        ¿Mostrar hora militar?
        <INPUT TYPE=RADIO NAME="showMilitary"
        → CHECKED>Sí   
        <INPUT TYPE=RADIO NAME="showMilitary">No
    </FORM>
</CENTER>
</BODY>
</HTML>
```

## Para convertir la hora militar en AM/PM

1. 
```
function showMilitaryTime() {
    if(document.theForm.showMilitary
    → [0].checked) {
        return true
    }
    return false
}
```

   La primera función del guión comprueba qué botón de radio del formulario ha activado el usuario. La función showMilitaryTime indica que si el elemento de formulario showMilitary[0] del documento está activado, debe devolver un resultado verdadero (true), y si no, devolver un resultado falso (false).

2. 
```
function showTheHours(theHour) {
```

   A continuación, establezca una función llamada showTheHours, que contiene la variable theHour.

3. 
```
if (showMilitaryTime() || (theHour) >
→ 0 && theHour < 13)) {
    return (theHour)
}
```

   Esta línea dice que si el usuario quiere mostrar la hora militar, o si el resultado de la parte horaria es mayor que cero, pero menor que 13, entonces simplemente almacena ese número en la variable theHour. Recuerde que el operador || es un "o" lógico (disyunción), como se vio en el Capítulo 1.

4. 
```
if (theHour == 0) {
    return (12)
}
return (theHour-12)
```

   Si theHour es cero, entonces devuelve con el resultado 12 (cuando la hora es 12 AM), y si no, devuelve theHour menos 12 (lo cual convierte las 13 horas y las superiores en sus contrapartidas "civiles").

*(Continúa en página siguiente)*

5. 
```
function showZeroFilled(inValue) {
   if (inValue > 9  {
      return ":" + inValue
   }
   return  ":0" + inValue
}
```

Esta función se usa para embellecer la salida; cuando la cifra de los segundos es 9 o inferior, rellena la cifra de los segundos con un cero inicial.

6. 
```
function showAmPm() {
   if (showMilitaryTime()) {
      return ("")
   }
```

Esta función añade AM o PM a la expresión horaria de 12 horas. Si la función showMilitaryTime es verdadera, no devuelve nada, y va a la siguiente función.

7. 
```
if (now.getHours() < 12 {
   return (" am")
}
return (" pm")
```

Si la porción de horas de la variable now es menor que 12, entonces el valor de la función es AM, y si no, es PM. Observe que hay un espacio inicial en las cadenas de texto " am" o " pm", para que haga bonito.

8. 
```
function showTheTime() {
   now = new Date
```

Aquí está lo esencial del guión. Esta función llena primero la variable now con la fecha actual.

9. 
```
document.theForm.showTime.value =
→ showTheHours(now.getHours()) +
→ showZeroFilled(now.getMinutes()) +
→ showZeroFilled(now.getSeconds()) +
→ showAmPm()
```

Aunque intimide, lo único que hace es construir el valor del tiempo que va en el campo del formulario, concatenando el resultado de todas las demás funciones.

10. 
```
setTimeout("showTheTime()",1000)
```

Este último fragmento de código indica a la pantalla que se actualice cada segundo.

## Cómo crear una cuenta atrás

Tarde o temprano querrá poner en sus páginas una cuenta atrás que diga al usuario cuántos días u horas faltan hasta un evento particular. El Guión 7.5 hace saber a uno de los autores sus responsabilidades, en términos claros, como puede verse en la Figura 7.5. Ésta es otra técnica que usa dos guiones. El guión del encabezado hace todos los cálculos, y el guión del cuerpo toma los resultados de los cálculos, los pega todos juntos y los escribe en la ventana del documento.

**Guión 7.5.** Cómo hacer una cuenta atrás...

```
<HTML>
<HEAD>
   <TITLE>Cuenta atrás dinámica</TITLE>
   <SCRIPT LANGUAGE=JAVASCRIPT TYPE="TEXT/JAVASCRIPT">
   <!-- Ocultar guión a navegadores antiguos

   now = new Date
   thisYr = now.getYear()
   if (thisYr < 1900) {
      thisYr = thisYr+1900
   }
   nextYr = thisYr + 1

   anniv = new Date(thisYr,6,21)
   if (anniv.getTime() < now.getTime()) {
      anniv.setYear(nextYr)
   }

   birthday = new Date(thisYr,7,7)
   if (birthday.getTime() < now.getTime()) {
      birthday.setYear(nextYr)
   }

   xmas = new Date(thisYr,11,25)
   if (xmas.getTime() < now.getTime()) {
      xmas.setYear(nextYr)
   }
```

*(Continúa en página siguiente)*

## Para crear una cuenta atrás

1. `now = new Date`

   Empiece por obtener la fecha y pegarla en la variable now.

2. ```
   thisYr = now.getYear()
   if (thisYr < 1900)  {
      thisYr = thisYr+1900
   }
   nextYr = thisYr + 1
   ```

   Este paso se basa en el hecho de que JavaScript no entiende el año 2000 y los posteriores. Sí, ésta es una auténtica medida para evitar el efecto dos mil. Empiece asignando la variable thisYr al valor de la porción de año de now. A continuación, una sentencia condicional; "si el valor de thisYr es menor que 1900, entonces reasignar thisYr para que tenga su propio valor más 1900". A continuación, establezca el valor de la nueva variable nextYr a thisYr más 1.

3. ```
   anniv = new Date(thisYr,6,21)
   if (anniv.getTime() <
   → now.getTime())  {
      anniv.setYear(nextYr)
   }
   ```

   He aquí la primera de las tres configuraciones de variables similares. Esta primera llena la variable anniv obteniendo el año actual y especificando luego la fecha del aniversario, que es el 21 de julio. Efectivamente, en el código aparece 6,21 (no 7,21), pero es porque la numeración de los meses empieza por cero. Así que el mes de enero es 0, y julio es el mes 6.
   A continuación verifique si la fecha del aniversario es menor que la fecha actual. Si lo es, incremente el número del año en uno. Repita el proceso con cambios menores para las variables birthday y xmas, que se establecen en los siguientes dos bloques de código.

**Guión 7.5.** Cómo hacer una cuenta atrás... *(Continuación)*

```
      function dayToDays(inTime) {
         return (Math.floor(inTime.getTime() /
         → (1000 * 60 * 60 * 24)))
      }

      function daysTill(inDate) {
         return dayToDays(inDate) -
         → dayToDays(now)
      }

      // Fin de ocultación del guión a navegadores
      → antiguos -->
      </SCRIPT>
   </HEAD>
   <BODY BGCOLOR=WHITE>
   <H1>Dori dice:<P>
      <SCRIPT LANGUAGE=JAVASCRIPT '
      → TYPE="TEXT/JAVASCRIPT">
      <!-- Ocultar guión a navegadores antiguos

      document.write("Sólo faltan " +
      → daysTill(birthday) + " días para mi
      → cumpleaños y " + daysTill(xmas) + " días
      → para Navidad--¿Crees que es buen momento
      → para empezar a comprar?")

      document.write("<p>Y "+ daysTill(anniv) +"
      → días para nuestro aniversario...")

      // Fin de ocultación del guión a navegadores
      → antiguos -->
      </SCRIPT>
   </H1>
   </BODY>
   </HTML>
```

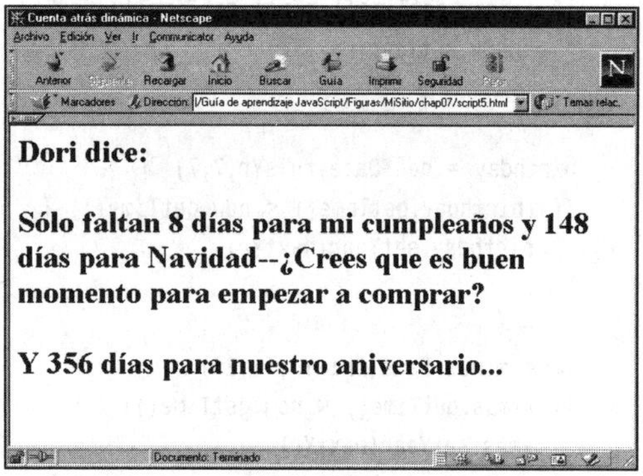


***Figura 7.5.*** *...y picar al mismo tiempo a la persona amada.*

4.
```
function dayToDays(inTime)  {
   return (Math.floor(inTime.
   → getTime() / (1000 * 60 * 60 *
   → 24)))
}
```

JavaScript almacena la fecha en milisegundos desde el 1 de enero de 1970. Para comparar dos fechas, convierta la cifra en el número de días transcurridos desde el 1 de enero de 1970. Primero, obtenga el número de milisegundos de un día, multiplicando 1.000 (número de milisegundos de un segundo) por 60 (número de segundos de un minuto), por 60 otra vez (número de minutos de una hora), y por 24 (número de horas de un día). Dividiendo el número de milisegundos devueltos por getTime() entre este número se obtiene el número de días desde el 1 de enero de 1970. La función Math.floor() asegura que nuestro resultado sea un número entero.

5.
```
function daysTill(inDate) {
   return dayToDays(inDate) --
   → dayToDays(now)
}
```

A esta función se le pasa una fecha en el parámetro inDate, y devuelve el número de días entre inDate y la fecha actual.

El código del guión del cuerpo (empezando por document.write) es del tipo ya familiar que toma los resultados de los cálculos, los concatena todos juntos con las cadenas de texto y escribe todo ello en la ventana del documento.

**Más misterios de la fecha**

La numeración de los meses en JavaScript empieza por 0, la de los días por 1, y JavaScript trata de forma poco consecuente los años anteriores a 1970, dependiendo de la versión de JavaScript que use su navegador.

Navigator 2 (que usa JavaScript 1.0) no podía trabajar con años anteriores a 1970, y tenía un problema de efecto 2000, al devolver respuestas incorrectas para fechas del año 2000 o posteriores.

Navigator 3 (que usa JavaScript 1.1), cambió supuestamente el valor devuelto por el método getYear() para que fuera de dos dígitos si el año es del siglo XX, y de cuatro dígitos si el año es anterior a 1900 o posterior a 2000.

Sin embargo, hemos descubierto que esto no es cierto para todas las versiones de Netscape; por ejemplo, Netscape Navigator 4 para Mac devuelve 100 para el año 2000.

En JavaScript 1.2 (en Navigator 4, y también en los navegadores compatibles ECMAScript, como Internet Explorer 4 y posteriores), hay un método nuevo, getFullYear(), que siempre devuelve el año con cuatro dígitos. Es recomendable utilizar este método siempre y cuando sepa que estará trabajando sólo con navegadores de la versión 4 y posteriores.

El método getTime() de JavaScript, por razones que será mejor no desentrañar, devuelve un número que es el número de milisegundos transcurridos desde el 1 de enero de 1970. Afortunadamente, es difícil que tengamos que consultar ese número alguna vez, porque ha transcurrido un montón de milisegundos en los últimos treinta años.

## Cómo trabajar con páginas de procedencia

Una página de procedencia es la página que el usuario estaba visualizando antes de la página actual, o, en otras palabras, la página de la que vino el usuario. Puede que quiera ofrecer un mensaje al usuario y mencionar la página de procedencia, como se muestra en la Figura 7.6.

### Para visualizar la página de procedencia

1. `if (document.referrer != "") {`

   El Guión 7.6 es fácil de entender. Si la página de procedencia, representada aquí por document.referrer, no está vacía, continúe entonces con el guión. El objeto document.referrer podría estar vacío si el usuario no hubiera visitado ninguna otra página antes que la suya, es decir, si hubiera abierto el navegador directamente en su página.

2. ```
   document.write("<H1>Espero que
   → esta página le guste más que " +
   → document.referrer + ".<\/H1>")
   ```

   Si el objeto document.referrer no está vacío, escriba un mensaje para el documento con una cadena de texto, concatenando document.referrer en medio de la cadena de texto.

**CONSEJO**

- Esta técnica puede también ser empleada para disparar diferentes acciones, dependiendo de cuál fuera la página de procedencia. Podría descubrir el dominio de la página de procedencia y luego presentar a los usuarios que vinieran de un dominio determinado algo especial.

**Guión 7.6.** Utilice JavaScript para mostrar a los que navegan por la Red su procedencia.

```
<HTML>
<HEAD>
   <TITLE>¿Quiere hacerlo de este modo?</TITLE>
</HEAD>
<BODY BGCOLOR=WHITE>
<SCRIPT LANGUAGE=JAVASCRIPT
→ TYPE="TEXT/JAVASCRIPT">
   <!-- Ocultar guión a navegadores antiguos

   if (document.referrer != "") {
      document.write("<H1>Espero que
      → esta página le guste más que " +
      → document.referrer + ".<\/H1>")
}
   // Fin de ocultación del guión a navegadores
   → antiguos -->
   </SCRIPT>
</BODY>
</HTML>
```

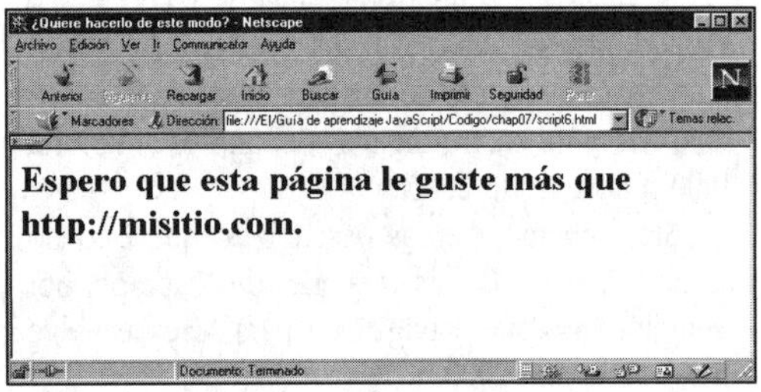


*Figura 7.6. Seguro que están contentos de estar en su sitio y haber dejado aquel otro tan aburrido.*
```

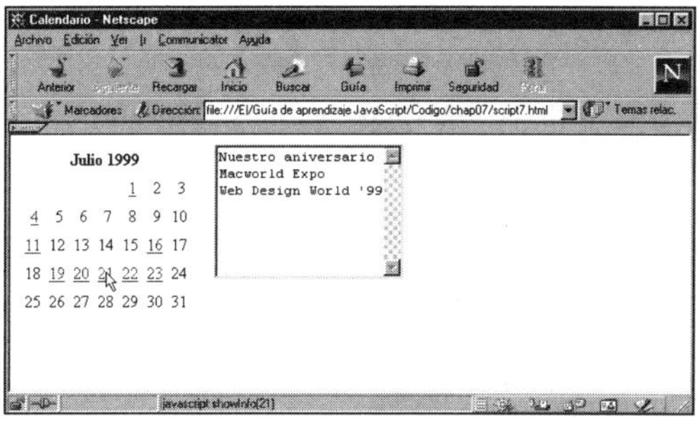


*Figura 7.7. Haciendo clic en un vínculo de uno de los días se escriben los acontecimientos del día en el cuadro de texto.*

## Cómo escribir texto en un documento en el acto

Ser capaz de escribir información en una página web como respuesta a una acción del usuario es un buen truco al que le encontrará muchas utilidades. En el ejemplo de la Figura 7.7 hay un calendario con fechas subrayadas (los subrayados son, por supuesto, vínculos). Haciendo clic en una fecha subrayada se muestran los eventos de esa fecha en un cuadro de texto próximo al calendario. El Guión 7.7 muestra cómo se hace.

**Guión 7.7.** Este guión usa un array para almacenar los eventos del mes.

```
<HTML>
<HEAD>
   <TITLE>Calendario</TITLE>
   <SCRIPT LANGUAGE=JAVASCRIPT TYPE="TEXT/JAVASCRIPT">
      dayInfo = new Array
      dayInfo[1] = "Día de Canadá"
      dayInfo[4] = "Día de la Independencia\rCumpleaños de Ana"
      dayInfo[11] = "Cumpleaños de Eduardo"
      dayInfo[16] = "Cumpleaños de Marta"
      dayInfo[19] = "Web Design World '99"
      dayInfo[20] = "Macworld Expo\rWeb Design World '99"
      dayInfo[21] = "Nuestro aniversario\rMacworld Expo\rWeb Design World '99"
      dayInfo[22] = "Cumpleaños de Ana\rMacworld Expo\rWeb Design World '99"
      dayInfo[23] = "Macworld Expo\rWeb Design World '99"

      function showInfo(thisDay) {
         document.calendar.dateInfo.value = dayInfo[thisDay]
      }
   </SCRIPT>
</HEAD>
<BODY BGCOLOR=WHITE>
<TABLE CELLSPACING=2 CELLPADDING=2 ALIGN=LEFT>
   <TR>
      <TH COLSPAN=7>Julio 1999</TH>
      <TD ROWSPAN=6>   </TD>
   </TR>
   <TR ALIGN=RIGHT>
      <TD COLSPAN=5><A HREF="javascript:showInfo(1)">1</A></TD>
      <TD>2</TD>
      <TD>3</TD>
   </TR>
   <TR ALIGN=RIGHT>
```

*(Continúa en página siguiente)*

## Para escribir texto en el acto

1.
```
dayInfo = new Array
dayInfo[1] = "Día de Canadá"
dayInfo[4] = "Día de la Independencia\
→ rCumpleaños de Ana"
dayInfo[11] = "Cumpleaños de Eduardo"
dayInfo[16] = "Cumpleaños de Marta"
dayInfo[19] = "Web Design World '99"
dayInfo[20] = "Macworld Expo\rWeb
→ Design Worl '99
dayInfo[21] = "Nuestro aniversario\
→ rMacworld Expo\rWeb Design World
→ '99"
dayInfo[22] = "Cumpleaños de Eduardo\
→ rMacworld Expo\rWeb Design World
→ '99"
dayInfo[23] = "Macworld Expo\
→ rWeb Design World '99"
```

La primera línea establece un nuevo array llamado dayInfo, y las líneas siguientes introducen información en el array en la posición enésima, donde n es el número entre corchetes. El valor de n es también el día del mes, así que en el código anterior, dayInfo [22] representa el 22º día del mes. Cada línea representa un día que tiene dos o más eventos. Cuando no hay ninguna entrada en el array, no hay eventos para el día correspondiente. Por ejemplo, puesto que no hay una entrada en el código para dayInfo[14], no se mostrarán eventos el 14º día del mes.

¿Se ha fijado en los caracteres \r que aparecen en algunas de las líneas? Así es como se escribe un retorno de carro, para que cada evento se muestre en una línea distinta.

**Guión 7.7.** Este guión usa un array para almacenar los eventos del mes. *(Continuación)*

```
        <TD><A HREF="javascript:showInfo(4)">
        → 4</A></TD>
        <TD>5</TD>
        <TD>6</TD>
        <TD>7</TD>
        <TD>8</TD>
        <TD>9</TD>
        <TD>10</TD>
    </TR>
    <TR ALIGN=RIGHT>
        <TD><A HREF="javascript:showInfo(11)">
        → 11</A></TD>
        <TD>12</TD>
        <TD>13</TD>
        <TD>14</TD>
        <TD>15</TD>
        <TD><A HREF="javascript:showInfo(16)">
        → 16</A></TD>
        <TD>17</TD>
    </TR>
    <TR ALIGN=RIGHT>
        <TD>18</TD>
        <TD><A HREF="javascript:showInfo(19)">
        → 19</A></TD>
        <TD><A HREF="javascript:showInfo(20)">
        → 20</A></TD>
        <TD><A HREF="javascript:showInfo(21)">
        → 21</A></TD>
        <TD><A HREF="javascript:showInfo(22)">
        → 22</A></TD>
        <TD><A HREF="javascript:showInfo(23)">
        → 23</A></TD>
        <TD>24</TD>
    </TR>
    <TR ALIGN=RIGHT>
        <TD>25</TD>
        <TD>26</TD>
        <TD>27</TD>
        <TD>28</TD>
        <TD>29</TD>
        <TD>30</TD>
        <TD>31</TD>
    </TR>
</TABLE>
<FORM NAME="calendar">
    <TEXTAREA ROWS=7 COLS=20 NAME="dateInfo"
    → READONLY WRAP>
Haga clic en un día subrayado para ver los
→ eventos del día
    </TEXTAREA>
</FORM>
</BODY>
</HTML>
```

2. 
```
function showInfo(thisDay) {
    document.calendar.dateInfo.value =
    ⟶ dayInfo[thisDay]
}
```

La función showInfo() toma el día del mes, lo usa para obtener la información del array dayInfo[] y pone los datos en el área de texto dateInfo, que es el nombre del cuadro próximo al calendario de la Figura 7.7.

El resto del Guión 7.7 muestra cómo se crea el mes usando una tabla HTML, con los vínculos llamando a la función showInfo. Por ejemplo, en la línea <A HREF="javascript: showInfo(1)">1</A>, haciendo clic en el vínculo se indica a JavaScript que llame a la función showInfo, y el número 1 dentro del paréntesis corresponde al número de índice mostrado en el array como dayInfo[1]. El resultado será poner el valor de dayInfo[1] en el cuadro de texto cuando se hace clic en el vínculo, y, en efecto, aparece "Día de Canadá".

**CONSEJO**

- Un buen modo de usar este guión sería crear esta página usando JavaScript junto con un CGI (un programa que se ejecuta en el servidor web) para leer una base de datos que almacena los eventos.

## Métodos de fecha

Como a menudo necesitará trabajar con fechas, le ofrecemos una tabla de todos los métodos del objeto Date. En la tabla, verá una referencia a UTC, *Coordinated Universal Time* (Hora Universal Coordinada), que reemplazó a la hora de Greenwich (GMT, *Greenwich Mean Time*), como estándar mundial de la hora en 1986. Cualquiera de los métodos que contiene UTC sólo están disponibles en JavaScript 1.2, o posterior.

**Tabla 7.1**

Métodos de fecha.

| MÉTODO | DESCRIPCIÓN | VALORES DEVUELTOS | SOPORTE DE NAVEGADOR |
|---|---|---|---|
| getDate()<br>getUTCDate() | El día del mes. | 1-31 | JavaScrip 1.0<br>JavaScript 1.2 |
| getDay()<br>getUTCDay() | El valor entero del día de la semana. | 0-6 | JavaScript 1.0<br>JavaScript 1.2 |
| getFullYear()<br>getUTCFullYear() | El año con cuatro dígitos. | 1900+ | JavaScript 1.2 |
| getHours()<br>getUTCHours() | El valor entero de la hora del día. | 0-23 | JavaScript 1.0<br>JavaScript 1.2 |
| getMilliseconds()<br>getUTCMilliseconds() | El número de milisegundos desde el último segundo. | 0-999 | JavaScript 1.2 |
| getMinutes()<br>getUTCMinutes() | El número de minutos desde la última hora. | 0-59 | JavaScript 1.0<br>JavaScript 1.2 |
| getMonth()<br>getUTCMonth() | El mes del año. | 0-11 | JavaScript 1.0<br>JavaScript 1.2 |
| getSeconds()<br>getUTCSeconds() | El número de segundos desde el último minuto. | 0-59 | JavaScript 1.0<br>JavaScript 1.2 |
| getTime() | El número de milisegundos desde medianoche del 1 de enero 1970. | | JavaScript 1.0 |
| getTimezoneOffset() | Diferencia entre tiempo local y GTM en minutos. | 0-1439 | JavaScript 1.0 |
| getYear() | El campo de la fecha del año. | 0-99 para los años 1900-1999, cuatro dígitos para años posteriores | JavaScript 1.0 |
| parse() | Dada una fecha/cadena de tiempo, devuelve el número de milisegundos desde medianoche del 1 de enero de 1970. | | Javascript 1.0 |
| setDate()<br>setUTCDate() | Establece el día, dado un número entre 1-31. | Fecha en milisegundos (como en JavaScript 1.2) | JavaScript 1.0<br>JavaScript 1.2 |
| setFullYear()<br>setUTCFullYear() | Establece el año, dado un año de cuatro dígitos. | Fecha en milisegundos | JavaScript 1.2 |

**Tabla 7.1**

Métodos de fecha.

| MÉTODO | DESCRIPCIÓN | VALORES DEVUELTOS | SOPORTE DE NAVEGADOR |
|---|---|---|---|
| setHours()<br>setUTCHours() | Establece la hora, dado un número entre 0-23. | Fecha en milisegundos<br>(como en JavaScript 1.2) | JavaScript 1.0<br>JavaScript 1.2 |
| setMilliseconds()<br>setUTCMilliseconds() | Establece los milisegundos, dado un número. | Fecha en milisegundos<br>entre 0-999 | Javascript 1.2 |
| setMinutes()<br>setUTCMinutes() | Establece los minutos, dado un número entre 0-59. | Fecha en milisegundos<br>(como en Javascript 1.2) | JavaScript 1.0<br>Javascript 1.2 |
| setMonth()<br>setUTCMonth() | Establece el mes, dado un número entre 0-11. | Fecha en milisegundos<br>(como en JavaScript 1.2) | JavaScript 1.0<br>JavaScript 1.2 |
| setSeconds()<br>setUTCSeconds() | Establece, los segundos, dado un número entre 0-59. | Fecha en milisegundos | JavaScript 1.0<br>JavaScript 1.2 |
| setTime() | Establece una fecha, dado el número de milisegundos desde el 1 de enero de 1970. | Fecha en milisegundos | JavaScript 1.0 |
| setYear() | Establece el año, dado un valor de dos o cuatro dígitos. | Fecha en milisegundos<br>(como en Javascript 1.2) | JavaScript 1.0 |
| toGTMString()<br>toUTCString() | La fecha GTM y la hora en formato cadena. | Fecha en milisegundos<br>(como en JavaScript 1.2) | JavaScript 1.0<br>JavaScript 1.2 |
| toLocaleString() | La fecha local y la hora en formato cadena. | Varía según el OS, situación geográfica y navegador | Javascript 1.0 |
| toString() | La fecha local y la hora en formato cadena. | Varía según el OS, situación geográfica y navegador | JavaScript 1.0 |
| UTC() | Dada una fecha como año, mes, día (y, opcionalmente, horas, minutos, segundos y milisegundos), devuelve el número de milisegundos desde el 1 de enero de 1970. | Fecha en milisegundos | Javascript 1.0 |
| valueOf() | El número de milisegundos desde medianoche del 1 de enero de 1970. | Fecha en milisegundos | JavaScript 1.2 |

# JAVASCRIPT Y LAS *COOKIES* 8

En términos web, una *cookie* es una pepita única de información que un servidor web envía a su navegador cuando se encuentran, y que ambos comparten con cada visita. El servidor remoto guarda su parte de la *cookie* y la información que contiene sobre usted; su navegador hace lo mismo, en forma de archivo de texto almacenado en el disco duro de su computadora.

Como autor de JavaScript, puede hacer muchas cosas útiles con las *cookies*. Si su sitio requiere un registro para entrar, puede establecer *cookies* para almacenar los nombres y contraseñas de sus visitantes, para que no deban introducirlas cada vez que lo visitan. Puede guardar registro de qué partes de su sitio ha visitado el usuario y contar el número de visitas del mismo.

Hay muchos errores de concepto sobre las *cookies*, así que es importante observar lo que no se puede hacer con ellas: no se puede obtener información real sobre el usuario, como su dirección de email; no puede usar *cookies* para revisar el contenido del disco duro, y las *cookies* no pueden transmitir virus a las computadoras. Una *cookie* es sólo un archivo de texto guardado en el disco duro del usuario donde el programador de JavaScript puede almacenar información.

Una *cookie* siempre incluye la dirección del servidor que la envió. Ésa es la idea principal que hay tras la tecnología de la *cookie*: identificación. Piense en ella como el "ID de llamada" de la Web, con variaciones sobre el tema. Cada sitio web que usa *cookies* da a su navegador un ID personalizado de alguna clase, así que puede reconocerle en su próxima visita. Cuando usted regresa al servidor web que le pasó primero una *cookie* particular, el servidor puede entonces retirar la información almacenada en la *cookie* que ambas partes intercambiaron. Recuerde que las *cookies* identifican la computadora que está siendo utilizada, no al individuo que usa la computadora.

CONSEJO

- ¿Se pregunta dónde están esas *cookies*? En Windows 98 y 95, Netscape Communicator guarda sus *cookies* en C:\Archivos de progra- → ma\Netscape\Users\<nombre_usuario>\ → cookies.txt.

  Las versiones anteriores de Netscape usaban ubicaciones similares. Microsoft Internet Explorer 4.0 guarda el tarro de las *cookies* en C:\Windows\Cookies\. En un Mac, el archivo de Netscape se llama MagicCookie, y está en la carpeta dentro de la carpeta de preferencias en la carpeta del Sistema. Internet Explorer en Mac almacena sus *cookies* en un archivo llamado Internet Preferences, en la carpeta Preferencias.

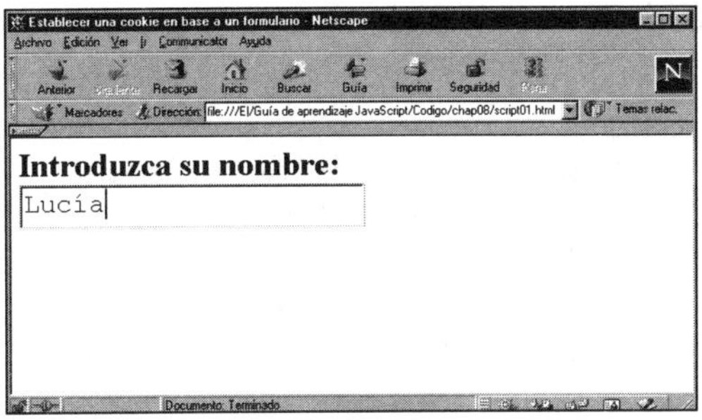


***Figura 8.1.*** *No parece mucho, pero el contenido del campo de texto del formulario acaba de ser escrito en una* cookie.

## Cómo cocinar su primera *cookie*

Una *cookie* es una cadena de texto con un formato particular, a saber:

```
nombreCookie=valorCookie;
→ expires=FechaGMTExpiración;
→ path=ubicaciónURL; domain=dominio
```

Analizando esto, la primera parte de la cadena asigna a la *cookie* un nombre y un valor. Ésta es sólo la parte obligatoria de una *cookie*; cuando se alcance la fecha indicada, el navegador borrará automáticamente la *cookie*. La fecha de expiración es seguida de la ubicación URL, que le permite almacenar un URL en la *cookie*. Finalmente, también puede almacenar un valor de dominio.

El Guión 8.1 establece una *cookie* a partir de un valor introducido por el usuario en un formulario. Cuando pruebe ésta, no parecerá hacer mucho (véase la Figura 8.1), pero la *cookie* está siendo creada realmente. Ejemplos posteriores en este capítulo construyen esta *cookie*.

**Guión 8.1.** Estableciendo una *cookie* de navegador.

```
<HTML>
<HEAD>
  <TITLE>Establecer una cookie en base a un formulario</TITLE>
  <SCRIPT LANGUAGE=JAVASCRIPT TYPE="TEXT/JAVASCRIPT">
    <!-- Ocultar guión a navegadores antiguos

    expireDate = new Date
    expireDate.setMonth(expireDate.getMonth()+6)

    userName = ""
    if (document.cookie != "") {
      userName = document.cookie.split("=")[1]
    }

    function setCookie() {
      userName = document.myForm.nameField.value
      document.cookie = "userName="+userName+";expires=" + expireDate.toGMTString()
      }
    // Fin de ocultación del guión a navegadores antiguos -->
  </SCRIPT>
```

*(continúa en página siguiente)*

## Para establecer una *cookie*

1. `expireDate = new Date`

   Primero, obtenga la fecha actual y almacénela en la variable expireDate.

2. ```
   expireDate.setMonth(expireDate.
   → getMonth()+6)
   ```

   Esta línea obtiene la porción del mes de expireDate, añade 6 al mes, y luego establece la porción del mes de expireDate al nuevo valor. En otras palabras, establece la fecha de expiración de la *cookie* que está creando en un futuro de seis meses.

3. `userName = ""`

   A continuación, inicialice la variable userName con un valor nulo.

4. ```
   if (document.cookie!="") {
   → userName = document.cookie.split
   → ("=") [1]
   ```

   Incluya una prueba condicional verificando primero que el objeto document.cookie no contiene un valor nulo. El método split ("=")[1] divide la grabación de una *cookie* en campos, donde cookieField[0] es el nombre de la *cookie* y cookieField[1] es el valor de la *cookie*. Observe que cookieField puede ser cualquier cadena con la que quiera nombrar los campos particulares de la *cookie*. Así que asigne a userName el valor devuelto por document.cookie.split("=")[1], es decir, el valor de la *cookie*.

5. ```
   function setCookie() {
     userName = document.myForm.
     → nameField.value
   ```

   Ahora empieza una nueva función, llamada setCookie(). La siguiente línea actualiza el valor de userName con el resultado de la información que el usuario escribió en el campo de texto.

**Guión 8.2.** Estableciendo una *cookie* de navegador. *(Continuación)*

```
</HEAD>
<BODY BGCOLOR=WHITE onLoad="document.myForm.
→ nameField.value = userName">
<FORM NAME="myForm">
  <H1>Introduzca su nombre:<INPUT TYPE=TEXT
  → NAME="nameField" onBlur="setCookie()">
  → </H1>
</FORM>
</BODY>
</HTML>
```

### Un puñado de *cookies*

Puede tener muchas *cookies* en una página, y el formato para lograrlo es el siguiente:

```
"nombreCookie1=valorCookie1;
→ expires1=FechaGMTExpiración1;
→ path1=rutaSitio1;
→ domain1=dominioSitio1";
→ "nombreCookie2=valorCookie2;
→ expires2=FechaGMTExpiración2;
→ path2=rutaSitio2;
→ domain2=dominioSitio2"
```

De nuevo, los únicos campos obligatorios son el nombre y las parejas de valores.

El comando split("; ") divide la grabación múltiple de *cookies* en un array, con cada *cookie* en una grabación numerada de 0 en adelante. Observe que hay un espacio después del punto y coma en este comando. Así que cookieArray[0] sería la primera *cookie* de la grabación múltiple de *cookies*, cookieArray[1] sería la siguiente, y así sucesivamente. Para más información, véase el ejemplo de "Cómo manipular múltiples *cookies*", posteriormente en este capítulo.
```

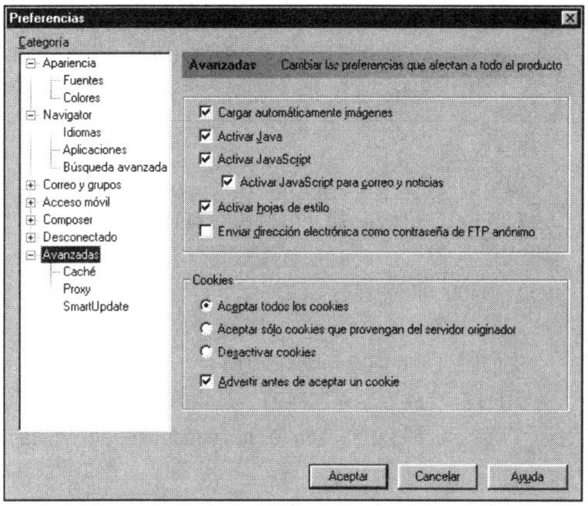


***Figura 8.2.*** *Área de preferencias acerca de las* cookies *en Netscape Communicator.*

***Figura 8.3.*** *Una típica cookie. Ésta contiene el valor establecido en el Guión 8.1.*

6.
```
document.cookie = "userName="+
→ userName+"expires="+
→ expireDate.toGMTString()
```

Aquí es donde debe escribir la *cookie*. Está estableciendo document.cookie (recuerde, una *cookie* es sólo una cadena de texto, así que puede usar las mismas técnicas que utiliza con las cadenas de texto para construirla, como usar el signo + para combinar cosas) a fin de guardar el nombre del usuario y la fecha de expiración de la *cookie*. El método toGMTString() convierte el objeto de fecha expiredDate en una cadena de texto para que pueda ser escrita en la *cookie*.

7.
```
<BODY BGCOLOR=WHITE onLoad=
→ "document.myform.nameField.value=
→ userName">
```

El onLoad de la etiqueta BODY pone el nombre del usuario en el campo del nombre cuando la página se carga, si hay un nombre almacenado en el archivo de la *cookie*.

8.
```
<INPUT TYPE=TEXT NAME="nameField"
→ onBlur="setCookie()">
```

Finalmente, necesita este fragmento HTML para establecer y nombrar el formulario y su campo. El manejador de eventos onBlur (consulte el Capítulo 2) llama a la función setCookie cuando el usuario abandona el campo de texto.

**CONSEJOS**

- Este guión asume que la primera *cookie* contiene el nombre del usuario. Los guiones posteriores muestran cómo manipular múltiples *cookies* y obtener una *cookie* por el nombre en lugar de por el número.
- Establezca sus preferencias de modo que obtenga un aviso al recibir las *cookies*, para tener una idea mejor de qué está ocurriendo entre bastidores. Por ejemplo, en Netscape Communicator encontrará estas preferencias en la sección Avanzadas, como puede ver en la Figura 8.2. Después de hacer esto, obtendrá un cuadro de diálogo que muestra el valor de la *cookie* al ser establecida (véase la Figura 8.3), que le permite rechazar la *cookie* si no quiere aceptarla.

## Cómo leer una *cookie*

Una vez que ha establecido una *cookie*, necesita recuperarla para hacer algo útil. El último ejemplo establece la *cookie* con la cadena de texto "Lucía". El sencillo Guión 8.2 muestra cómo obtener ese valor de la *cookie* y visualizarlo en pantalla (por supuesto, normalmente no mostrará sus *cookies*; este guión visualiza la *cookie* a modo de ejemplo).

### Para leer una *cookie*

1. `if (document. Cookie != "") {`

   Primero, asegúrese de que el valor del objeto document.cookie no es nulo.

2. ```
   document.write("Hola, "+document.
   → cookie.split("=")[1])
   ```

   Si la *cookie* no está vacía, escriba una cadena de texto (la palabra "Hola", y observe el espacio extra después de la coma) y combínela con la división del valor de la *cookie*. Puede ver el resultado en la Figura 8.4.

**CONSEJO**

- ¿Ha advertido que no necesita especificar cuál de las *cookies* del archivo estaba leyendo? Es debido a que una *cookie* sólo puede ser leída por el servidor que la escribió en primer lugar. Los mecanismos internos de la *cookie* en el navegador no le permitirán leer o escribir *cookies* escritas por otra persona. Usted sólo tiene acceso a sus propias *cookies*.

**Guión 8.1.** Este corto guión lee una *cookie* previamente establecida y la envía a la ventana del documento.

```
<HTML>
<HEAD>
  <TITLE>¡Conozco su nombre!</TITLE>
</HEAD>
<BODY BGCOLOR=WHITE>
<H1>
  <SCRIPT LANGUAGE=JAVASCRIPT
  → TYPE="TEXT/JAVASCRIPT">
    <!-- Ocultar guión a navegadores antiguos

    if (document.cookie != "") {
      document.write("Hola, "+
      → document.cookie.split("=")[1])
    }

    // Fin de ocultación del guión a
    → navegadores antiguos -->
  </SCRIPT>
</H1>
</BODY>
</HTML>
```

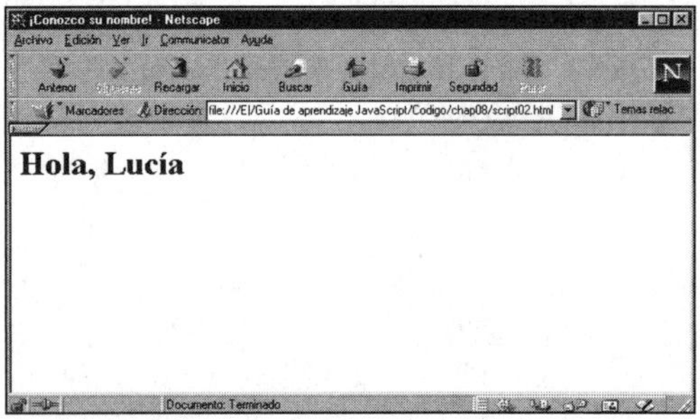


*Figura 8.4. Esta cookie tenía en ella el nombre de Lucía.*
```

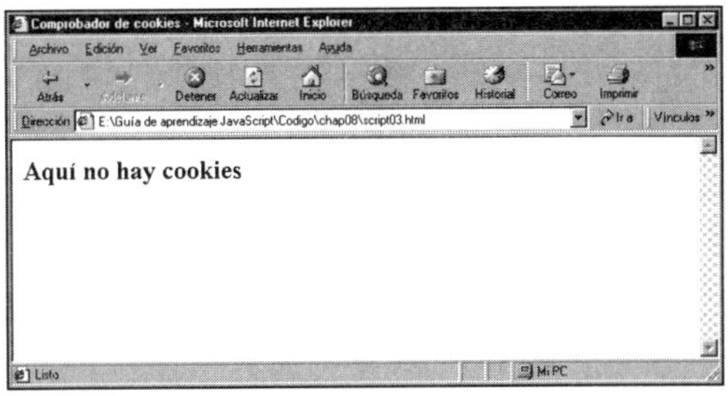


***Figura 8.5.*** *Si no hay cookies procedentes del servidor donde está su página web, verá este resultado.*

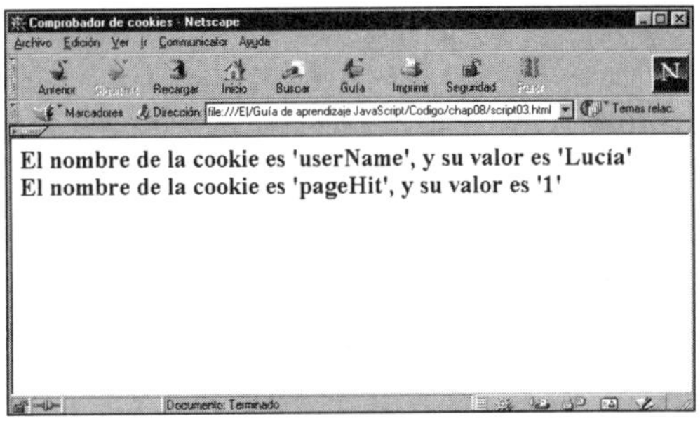


***Figura 8.6.*** *Si hay una o más cookies, entonces el guión las escribe en la ventana del documento.*

## Cómo mostrar las *cookies*

En el ejemplo anterior, leyó el valor de una *cookie* desde el servidor. Ahora aprenderá a escribir un guión que lee todas las *cookies* que vinieron de su servidor y visualiza sus nombres y valores. Si no hay *cookies*, el guión dice "Aquí no hay *cookies*", como se aprecia la Figura 8.5. Si hay *cookies*, visualiza una línea por *cookie*, mostrando qué hay en ella (véase la Figura 8.6). El Guión 8.3 le muestra cómo hacerlo.

### Para mostrar todas las *cookies*

1. `if (document.cookie = = " ") {`
   `→ document.write("Aquí no hay cookies")`

   Esta prueba condicional se lee así: "Si el objeto document.cookie es nulo (es decir, vacío), entonces escribe el mensaje" en la ventana del documento.

**Guión 8.3.** Este guión pasa por todas las *cookies* de su computadora que han sido establecidas por un servidor particular, y las visualiza.

```
<HTML>
<HEAD>
  <TITLE>Comprobador de cookies</TITLE>
</HEAD>
<BODY BGCOLOR=WHITE>
<H2>
  <SCRIPT LANGUAGE=JAVASCRIPT TYPE="TEXT/JAVASCRIPT">
    <!-- Ocultar guión a navegadores antiguos

    if (document.cookie == "") {
      document.write("Aquí no hay cookies")
    }
    else {
      thisCookie = document.cookie.split("; ")

      for (i=0; i<thisCookie.length; i++) {
        document.write("El nombre de la cookie es '"+thisCookie[i].split("=")[0])
```

*(continúa en página siguiente)*

2. 
```
else {
  thisCookie = document.cookie.
  → split("; ")
```

Si falló la prueba anterior (es decir, si había al menos una *cookie* presente), entonces obtenga los valores de todas las *cookies* usando document.cookie.split("; ") y almacene esos valores en una variable llamada thisCookie. Recuerde que el comando split("; ") crea un array con todas las *cookies*. Más tarde, el guión podrá hacer referencia a cada uno de los valores de ese array.

3. 
```
for (i=0; i<thisCookie.length; I++) {
```

Esta línea empieza un bucle estableciendo primero el valor de i, la variable contador, a 0, y si i es menor que el número de *cookies* del array thisCookie, incrementa el valor de i en 1.

4. 
```
document.write("El nombre de la cookie es ' "
→ +thisCookie[I].split("=")[0]
document.write(" ', y su valor es
→ is ' "+thisCookie[i].split("=")
→ [1]+" '<br>")
```

Como el guión recorre el contenido del array, escribe la cadena de texto "El nombre de la cookie es ' " en la ventana del documento, seguido por el nombre de la *cookie*, y luego continúa concatenando el siguiente document.write, añadiendo la cadena de texto " ', y su valor es ' " y el valor de la *cookie*.

**Guión 8.3.** Este guión pasa por todas las *cookies* de su computadora que han sido establecidas por un servidor particular, y las visualiza. *(Continuación)*

```
            document.write("', y su valor
            → es '"+thisCookie[i].split("=")
            → [1]+"'<br>")
         }
      }

      // Fin de ocultación del guión a
      → navegadores antiguos -->
   </SCRIPT>
</H2>
</BODY>
</HTML>
```

# Cómo utilizar *cookies* como contadores

Como las *cookies* son persistentes, esto es, están disponibles a lo largo de múltiples sesiones entre un servidor web y el navegador, puede usarlas para almacenar el número de veces que ha accedido a una página un usuario determinado. Pero esto no es lo mismo que los contadores de página que hay en muchas páginas web. Como una *cookie* es específica de un usuario, sólo podrá decirle a ese usuario cuántas veces ha visitado la página; no puede usar las *cookies* para decir a todos los usuarios cuántas veces ha sido visitada la página. Aun así, es útil saber cómo crear tal contador individual; también puede adaptar el Guión 8.4 para otros propósitos (consulte los consejos al final de la sección).

## Para usar una *cookie* como contador

1. ```
   expireDate = new Date
   expireDate.setMonth(expireDate.
   → getMonth()+6)
   ```

   Estas dos líneas son las mismas que para los pasos 1 y 2 de la sección "Cómo cocinar su primera *cookie*". Consulte dicha sección si precisa más detalles.

2. ```
   hitCt = eval(cookieVal("pageHit"))
   ```

   La variable pageHit es el nombre de la *cookie*. En unos pocos pasos, verá la función cookieVal. Esta línea toma el nombre de la *cookie* de cookieVal, lo convierte en un número que usa el método eval y luego almacena el resultado en la variable hitCt. El método eval convierte una cadena de texto (que es lo que está almacenado en la *cookie*) en un número (que es lo que la variable necesita para usarlo como contador).

3. ```
   hitCt++
   ```

   Ahora tome el valor de hitCt y añádale uno, incrementando el contador.

4. ```
   document.cookie = "pageHit="+
   → hitCt+";expires=" + expireDate.
   → toGMTString()
   ```

Esto escribe la información actualizada en la *cookie* para uso futuro. Lo que se está escribiendo es una cadena de texto que combina la cadena "pageHit=" con el valor incrementado de hitCt, y añade ";expires=" con la fecha de expiración, que se incrementó en seis meses en el paso 1.

5. `function cookieVal (cookieName) {`

   Esta línea empieza una nueva función llamada cookieVal. Se le transmiten los datos encontrados en la variable cookieName.

6. ```
   thisCookie = document.cookiesplit
   → ("; ")
   ```

   La variable thisCookie obtiene los resultados del array generado por el método split("; ").

7. ```
   for (i=0; i<thisCookie.length;
   → (i++) {
   ```

   Aquí comienza un bucle, como el explicado en el paso 3 de la sección "Cómo mostrar las *cookies*".

8. ```
   if (ccokieName = = thisCookie[i].
   → split("=")[0] {
   ```

   Esta sentencia condicional verifica si cookieName es el mismo que el nombre almacenado en la posición i del array de *cookies.*

9. `return thisCookie[i].split("=")[1]`

   Si la prueba del paso 8 tuvo éxito, entonces devuelva el valor de la *cookie.*

10. `return 0`

    Si se han comprobado todos los elementos del array y no se encuentra ninguna coincidencia, devuelva un valor cero.

11. ```
    document.write("Ha visitado esta
    → página " + hitCt + " veces. ")
    ```

    Observe que esta línea está en el segundo guión de la página. Escribe el mensaje para el usuario en la ventana del documento, como se muestra en la Figura 8.7. Hay espacios adicionales después de "página" y antes de "veces" para que la línea tenga buen aspecto en pantalla.

**Guión 8.4.** Este guión cuentas sus *cookies.*

```
<HTML>
<HEAD>
  <TITLE>¿Cuántas veces ha estado aquí
  → antes?</TITLE>
  <SCRIPT LANGUAGE=JAVASCRIPT TYPE=
  → "TEXT/JAVASCRIPT">
    <!-- Ocultar guión a navegadores antiguos

    expireDate = new Date
    expireDate.setMonth(expireDate.
    → getMonth()+6)
    hitCt = eval(cookieVal("pageHit"))
    hitCt++
    document.cookie = "pageHit="+hitCt+";
    → expires=" + expireDate.toGMTString()

    function cookieVal(cookieName) {
      thisCookie = document.cookie.split("; ")
        for (i=0; i<thisCookie.length; i++) {
          if (cookieName ==
          → thisCookie[i].split("=")[0]) {
            return thisCookie[i].
            → split("=")[1]
          }
        }
      return 0
    }

    // Fin de ocultación del guión a
    → navegadores antiguos -->
  </SCRIPT>
</HEAD>
<BODY BGCOLOR=WHITE>
<H2>
  <SCRIPT LANGUAGE=JAVASCRIPT
  → TYPE="TEXT/JAVASCRIPT">
    <!-- Ocultar guión a navegadores antiguos

    document.write("Ha visitado esta
    → página " + hitCt + " veces.")

    // Fin de ocultación del guión a
    → navegadores antiguos -->
  </SCRIPT>
</H2>
</BODY>
</HTML>
```

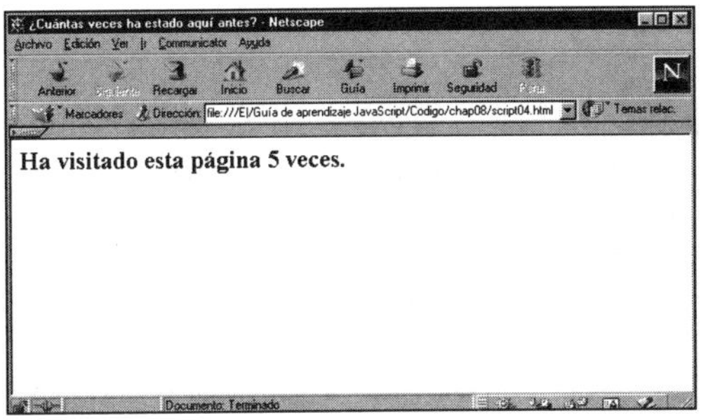


***Figura 8.7.*** *Cuesta creer que hayamos visitado tantas veces esta página tan aburrida.*

## CONSEJOS

- Cuando ejecute este guión, pulse el botón Recargar del navegador para ver el incremento del contador.
- Como se mencionó antes, puede adaptar el Guión 8.4 para otros propósitos. Una posibilidad sería usar una *cookie* para saber cuándo un usuario determinado visitó su sitio por última vez, y visualizar diferentes páginas dependiendo de cuándo hubiera sido eso. Por ejemplo, la revista en línea de Microsoft, *Slate* (http://www.slate.com), tiene una portada con algunas muestras de obras de arte y nombres de las historias del día. Si el usuario visita el sitio más de una vez, sólo ve la portada en la primera ocasión; las siguientes, se conduce al usuario directamente a la página con la tabla de contenidos.

## Cómo borrar las *cookies*

En algún momento, querrá borrar una *cookie,* o más de una, en una grabación de *cookies.* Es bastante fácil hacerlo. Una técnica que funciona bien es, simplemente, establecer la fecha de expiración de la *cookie* en una fecha del pasado, lo que hace que el navegador la borre automáticamente. El Guión 8.5 muestra cómo forzar a sus *cookies* a hacerse viejas.

### Para borrar una *cookie*

1. `if (document.cookie != "") {`

   Esta prueba se asegura primero de que la *cookie* no contiene un valor nulo, es decir, que la grabación de la *cookie* no está vacía. Si la prueba muestra que la *cookie* está vacía, entonces el guión no hará nada.

2. ```
   if (confirm("¿Quiere borrar
   → las cookies?)) {
   ```

   Esta prueba se anida dentro de la última e indica al navegador que emita un cuadro de diálogo de confirmación con la cadena de texto incluida (véase la Figura 8.8).

3. ```
   thisCookie = document.cookie.split
   → ("; ")
   ```

   Esta línea divide los contenidos de la grabación de la *cookie* en un array con el método split("; "), y lo asigna a la variable thisCookie.

4. ```
   expireDate = new Date
   expireDate.setDate(expireDate.
   → getDate()-1)
   ```

   Primero obtiene la fecha actual y la almacena en expireDate. Luego establece la fecha de expiración en la fecha actual menos 1, o, en otras palabras, en el día de ayer.

**Guión 8.5.** Este guión borra *cookies.*

```
<HTML>
<HEAD>
  <TITLE>Borrar estas cookies</TITLE>
</HEAD>
<BODY BGCOLOR=WHITE>
  <SCRIPT LANGUAGE=JAVASCRIPT
  → TYPE="TEXT/JAVASCRIPT">
    <!-- Ocultar guión a navegadores antiguos

    if (document.cookie != "") {
      if (confirm("¿Quiere borrar las
      → cookies?")) {
        thisCookie = document.cookie.
        → split("; ")
        expireDate = new Date
        expireDate.setDate(expireDate.
        → getDate()-1)

        for (i=0; i<thisCookie.length; i++) {
          cookieName = thisCookie[i].
          → split("=")[0]
          document.cookie = cookieName
          → + "=;expires=" +
          → expireDate.toGMTString()
        }
        document.write("<H1>Número de
        → cookies eliminadas: " +
        → thisCookie.length + "<\/H1>")
      }
    }
    // Fin de ocultación del guión a
    → navegadores antiguos -->
  </SCRIPT>
</BODY>
</HTML>
```

***Figura 8.8.*** *Es buen diseño de interfaz solicitar la confirmación del usuario cuando se vaya a borrar cualquier cosa.*
```

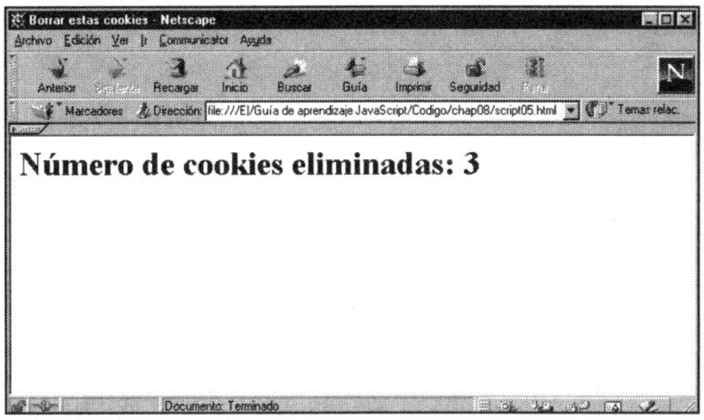


***Figura 8.9.*** *Los usuarios deberían obtener también retroalimentación de que los acontecimientos han transcurrido como esperaban.*

5. `for (i=0; i>thisCookie.length; i++) {`

   Ahora comience un bucle for, para que pueda borrar todas las *cookies*, no sólo una. Primero, establezca el valor de i en 0 y luego, siempre que i sea menor que el número de *cookies*, incremente i en 1.

6. ```
   cookieName = thisCookie[i].split
   → ("=")[0]
   ```

   Use split("=")[0] para obtener el nombre de la *cookie* en particular representada por el valor actual de i, y luego asigne ese nombre a la variable cookieName.

7. ```
   document.cookie = cookieName +
   → "=;expires=" + expireDate.
   → toGMTString8) }
   ```

   Aquí es donde la *cookie* con la fecha de expiración cambiada es escrita de nuevo en el disco.

8. ```
   document.write("<H1>Número de
   → cookies eliminadas: " + thisCookie.
   → length + "<\/H1>")
   ```

   El guión está ahora fuera del bucle for y esta línea informa, en la ventana del documento, del número de *cookies* borradas, como puede ver en la Figura 8.9.
   ```

## Cómo manipular múltiples *cookies*

A menudo querrá trabajar con más de una *cookie* al tiempo, y el Guión 8.6 le muestra cómo leer de más de una *cookie* y visualizar la información. Este guión comparte algunos fragmentos de código con el ejemplo de la sección "Cómo utilizar *cookies* como contadores".

### Para manipular múltiples *cookies*

1. ```
   now = new Date
   expireDate = new Date
   expireDate.setMonth(expireDate.
   → getMonth()+6)
   ```

   Estas tres líneas inicializan tres variables de una forma que ya le será familiar.

2. ```
   hitCt = eval(cookieVal("pageHit"))
   hitCt++
   ```

   Estas dos líneas funcionan del mismo modo que en el ejemplo de la sección "Cómo utilizar *cookies* como contadores".

3. ```
   lastVisit = cookieVal("pagevisit")
   ```

   Establezca el valor de lastVisit al resultado de la función cookieVal.

4. ```
   if (lastVisit = = 0) {
      lastVisit = ""
   }
   ```

   Si el valor de lastVisit es cero, ponga un valor nulo en lastVisit.

5. ```
   document.cookie = "pageHit=
   → "+hitCt+";expires=" +
   → expireDate.toGMTString()
   document.cookie = "pageVisit=
   → "+now+";expires=" +
   → expireDate.toGMTString()
   ```

   Estas dos líneas escriben las dos *cookies* de nuevo en el disco con un número actualizado de visitantes y de fechas de visita.

**Guión 8.6.** Utilice un array para trabajar con múltiples *cookies* en un solo guión.

```
<HTML>
<HEAD>
  <TITLE>Manipulación de más de una cookie
  → </TITLE>
  <SCRIPT LANGUAGE=JAVASCRIPT
  → TYPE="TEXT/JAVASCRIPT">
    <!-- Ocultar guión a navegadores antiguos

    now = new Date
    expireDate = new Date
    expireDate.setMonth(expireDate.
    → getMonth()+6)

    hitCt = eval(cookieVal("pageHit"))
    hitCt++
    lastVisit = cookieVal("pageVisit")
    if (lastVisit == 0) {
      lastVisit = ""
    }

    document.cookie = "pageHit="+hitCt+";
    → expires=" + expireDate.toGMTString()
    document.cookie = "pageVisit="+now+";
    → expires=" + expireDate.toGMTString()

    function cookieVal(cookieName) {
      thisCookie = document.cookie.split("; ")
        for (i=0; i<thisCookie.length; i++) {
          if (cookieName == thisCookie
          → [i].split("=")[0]) {
            return thisCookie[i].split
            → ("=")[1]
          }
        }
      return 0
    }

    // Fin de ocultación del guión a
    → navegadores antiguos -->
  </SCRIPT>
</HEAD>
<BODY BGCOLOR=WHITE>
```

*(continúa en página siguiente)*
```

**Guión 8.6.** Utilice un array para trabajar con múltiples *cookies* en un solo guión. *(Continuación)*

```
<H2>
  <SCRIPT LANGUAGE=JAVASCRIPT
  → TYPE="TEXT/JAVASCRIPT">
    <!-- Ocultar guión a navegadores antiguos

    document.write("Ha visitado esta
    → página " + hitCt + " veces.")
    if (lastVisit != "") {
      document.write("<br>Su última visita
      → fue " + lastVisit)
    }

    // Fin de ocultación del guión a
    → navegadores antiguos -->
  </SCRIPT>
</H2>
</BODY>
</HTML>
```

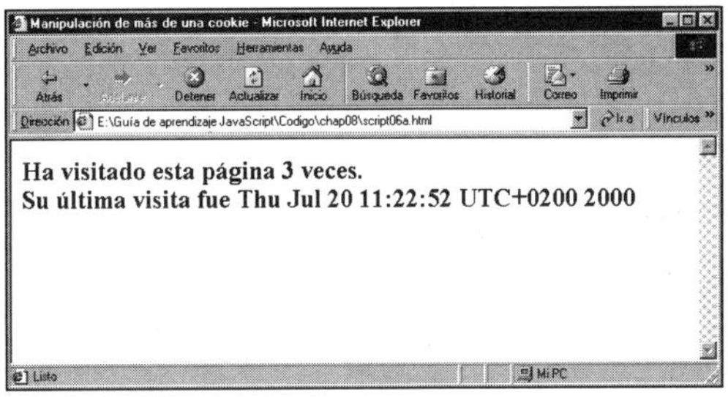


***Figura 8.10.*** *Las dos cookies, escritas en la pantalla (junto con algún otro texto).*

6.
```
function cookieVal(cookieName) {
  thisCookie = document.cookie.split
  → ("; ")
    for (i=0; i<thisCookie.length;
    → i++) {
      if (cookieName = =
      → thisCookie[i]. split
      → ("=") [0]) {
        return thisCookie[i].
        → split("=") [1]
      }
    }
  return 0
}
```

Esta función es la misma que en el ejemplo de la sección "Cómo utilizar *cookies* como contadores". Consulte en dicha sección la explicación.

7.
```
document.write("Ha visitado
→ esta página " + hitCt + "veces.")
```

En el guión de la parte BODY, esta línea escribe en pantalla el número de impactos de la *cookie* utilizada como contador, combinado con algún texto.

8.
```
if (lastVisit != "") {
  document.write("<br>Su última
  → visita fue " + lastVisit)
}
```

Estas líneas verifican que lastVisit no es nulo (en otras palabras, el usuario ha estado aquí antes), y luego escribe un mensaje al usuario, seguido de la fecha lastVisit. El resultado de este guión se muestra en la Figura 8.10.

## Cómo visualizar mensajes "Nuevo para usted"

Puede usar las *cookies* y JavaScript para avisar a los visitantes habituales de su sitio de los apartados que son nuevos para ellos. Esto brinda al usuario una experiencia más personalizada, haciendo el lugar más atractivo y amigable. El Guión 8.7 añade una pequeña imagen "¡Nuevo!" al final de las líneas cuando la *cookie* dice que esas líneas han sido añadidas desde la última vez que el visitante estuvo allí. Una vez más, verá código, ya familiar, de los ejemplos anteriores de este capítulo.

**Guión 8.7.** Este guión puede ayudarle a personalizar su sitio avisando al usuario del contenido nuevo.

```
<HTML>
<HEAD>
  <TITLE>Nuevo para usted</TITLE>
  <SCRIPT LANGUAGE=JAVASCRIPT TYPE="TEXT/JAVASCRIPT">
    <!-- Ocultar guión a navegadores antiguos

    now = new Date
    expireDate = new Date
    expireDate.setMonth(expireDate.getMonth()+6)
    lastVisit = new Date(cookieVal("pageVisit"))
    document.cookie = "pageVisit="+now+";expires=" + expireDate.toGMTString()

    function cookieVal(cookieName) {
      thisCookie = document.cookie.split("; ")
        for (i=0; i<thisCookie.length; i++) {
          if (cookieName == thisCookie[i].split("=")[0]) {
            return thisCookie[i].split("=")[1]
          }
        }
      return "1 January 1970"
    }

    function newCheck(yyyy,mm,dd) {
      lastChgd = new Date(yyyy,mm-1,dd)

      if (lastChgd.getTime() > lastVisit.getTime()) {
        document.write("<IMG SRC='new.gif' WIDTH=28 HEIGHT=11 ALT='nuevo'>")
      }
    }
```

*(continúa en página siguiente)*

**Guión 8.7.** Este guión puede ayudarle a personalizar su sitio avisando al usuario del contenido nuevo. *(Continuación)*

```
    // Fin de ocultación del guión a
    ➝ navegadores antiguos -->
  </SCRIPT>
</HEAD>
<BODY BGCOLOR=WHITE>
<H2>
  Nuevo libro de Negrino y Smith:
  ➝ <A HREF="http://www.miservidor.com/
  ➝ javascript/">Guía de aprendizaje
  ➝ JavaScript, Tercera Edición</A>
  <SCRIPT LANGUAGE=JAVASCRIPT
  ➝ TYPE="TEXT/JAVASCRIPT">
    <!-- Ocultar guión a navegadores antiguos

    newCheck(1999,5,4)

    // Fin de ocultación del guión a
    ➝ navegadores antiguos -->
  </SCRIPT>
  <P>
  <A HREF="http://www.miservidor.com/java/">
  ➝ Guía de aprendizaje HTML 4</A>
  <SCRIPT LANGUAGE=JAVASCRIPT
  ➝ TYPE="TEXT/JAVASCRIPT">
    <!-- Ocultar guión a navegadores antiguos

    newCheck(1998,9,3)

    // Fin de ocultación del guión a
    ➝ navegadores antiguos -->
  </SCRIPT>
  <P>
</H2>
</BODY>
</HTML>
```

## Para visualizar un mensaje "Nuevo para usted"

1. ```
   now = new Date
   expireDate = new Date
   ```

   Primero, inicie dos variables con la fecha actual.

2. ```
   expireDate.setMonth(expireDate.
   ➝ getMonth()+6)
   ```

   Esta línea establece la fecha de expiración de la *cookie* a seis meses vista.

3. ```
   lastVisit = new Date(cookieVal
   ➝ ("pageVisit"))
   ```

   Aquí usamos la función estándar cookieVal para establecer la variable lastVisit a la fecha guardada de la última visita del usuario al sitio.

4. ```
   document.cookie = "pageVisit="+now+";
   ➝ expires=" + expireDate.
   ➝ toGMTString()
   ```

   Esta línea escribe la *cookie*, poniendo la fecha actual en el campo pageVisit y el valor de expireDate en el campo expires.

5. ```
   function cookieVal(cookieName) {
     thisCookie = document.cookie.
     ➝ split("; ")
       for (i=0; i<thisCookie.length;
       ➝ i++) {
         if (cookieName = =
         ➝ thisCookie[i].split
         ➝ ("=") [0]) {
           return thisCookie[i].
           ➝ split("=")[1]
         }
       }
     return "1 January 1970"
   }
   ```

   Ésta es la ya familiar función cookieVal. La única diferencia es que ha sido cambiada para devolver "1 January 1970" en lugar de cero si no se encontró una *cookie* con este nombre, lo que hace el resto del código un poco más simple. La singularidad de esa fecha es que es cuando JavaScript cree que empezó el tiempo, así que todo debe ser posterior.
   ```

6. `function newCheck(yyyy,mm,dd) {`

   Ésta es una nueva función llamada newCheck, a la que se pasan parámetros de año, mes y día. El gráfico "Nuevo" aparecerá o no para un apartado en particular, dependiendo de la fecha pasada a la función, y de si el visitante ha estado o no en su sitio después de esa fecha.

7. `lastChgd = newDate(yyyy,mm-1,dd)`

   La variable lastChgd obtiene la fecha actual, pero restando 1 al mes. Es así para compensar el peculiar hábito de JavaScript de empezar la numeración de los meses en cero. Restando 1 al mes, podrá convertirlo luego en fechas inteligibles.

8. ```
   if (lastChd.getTime() > lastVisit.
   → getTime()) {
     document.write("<IMG SRC='new.gif'
     → WIDTH=28 HEIGHT=11 ALT='nuevo'>")
   }
   ```

   Si la fecha lastChgd es posterior a la fecha lastVisit, entonces se muestra el gráfico "Nuevo" en la ventana del documento.

9. `newCheck(1999,5,4)`

   Dentro de las etiquetas BODY, la función newCheck() es llamada tras varios vínculos. Se le transmite el año, mes y día en que la línea se añadió a la página. Si ve una pequeña imagen "Nuevo", significa que esa línea ha sido añadida después de la última visita del usuario a la página, como en la Figura 8.11.

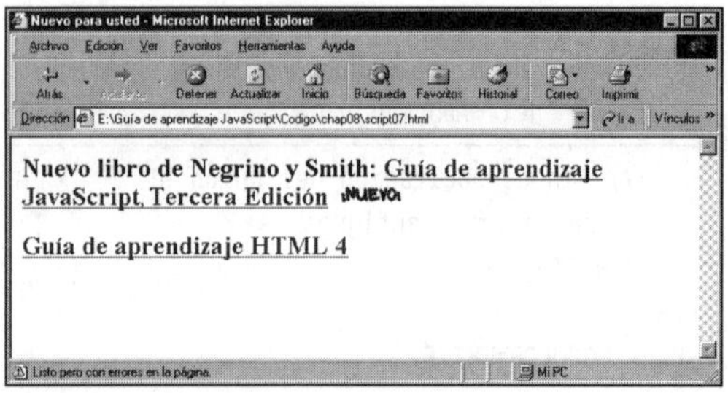


***Figura 8.11.*** *JavaScript puede preguntar a una cookie cuándo visitó usted por última vez un sitio y señalizar los apartados nuevos.*
   ```

# JAVA Y LOS *PLUG-INS* 9

Como ha visto en los capítulos anteriores, JavaScript es una herramienta magnífica para ampliar el número de cosas que puede hacer un navegador. Pero, siendo bueno, tiene, como cualquier lenguaje de escritura de guiones, sus limitaciones. Sería posible hacer una versión de JavaScript que pudiera realizar casi todo lo imaginable, pero no sería práctico, porque gravaría el lenguaje con características posiblemente innecesarias y perdería rendimiento. Es entonces cuando los *applets* y los *plug-ins* de Java entran en escena.

Los *applets* Java son programas que se descargan al navegador del usuario y luego los ejecuta el intérprete Java del navegador. Un *applet* puede hacer muchas cosas que el código JavaScript no puede; es posible crear aplicaciones enteras en Java, cada una con su propia interfaz de usuario.

Los *plug-ins* son programas que amplían las posibilidades del navegador, generalmente para realizar una función específica. Los *plug-ins* se escriben generalmente en lenguaje C o C++, buscando una mejor velocidad de ejecución. Los *plug-ins* más comunes son Schockwave y Flash de Macromedia, que permiten ver animaciones, y también QuickTime de Apple, que permite al navegador reproducir películas digitales y otros contenidos multimedia.

En este capítulo aprenderá a utilizar JavaScript para controlar los *applets* y los *plug-ins* de Java.

# Cómo verificar si está habilitado Java

Antes de llamar a un *applet* Java para realzar la página, deberá verificar si el usuario dispone de un navegador con soporte Java. Podría tratar de inferir el soporte Java de la versión del navegador, pero no es un indicador fiable, porque la mayoría de los navegadores que pueden usar Java también ofrecen la opción de desactivarlo. Así que querrá usar código que le pregunte al navegador si Java está activado, o **habilitado**. El Guión 9.1 muestra cómo hacerlo. Además, el guión indicará también si JavaScript está deshabilitado.

## Para verificar si Java está habilitado

1. `document.writeln("<H1>Java está ")`

   Como puede ver, aquí no se pierde el tiempo: se empieza escribiendo el principio de una cadena de texto en la ventana del documento, encerrada entre etiquetas <H1> para enfatizar el texto.

2. `if (!navigator.javaEnabled()) {`

   Esta sentencia condicional utiliza el comando navigator.javaEnabled(), que hace exactamente lo que usted espera: preguntar a Navigator si Java está habilitado. Pero aquí está precedido por el operador !, que significa "no", así que la sentencia pregunta "¿No está habilitado Java?".

3. `document.writeln("no ")`

   Si el resultado de la condición del paso 2 es verdadero (es decir, Java no está habilitado), entonces escriba la palabra "no " en la cadena de texto que está construyendo. Observe el espacio adicional tras la palabra "no", que asegura que la cadena de texto sea correcta.

4. `document.writeln("habilitado.<\/H1>")`

   Si el guión ha llegado hasta aquí, entonces la condición es falsa, y Java está habilitado, así que añada texto informando de esta circunstancia a la cadena de texto y cierre la etiqueta <H1>. Debe utilizar la barra inclinada antes de /H1 como "escape" del navegador, para que interprete correctamente la etiqueta de cierre. La Figura 9.1 muestra el resultado.

**Guión 9.1.** El guión le dice si el usuario tiene un navegador habilitado para Java.

```
<HTML>
<HEAD>
  <TITLE>¿Tiene Java?</TITLE>
</HEAD>
<BODY BGCOLOR=WHITE>
<SCRIPT LANGUAGE=JAVASCRIPT
→ TYPE="TEXT/JAVASCRIPT">
  <!-- Ocultar guión a navegadores antiguos

  document.writeln("<H1>Java está ")
  if (!navigator.javaEnabled()) {
    document.writeln("no ")
  }
  document.writeln("habilitado.<\/H1>")

  // Fin de ocultación del guión a navegadores
  → antiguos -->
</SCRIPT>
<NOSCRIPT>
  <H1>JavaScript no está habilitado.</H1>
</NOSCRIPT>
</BODY>
</HTML>
```

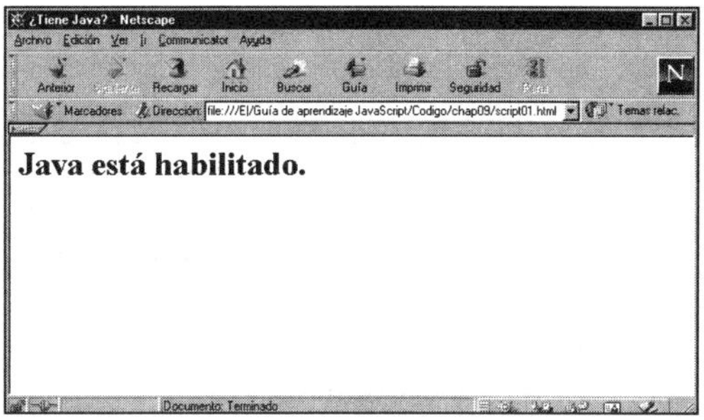


***Figura 9.1.*** *Es evidente que este usuario de Java está irritado y se marcha.*

5.
```
<NOSCRIPT>
  <H1>JavaScript no está habilitado.</H1>
</NOSCRIPT>
```

Es puro HTML, pero no vale para nada, porque le dice al usuario que JavaScript no está habilitado.

**CONSEJOS**

- Igual que otros guiones de este libro, querrá usar el Guión 9.1 como parte de sus propios guiones, como una base. Siempre es buena idea construir una colección de guiones y fragmentos de guiones que puedan combinarse y ensamblarse de muchos modos diferentes en distintos guiones. Si organiza estos fragmentos de código y los etiqueta con un comentario JavaScript (consulte el Capítulo 2 para más información acerca de los comentarios), ya tendrá algo empezado cuando vaya a crear un guión nuevo.
- Las versiones anteriores de Internet Explorer no entendían el objeto `navigator`, así que los guiones que usan `navigator.javaEnabled()` sólo funcionan en Internet Explorer 4.0 o posteriores, o en Navigator 3.0 y posteriores.

## Cómo obtener el tamaño del monitor del usuario

Si piensa abrir ventanas en la pantalla del usuario, el tamaño de la pantalla es una información útil. Usando Java, puede conseguir el tamaño de la pantalla del usuario, y luego usar esa información en otras partes de su guión. El Guión 9.2 descubre el tamaño de la pantalla y luego crea una ventana nueva con el tamaño de la pantalla completa.

### Para obtener el tamaño de la pantalla del usuario

1. 
```
sWidth = 0
sHeight = 0
```
   Primero, necesita inicializar a cero las variables que almacenarán la anchura y la altura de la pantalla.

2. 
```
if (navigator.appName == "Netscape"
→ && navigator.javaEnabled()) {
```
   Ésta es la misma sentencia condicional usada en el ejemplo anterior. Si el usuario está usando Navigator y Java está habilitado, entonces continúe adelante.

3. 
```
sWidth = java.awt.Toolkit.
→ getDefaultToolki().
→ getScreenSize().width
```
   Esta línea no es bonita, pero lo que hace es usar un método Java para descubrir la anchura (en *pixels*) de la pantalla del usuario y almacenar ese número en la variable sWidth.

4. 
```
sHeight = java.awt.Toolkit.
→ getDefaultToolkit().
→ getScreenSize().height
```
   Esta línea hace lo mismo que el paso 3, pero con la altura de la pantalla y la variable sHeight.

5. 
```
if (sWidth == 0 || sHeight == 0) {
```
   Sentencia condicional para comprobar si alguna variable todavía contiene 0. Si es así, entonces Java fracasó por misteriosas razones a la hora de averiguar el tamaño de la pantalla (véase el consejo posterior).

**Guión 9.2.** Cuando necesita descubrir el tamaño de la pantalla del usuario, este guión hace todo el trabajo.

```
<HTML>
<HEAD>
  <TITLE>¡Abramos una ventana grande!</TITLE>
</HEAD>
<BODY BGCOLOR=WHITE>
<SCRIPT LANGUAGE=JAVASCRIPT
→ TYPE="TEXT/JAVASCRIPT">
  <!-- Ocultar guión a navegadores antiguos

  sWidth = 0
  sHeight = 0

  if (navigator.appName == "Netscape" &&
  → navigator.javaEnabled()) {
    sWidth =
    → java.awt.Toolkit.getDefaultToolkit().
    → getScreenSize().width
    sHeight =
    → java.awt.Toolkit.getDefaultToolkit().
    → getScreenSize().height
  }
  if (sWidth == 0 || sHeight == 0) {
    sWidth = 640
    sHeight = 480
  }
  document.writeln("<H1>Las dimensiones de su
  → pantalla son: " + sWidth + " x " +
  → sHeight + ".<\/H1>")
  newWin = window.open("","newWin","width="
  → + sWidth + ",height=" + sHeight)

  // Fin de ocultación del guión a navegadores
  → antiguos -->
</SCRIPT>
</BODY>
</HTML>
```

***Figura 9.2.*** *Las dimensiones de la pantalla mostradas aquí se transmitieron a JavaScript desde un método Java.*

6.
```
sWidth = 640
sHeight = 480
```

Si el guión no pudiera obtener desde Java el tamaño de la pantalla, tendrá que ajustarlo usted a un tamaño predeterminado de 640 por 480.

7.
```
document.writeln("<H1>Las dimensiones
→ de la pantalla son: " + sWidth +
→ " x " + sHeight + ".<\/H1>")
```

Esta línea escribe los valores de las variables, además de algún texto adicional, en la ventana del documento (véase la Figura 9.2).

8.
```
newWin = window.open(" ", "newWin",
→ "width=" + sWidth + ",height=" +
→ sHeight)
```

Finalmente, tome los valores de las variables sWidth y sHeight y úselos para crear una ventana nueva empleando el comando window.open. Consulte el Capítulo 5 si desea más información sobre la manipulación de ventanas.

**CONSEJO**

- Cuando hace una prueba usando Java, la prueba puede fallar por algunas razones, no siendo la menor el hecho de que las implementaciones actuales de Java no son muy estables y difieren marcadamente entre las computadoras que ejecutan Windows, Mac OS y diferentes versiones de Unix. Siempre podría implementar en sus guiones la posibilidad de que Java no funcionara, y así evitar que los guiones se rompieran y Java le desilusionara.

## Cómo usar Java para visualizar texto

HTML no ofrece mucho control sobre el texto en términos de tipo de fuente y tamaño, y tampoco Java, pero hay algunas fuentes integradas en Java a las que puede acceder. El Guión 9.3 usa un cuadro de diálogo JavaScript para interrogar al usuario acerca de una nueva cadena de texto, y luego pasa la cadena a Java, que la visualiza en Times Roman, negrita y a un tamaño de 36 puntos. Si tiene curiosidad, puede ver el código fuente de Java en el Guión 9.4.

### Para usar Java en la visualización de texto

1. `document.myApplet.newText(tempText)`

   Esta línea toma la cadena de texto que el usuario ha introducido y hace que aparezca en un cuadro de diálogo JavaScript (véase la Figura 9.3). La entrada del usuario irá al objeto document.myApplet.newText. Observe que myApplet es el nombre del *applet* Java que hará el trabajo de visualizar el texto del usuario. Consulte el paso 3 posterior para ver dónde se asigna el nombre myApplet.

2. ```
   <BODY onLoad = "startUp()" BGCOLOR=
   → WHITE>
   ```

   Necesita añadir la función startUp a la etiqueta HTML BODY para ejecutarla cuando la página esté cargada. La Figura 9.4 muestra el resultado.

3. ```
   <APPLET CODE="Applet1.class"
   → WIDTH=600 HEIGHT=50
   → NAME="myApplet">
   </APPLET>
   ```

   Esta línea de código HTML utiliza la etiqueta APPLET para especificar el nombre del archivo de código, el tamaño en *pixels* que tendrá en la pantalla y el nombre del *applet* Java.

**Guión 9.3.** Para ganar un poco más de control sobre la visualización de texto, este guión pasa texto de JavaScript a un *applet* Java.

```
<HTML>
<HEAD>
  <TITLE>Escribir en Java</TITLE>
  <SCRIPT LANGUAGE=JAVASCRIPT
  → TYPE="TEXT/JAVASCRIPT">
  <!-- Ocultar guión a navegadores antiguos

    function startUp() {
      tempText = prompt("¿Qué quiere
      → decirnos?","")
      if (tempText.length > 20) {
        alert("Esta línea es demasiado larga")
        startUp()
      }
      else {
        document.myApplet.newText(tempText)
      }
    }

  // Fin de ocultación del guión a navegadores
  → antiguos -->
  </SCRIPT>
</HEAD>
<BODY onLoad="startUp()" BGCOLOR=WHITE>
<APPLET CODE="Applet1.class" WIDTH=600
→ HEIGHT=50 NAME="myApplet">
</APPLET>
</BODY>
</HTML>
```

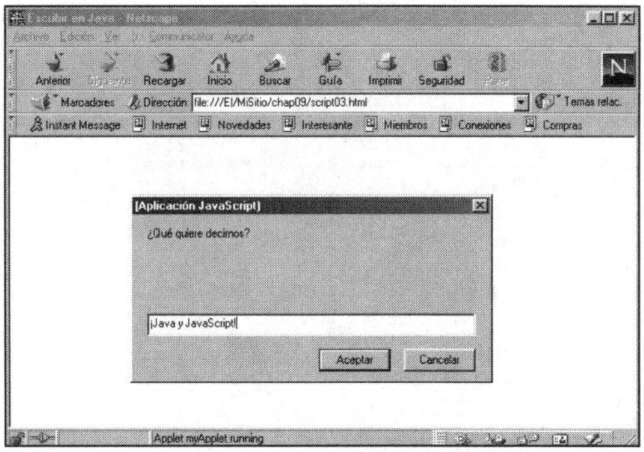


*Figura 9.3. Éste es el cuadro de diálogo que acepta la entrada del usuario.*

**Guión 9.4.** Este ejemplo no es de JavaScript, es el código fuente de Java del *applet* que estamos llamando en el Guión 9.3.

```
import java.applet.*;
import java.awt.*;

public class Applet1 extends Applet {
  Font f = new Font("TimesRoman",
  → Font.BOLD,36);
  String whatToSay;

  public void init() {
    setBackground(Color.write);
  }

  public void paint(Graphics g) {
    g.setFont(f);
    g.drawString(this.whatToSay, 100 , 25);
  }

  public void newText(String s) {
    this.whatToSay = s;
    repaint();
  }

}
```

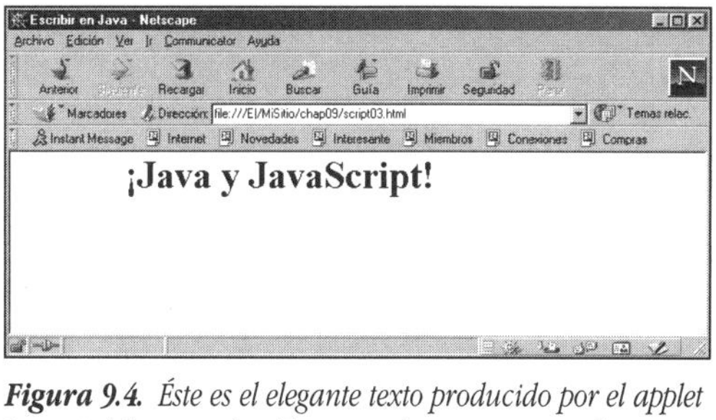


***Figura 9.4.*** *Éste es el elegante texto producido por el applet Java. A diferencia de HTML, Java le permite especificar una fuente real, el tamaño y el estilo.*

**CONSEJOS**

- El ejemplo anterior verifica que el texto introducido en el aviso de JavaScript cabe en la pantalla; si no, el exceso de texto se perdería por la derecha de la pantalla.
- Hay tres tipos de fuentes integradas en cada máquina virtual de Java (VM, *Virtual Machine*) a las que puede acceder. Estos tres tipos de fuentes son Serif, Sans Serif y Mono. La razón por la que se las ha llamado tipos de fuentes en lugar de fuentes, es que, para trabajar con fiabilidad en cualquier computadora, VM mapea los tres tipos de fuentes a las que actualmente existen en la computadora donde está trabajando. En la mayoría de las computadoras se mapean a Times Roman, Helvetica y Courier, respectivamente.
- Generalmente, cuando quiera visualizar texto con estilo, debería usar un método más sencillo que funciona en Netscape o en Internet Explorer 4.0, o posteriores, llamado Hojas de Estilos en Cascada (CSS, *Cascading Style sheets*). Usar Java para texto con estilo como se muestra en esta tarea, es útil cuando el texto utilizado se generó en JavaScript en primera instancia. Por ejemplo, muchos sitios usan *applets* Java para cosas como cintas de almacén. Usando este método, puede establecer el estilo del texto de la cinta.

**La máquina virtual de Java**

Una máquina virtual de Java, abreviadamente VM, es el intérprete de Java que incorporan los navegadores. La VM toma *applets* y los ejecuta. Las máquinas virtuales de Java están integrándose cada vez más en los sistemas operativos, como Mac OS, con el Macintosh Runtime para Java, y máquinas virtuales similares para los distintos modelos de Microsoft Windows.

## Cómo reproducir sonidos usando un *plug-in*

En este ejemplo usará el *plug-in* LiveAudio de Netscape para reproducir un archivo de sonido. También creará botones de control (usando un formulario HTML) que inician, ponen en pausa y detienen el sonido, además de aumentar o disminuir el volumen. El Guión 9.5 contiene varias funciones que manipulan las funciones de control. Vea en la Figura 9.5 el panel de control de audio que crea el guión.

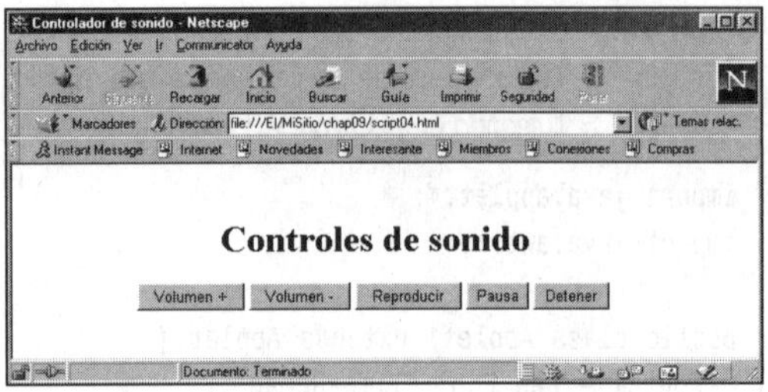


***Figura 9.5.*** *Un panel de control personalizado, que usa botones de formulario.*

**Guión 9.5.** JavaScript puede usar el *plug-in* LiveAudio de Netscape para reproducir sonidos.

```
<HTML>
<HEAD>
  <TITLE>Controlador de sonido</TITLE>
  <SCRIPT LANGUAGE=JAVASCRIPT TYPE="TEXT/JAVASCRIPT">
  <!-- Ocultar guión a navegadores antiguos

  function startSound() {
    document.mySound.play(false)
  }

  function pauseSound() {
    document.mySound.pause()
  }

  function stopSound() {
    document.mySound.stop()
  }

  function changeVol(changeBy) {
    currentVol = document.mySound.GetVolume()
    if (currentVol < 100 && currentVol > 0) {
      document.mySound.setvol(currentVol+changeBy)
    }
  }

  // Fin de ocultación del guión a navegadores antiguos -->
  </SCRIPT>
</HEAD>
<BODY BGCOLOR=WHITE>
<EMBED SRC="jurassic.wav" NAME="mySound" MASTERSOUND AUTOSTART=NO HIDDEN=TRUE>
```

*(continúa en página siguiente)*

**Guión 9.5.** JavaScript puede usar el *plug-in* LiveAudio de Netscape para reproducir sonidos. *(Continuación)*

```
    <CENTER>
      <H1>Controles de sonido</H1>
      <FORM>
        <INPUT TYPE=BUTTON VALUE="Volumen +"
        → onClick="changeVol(10)">
        <INPUT TYPE=BUTTON VALUE="Volumen -"
        → onClick="changeVol(-10)">
        <INPUT TYPE=BUTTON VALUE="Reproducir"
        → onClick="startSound()">
        <INPUT TYPE=BUTTON VALUE="Pausa"
        → onClick="pauseSound()">
        <INPUT TYPE=BUTTON VALUE="Detener"
        → onClick="stopSound()">
      </FORM>
    </CENTER>
  </BODY>
</HTML>
```

## Para reproducir sonidos usando el *plug-in* LiveAudio

1. ```
   function startSound() {
     document.mySound.play(false)
   }
   ```

   Esta función reproduce el sonido. El parámetro false dice al guión que no efectúe un bucle con el sonido, esto es, que lo reproduzca una sola vez.

2. ```
   function pauseSound() {
     document.mySound.pause()
   }
   ```

   Esta función dice al documento que haga una pausa en la reproducción de mySound.

3. ```
   function stopSound() {
     document.mySound.stop()
   }
   ```

   Esta función dice al documento que pare la reproducción de mySound.

4. ```
   function changeVol(changeBy) {
   ```

   La función changeVol recibe el valor de la variable changeBy.

5. ```
   currentVol = document.mySound.GetVolume()
   ```

   Esta línea obtiene el valor del volumen del sonido desde el documento y lo almacena en currentVol.

6. ```
   if (currentVol < 100 && currentVol > 0 {
   ```

   Esta sentencia condicional comprueba si el valor de currentVol es menor que 100 (el valor máximo) y mayor que 0 (el valor mínimo).

7. ```
   document.mySound.setvol
   → (currentVol+changeBy)
   ```

   Si el valor de currentVol no está en el máximo o en el mínimo, cámbielo por el valor de changeBy, que es +10 unidades o —10 unidades, dependiendo de si el usuario ha pulsado el botón Volumen + o el botón Volumen -.
   ```

8. 
```
<EMBED SRC="jurassic.wav"
→ NAME="mySound" MASTERSOUND
→ AUTOSTART=NO HIDDEN=TRUE>
```

La etiqueta HTML EMBED necesita varios bits de información. El atributo SRC pasa a EMBED el nombre del archivo de sonido. NAME proporciona el nombre del archivo o del URL del sonido para que lo use JavaScript. MASTERSOUND es un atributo requerido cuando se usa un sonido con nombre. Establecer AUTOSTART a NO significa que el sonido no empezará a reproducirse automáticamente cuando la página se cargue. Y establecer HIDDEN a TRUE asegura que LiveAudio no visualizará su propio panel de control integrado (puesto que hemos creado un panel de control personalizado).

9. 
```
<INPUT TYPE=BUTTON VALUE="Volumen +"
→ onClick="changeVol(10)">
```

Ésta es la primera de cinco líneas que establecen los botones de control del formulario (consulte el Guión 9.5 si quiere conocer el resto; trabajan todas de la misma manera). Esta línea particular configura el botón Vol + y dispara la función JavaScript changeVol cuando el usuario hace clic en el botón. El 10 es el valor asignado a la variable changeBy en el paso 4 anterior.

### Más sobre LiveAudio

En el ejemplo anterior, Netscape llama a LiveAudio porque eso es lo especificado en el navegador para los archivos .wav bajo las aplicaciones de ayuda. LiveAudio reconoce automáticamente 15 métodos, con las siguientes sintaxis:

```
play({loop[TRUE, FALSE o un INT]},
→ _i'{url_para_reproducir}') pause()
stop()
StopAll()
star_time({número de segundos})
end_time({número de segundos})
setvol({número de porcentaje — sin signo "%"})
fade_to({porcentaje de volumen que quiere
→ _ídesvanecer - sin el signo "%"})
fade_from_to({porcentaje de volumen donde
→ empezar a desvanecer}, -í{porcentaje de
→ volumen donde terminar el desvanecimiento})
start_at_beggining()
stop_at_end()
IsReady()
IsPlaying()
IsPaused()
GetVolumne()
```

Estos métodos se referencian dando a la etiqueta EMBED un atributo NAME y llamando luego a document.embedName.method(), donde method() es uno de los métodos anteriores.

**Guión 9.6.** Las imágenes de sustitución pueden disparar *plug-ins* a través de JavaScript.

```
<HTML>
<HEAD>
  <TITLE>Sonido de sustitución</TITLE>
  <SCRIPT LANGUAGE=JAVASCRIPT
  → TYPE="TEXT/JAVASCRIPT">
  <!-- Ocultar guión a navegadores antiguos

  function playSound(SName) {
    if (document.embeds[SName] != null &&
    → document.embeds[SName].IsReady()) {
      document.embeds[SName].play(false);
    }
  }

  // Fin de ocultación del guión a navegadores
  → antiguos -->
  </SCRIPT>
</HEAD>
<BODY BGCOLOR=WHITE>
  <CENTER><H1>Sonidos en imágenes de
  → sustitución</H1></CENTER>

  <P><A HREF="javascript:void('')"
  → onMouseover="playSound('moof')">
  → <IMG SRC="dogcow.gif" WIDTH=43
  → HEIGHT=34 BORDER=0 ALIGN=LEFT
  → HSPACE=30></A>
  <H3>¡Si acaricia a Clarus, ella se lo
  → agradecerá!</H3>
  <EMBED SRC="moof.au" NAME="moof"
  → HIDDEN=TRUE LOOP=FALSE AUTOSTART=FALSE
  → MASTERSOUND>
</BODY>
</HTML>
```

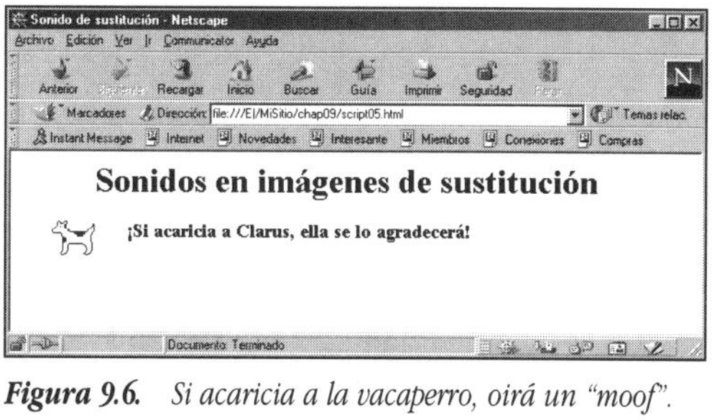


*Figura 9.6. Si acaricia a la vacaperro, oirá un "moof".*

# Cómo reproducir un sonido en una imagen de sustitución

Ya estudió las imágenes de sustitución en el Capítulo 3, cuando trabajó con imágenes. Pero también puede usar las imágenes de sustitución para disparar *plug-ins*. En el Guión 9.6 aprendió cómo lograr que una imagen de sustitución reprodujera un sonido con el *plug-in* LiveAudio, como en el caso de la Figura 9.6.

## Para reproducir un sonido con una imagen de sustitución

1. `function playSound(SName) {`

   La función playSound recibe el valor de la variable SName.

2. ```
   if (document.embeds[SName] != null
   → && document.embeds[SName].
   → IsReady()) {
   ```

   Esta línea comprueba si el objeto incrustado, en este caso el archivo de sonido de la etiqueta EMBED del final del Guión 9.6, no es nulo (el archivo de sonido existe) y si el sonido está listo para ser reproducido.

3. `document.embeds[SName].play(false)`

   Si el sonido está listo, entonces esta línea lo reproduce. De nuevo, el parámetro false asegura que el sonido sólo se reproduzca una vez.

4. ```
   <A HREF=javascript:void(" ")
   → onMouseover="PlaySound('moof')">
   → <IMG SRC="dogcow.gif" WIDTH=43
   → HEIGHT=34 BORDER=0 ALING=LEFT
   → HSPACE=30></A>
   ```

   javascript:void(" ") dice a la etiqueta ancla que no se vincule a otra página HTML. Cuando el usuario mueve el ratón sobre la imagen vinculada, se reproduce el sonido mofo. La etiqueta IMG especifica que hay que desplazarse sobre la imagen. La etiqueta EMBED de este guión funciona del mismo modo que en el ejemplo anterior.

### Sobre la vacaperro

El animal mítico que hemos usado en este ejemplo es la vacaperro (*dogcow*), amada mascota de los ingenieros de soporte técnico de Apple. El origen de la vacaperro está envuelto en el misterio (un poco), pero agudos investigadores han determinado una serie de hechos sobresalientes:

- No parece ni un perro ni una vaca. De ahí el nombre.
- El sonido que hace una vacaperro es "¡Moof!".
- El nombre de la vacaperro es Clarus. Sí, se escribe diferente al nombre de la compañía de software que era subsidiaria de Apple.
- Puede encontrar más información sobre el pedigree de la vacaperro en http://devworld.-apple.com/dev/dts/dogcow.html.

# CÓMO TRABAJAR CON DHTML Y ARCHIVOS EXTERNOS

# 10

DHTML (*Dynamic HTML*, HTML Dinámico), es un nuevo miembro de la familia de los navegadores y un fuerte candidato a la denominación de tecnología más confusa de toda la Red. Realmente, es una combinación de HTML, Hojas de Estilos en Cascada (CSS, *Cascading Style Sheets*) y JavaScript.

Seguramente ya conocerá HTML y JavaScript. Las Hojas de Estilos en Cascada es la técnica por la que una página puede tener "estilos", es decir, si todo el texto de sus etiquetas <H1> es rojo y con la fuente Palatino, CSS le permitirá establecer esas características una vez, de modo que después todas las etiquetas <H1> siguientes se formatearán automáticamente de manera correcta.

Como DHTML es tan reciente, los diferentes navegadores lo implementan cada uno de forma diferente (consulte la siguiente sección). Hay estándares que pueden encontrarse en el sitio del World Wide Web Consortium, en http://www.w3.org/.

Este capítulo muestra un poco de lo que puede hacerse con los navegadores actuales. Para más información sobre DHTML, consulte *DHTML for the World Wide Web: Visual QuickStart Guide*, de Jason Caranford Teague, publicado por Peachpit Press, Prentice Hall.

## Navegadores DHTML y "estándares"

Hasta el momento de escribir este libro (primavera de 1999), los únicos navegadores que soportan DHTML son Microsoft Internet Explorer y Netscape, versión 4 y posteriores, en todas las plataformas de computadora que lo soportan.

Es importante advertir que el navegador de cada compañía implementa DHTML de modo diferente, lo que prácticamente asegura que lo que implemente idealmente un navegador no funcionará como se pretendía cuando lo vean los usuarios con el navegador de la otra compañía. De hecho, según un reciente informe de Jupiter Communications, casi dos tercios de los 100 sitios web más visitados están construidos con múltiples versiones, y trabajar con la incompatibilidad de los navegadores supone al menos un coste adicional de un veinticinco por ciento a los sitios web.

Si esto le causa tanta frustración como a nosotros, consulte el Web Standards Project en http://www.webstandards.org (véase la Figura 10.1). El WSP, sencillamente, pide a las compañías de navegadores que apoyen los estándares W3C. Únase (¡es gratis!), y contribuirá a hacer más fácil la vida de los desarrolladores web y a que la Web sea mejor.

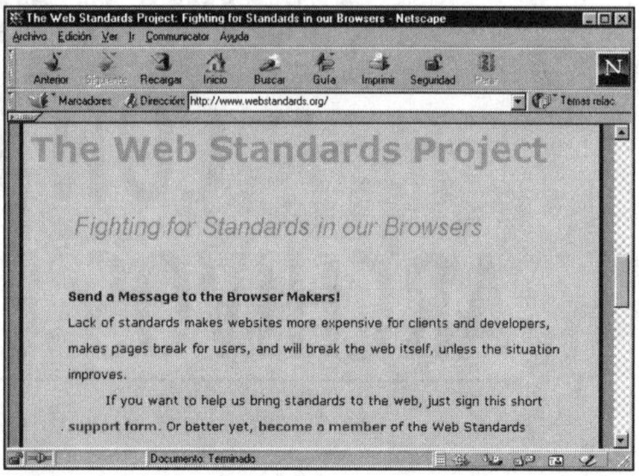


***Figura 10.1.*** *Luche por los estándares de la Web con el Web Standards Project.*

**Guión 10.1.** El guión sólo-Netscape mueve la imagen por la ventana.

```
<HTML>
<HEAD>
  <TITLE>Mariposa</TITLE>
  <SCRIPT TYPE="TEXT/JAVASCRIPT" LANGUAGE=
  → JAVASCRIPT>
    <!-- Ocultar guión a navegadores antiguos

    maxHeight = window.innerHeight-40
    maxWidth = window.innerWidth-40

    function moveIt() {
      chgXBy = Math.floor(Math.random() * 10)
      if ((halfChance() ||
      → document.mover.top >= maxHeight)
      → && document.mover.top > 5) {
        document.mover.top-=chgXBy
      }
      else {
        document.mover.top+=chgXBy
      }
      chgYBy = Math.floor(Math.random() * 10)
      if ((halfChance() ||
      → document.mover.left >= maxWidth)
      → && document.mover.left > 5) {
        document.mover.left-=chgYBy
      }
      else {
        document.mover.left+=chgYBy
      }

      setTimeout("moveIt()",20)
    }

    function halfChance() {
      if (Math.random() < .5) {
        return true
      }
      return false
    }

    // Fin de ocultación del guión a
    → navegadores antiguos -->
  </SCRIPT>
```

*(continúa en página siguiente)*

# Cómo mover un objeto en dos dimensiones (sólo Netscape)

El efecto más común de DHTML mueve una imagen por la página. El Guión 10.1, sólo para Netscape, mueve aleatoriamente una mariposa por la ventana del navegador.

## Para mover un objeto DHTML de Netscape

1. ```
   maxHeight = window.innerHeight-40
   maxWidth = window.innerWidth-40
   ```

   Establezca dos variables, maxHeight y maxWidth, a la altura y la anchura máximas a las que quiere que vuele la mariposa. Éstas se basan en las propiedades de la ventana de Netscape, innerHeight e innerWidth.

2. ```
   function moveIt() {
   ```

   Cree una función llamada moveIt.

3. ```
   chgXBy = Math.floor(Math.random() * 10)
   ```

   Esto establece la distancia que la mariposa recorrerá en el eje X, en un número entre 0 y 9.

4. ```
   if ((halfChance() ||
   → document.mover.top >= maxHeight)
   → && document.mover.top > 5) {
       document.mover.top-=chgXBy
   }
   else {
       document.mover.top+=chgXBy
   }
   ```

   Estas líneas calculan si el movimiento sobre el eje X es hacia arriba o hacia abajo. La función halfChance() tira una moneda [usando Math.random()] y devuelve verdadero para una mitad y falso la otra mitad. Basándose en esta probabilidad, y en si la mariposa está demasiado cerca de la parte superior o de la parte inferior, la mariposa se mueve cambiando la propiedad top de la imagen.

5. `chgYBy = Math.floor(Math.random() * 10)`

   De forma similar, calcule el movimiento en el eje Y.

6. ```
   if ((halfChance() ||
   → document.mover.left >= maxWidth)
   → && document.mover.left+chgYBy
   }
   else {
       document.mover.left+chgYBy
   }
   ```

   Y, de nuevo, mueva la mariposa según el cambio calculado del eje Y, comprobando los límites y fChance(). Modificando la propiedad left de la imagen, la mariposa se mueve a izquierda o derecha.

7. `setTimeout("moveIt()", 20)`

   Esta línea llama al guión moveIt() otra vez tras 20 milisegundos, haciendo que la mariposa se mueva rápidamente por la ventana, como se muestra en la Figura 10.2.

8. ```
   <STYLE TYPE="TEXT/CSS">
     #mover  {position: absolute;
     → left: 5; top: 5;}
   </STYLE>
   ```

   Esto crea un nuevo estilo, llamado *mover* (motor), que es un objeto colocado absolutamente 5 *pixels* por abajo y 5 *pixels* a la izquierda de la esquina superior izquierda.

9. ```
   <BODY BGCOLOR=WHITE
   → onLoad="moveIt()">
   ```

   Cuando la página termina de cargarse, se llama a la función moveIt.

10. ```
    <DIV ID="mover">
      <IMG SRC="images/butterfly.gif"
      → WIDTH=32 HEIGHT=32>
    </DIV>
    ```

    Usando la etiqueta <DIV> alrededor de la imagen con un ID de mover, permite a DHTML hacer referencia a la imagen con el nombre de document.mover.

**Guión 10.1.** El guión sólo-Netscape mueve la imagen por la ventana. *(Continuación)*

```
  <STYLE TYPE="TEXT/CSS">
    #mover {position: absolute; left: 5;
    → top: 5;}
  </STYLE>
</HEAD>
<BODY BGCOLOR=WHITE onLoad="moveIt()">
<DIV ID="mover">
  <IMG SRC="images/butterfly.gif" WIDTH=32
  → HEIGHT=32>
</DIV>
</BODY>
</HTML>
```

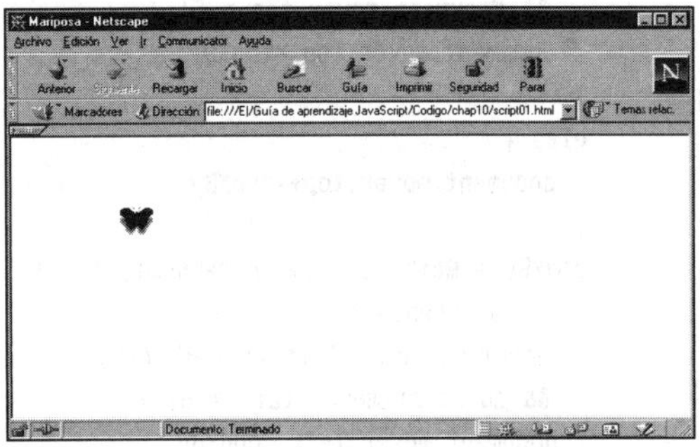


***Figura 10.2.** Observe cómo se mueve la mariposa por la pantalla.*

**CONSEJO**

- Las imágenes que se mueven en la ventana tienen una gran probabilidad de llegar a ser el equivalente DHTML de la manida barra de estado con desplazamiento de JavaScript, o de la egregia etiqueta parpadeante de HTML. Antes de decidirse a animar su sitio, piense en el valor que añaden las imágenes "voladoras" al mismo. Si su contenido no requiere que las imágenes vuelen, quizá no merezca la pena.

**Guión 10.2.** Este código hace lo mismo que el Guión 10.1, pero para Internet Explorer.

```
<HTML>
<HEAD>
  <TITLE>Mariposa</TITLE>
  <SCRIPT TYPE="TEXT/JAVASCRIPT" LANGUAGE=
  → JAVASCRIPT>
    <!-- Ocultar guión a navegadores antiguos

    firstTime = true

    function moveIt() {
      if (firstTime) {
        maxHeight =
        → document.body.clientHeight-40
        maxWidth =
        → document.body.clientWidth-40
        firstTime = false
      }

      chgXBy = Math.floor(Math.random() * 10)
      if ((halfChance() || document.all.
      → mover.style.pixelTop >= maxHeight) &&
      → document.all.mover.style.
      → pixelTop > 5) {
        document.all.mover.style.pixelTop
        → -= chgXBy
      }
      else {
        document.all.mover.style.pixelTop
        → += chgXBy
      }

      chgYBy = Math.floor(Math.random() * 10)
      if ((halfChance() || document.all.
      → mover.style.pixelLeft >= maxWidth)
      → && document.all.mover.style.
      → pixelLeft > 5) {
        document.all.mover.style.
        → pixelLeft -= chgYBy
      }
      else {
        document.all.mover.style.
        → pixelLeft += chgYBy
      }
```

*(continúa en página siguiente)*

## Cómo mover un objeto en dos dimensiones (sólo Internet Explorer)

La característica descrita en la tarea anterior también puede realizarla para Internet Explorer, pero la escritura del guión requiere un poco más de esfuerzo, como se muestra en el Guión 10.2.

### Para mover un objeto DHTML de Internet Explorer

1. `firstTime = true`

   Internet Explorer no puede usar las variables de altura y anchura de la ventana hasta que la página ha terminado de cargarse, así que comience estableciendo la variable firstTime a true como indicador de que es la primera vez que está aquí.

2. ```
   if (firstTime)  {
     maxHeight = document.body.
     → clientWidth-40
     maxWidth = document.body.
     → clientWidth-40
     firstTime = false
   }
   ```

   Si moveIt() está ejecutándose por primera vez, establezca maxHeight y maxWidth en las dimensiones por las que puede vagar la mariposa. Estas propiedades de document.body no están disponibles hasta que la página está completamente cargada. Este paso acaba estableciendo firstTime como false para que no se ejecute de nuevo el paso de inicialización.
   ```

3. 
```
if ((halfChance() || document.all.
→ mover.style.pixelTop >= maxHeight)
→ && document.all.mover.style.
→ pixelTop > 5) {
  document.all.mover.style.
  → pixelTop -= chgXBy
}
else {
  document.all.mover.style.
  → pixelTop += chgXBy
}
```

Este código es el mismo que el del ejemplo anterior, exceptuando que usa la versión Internet Explorer de los objetos. En lugar de mirar a document.mover.top, consulta document.all.mover.style.pixelTop, que es la manera que tiene Internet Explorer de describir exactamente la misma cosa. Las siguientes líneas del guión manipulan la manera en que la propiedad left/pixelLeft es modificada de forma similar. Juntos, hacen que la mariposa se mueva como se muestra en la Figura 10.3.

**CONSEJO**

- Netscape usa el formato document.element.property para referirse a las propiedades de un elemento. Por ejemplo, la propiedad top del elemento mover es document.mover.top. Internet Explorer usa el formato document.all.element.style.property para referirse a los objetos, así que podría referirse a la propiedad pixelTop del elemento mover como document.all.mover.style.pixelTop.

**Guión 10.2.** Este código hace lo mismo que el Guión 10.1, pero para Internet Explorer. *(Continuación)*

```
      setTimeout("moveIt()",20)
    }

    function halfChance() {
      if (Math.random() < .5) {
        return true
      }
      return false
    }

    // Fin de ocultación del guión a
    → navegadores antiguos -->
  </SCRIPT>
  <STYLE TYPE="TEXT/CSS">
    #mover {position: absolute; left: 5;
    → top: 5;}
  </STYLE>
</HEAD>
<BODY BGCOLOR=WHITE onLoad="moveIt()">
<DIV ID="mover">
  <IMG SRC="images/butterfly.gif" WIDTH=32
  → HEIGHT=32>
</DIV>
</BODY>
</HTML>
```

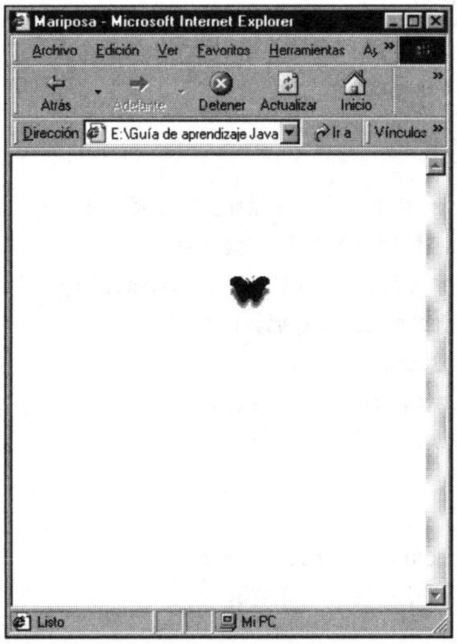


***Figura 10.3.*** *Aquí, la mariposa bate alas por una ventana de Internet Explorer.*

*Figura 10.4.* *La mariposa multinavegador.*

## Cómo mover un objeto en dos dimensiones
### (todos los navegadores)

Es posible tomar el código de los dos ejemplos anteriores y combinarlo en un guión farragoso que funcione en varios navegadores, como muestran el Guión 10.3 y la Figura 10.4.

**Guión 10.3.** Éste es el guión que logra que la mariposa vuele en ambos navegadores.

```
<HTML>
<HEAD>
  <TITLE>Mariposa</TITLE>
  <SCRIPT TYPE="TEXT/JAVASCRIPT" LANGUAGE=JAVASCRIPT>
    <!-- Ocultar guión a navegadores antiguos

    firstTime = true

    function moveIt() {
      if (firstTime) {
        if (document.all) {
          maxHeight = document.body.clientHeight-40
          maxWidth = document.body.clientWidth-40
        }
        else {
          maxHeight = window.innerHeight-40
          maxWidth = window.innerWidth-40
        }
        firstTime = false
      }

      if (document.all) {
        topPos = document.all.mover.style.pixelTop
        leftPos = document.all.mover.style.pixelLeft
      }
      else {
        topPos = document.mover.top
        leftPos = document.mover.left
      }
```

(continúa en página siguiente)

## Para mover un objeto DHTML con independencia del navegador

1. `if (document.all) {`

   Comience el código específico de cualquier navegador comprobando si existe el objeto document.all. Si es así, estará trabajando con Internet Explorer.

2. ```
   topPos = document.all.mover.style.
   → pixelTop
   leftPos = document.all.mover.style.
   → pixelLeft
   ```

   Puede evitar cualquier código específico de un navegador inicializando variables para ambos navegadores y después referirse a ellas. En este caso, se inicializan las posiciones superior e izquierda de la mariposa en Internet Explorer.

3. ```
   topPos = document.mover.top
   leftPos = document.mover.left
   ```

   De forma similar se establecen las posiciones superior e inferior de la imagen para los usuarios de Netscape.

4. ```
   if ((halfChance() || topPos >=
   → maxHeight) && topPos > 5) {
       topPos -= chgXBy
   }
   else {
       topPos += chgXBy
   }
   ```

   Estas líneas calculan nuevamente la dirección a la que cambiará la posición superior, pero este tiempo está basado en la variable que ha inicializado para ambos navegadores. Las siguientes líneas de código hacen lo mismo para el eje Y.

**Guión 10.3.** Éste es el guión que logra que la mariposa vuele en ambos navegadores. *(Continuación)*

```
    chgXBy = Math.floor(Math.random() * 10)
    if ((halfChance() || topPos >=
    → maxHeight) && topPos > 5) {
      topPos -= chgXBy
    }
    else {
      topPos += chgXBy
    }

    chgYBy = Math.floor(Math.random() * 10)
    if ((halfChance() || leftPos >=
    → maxWidth) && leftPos > 5) {
      leftPos -= chgYBy
    }
    else {
      leftPos += chgYBy
    }

    if (document.all) {
      document.all.mover.style.
      → pixelTop = topPos
      document.all.mover.style.
      → pixelLeft = leftPos
    }
    else {
      document.mover.top = topPos
      document.mover.left = leftPos
    }

    setTimeout("moveIt()",20)
  }

  function halfChance() {
    if (Math.random() < .5) {
      return true
    }
    return false
  }

  // Fin de ocultación del guión a
  → navegadores antiguos -->
</SCRIPT>
```

*(continúa en página siguiente)*
```

**Guión 10.3.** Éste es el guión que logra que la mariposa vuele en ambos navegadores. *(Continuación)*

```
  <STYLE TYPE="TEXT/CSS">
    #mover {position: absolute; left: 5;
    → top: 5;}
  </STYLE>
</HEAD>
<BODY BGCOLOR=WHITE onLoad="moveIt()">
<DIV ID="mover">
  <IMG SRC="images/butterfly.gif" WIDTH=32
  → HEIGHT=32>
</DIV>
</BODY>
</HTML>
```

5. ```
   document.all.mover.style.pixelTop =
   → topPos
   document.all.mover.style.pixelLeft =
   → leftPos
   ```

   Ahora haga lo contrario al paso 2 y restablezca las propiedades específicas de Internet Explorer en base a las variables comunes. En este caso, los ejes X e Y de la mariposa han cambiado en base a topPos y leftPos.

6. ```
   document.mover.top = topPos
   document.mover.left = leftPos
   ```

   Aquí tiene lo inverso al paso 3, donde estableció las propiedades específicas de Netscape.

## Cómo mover un objeto en tres dimensiones
### (sólo Netscape e Internet Explorer)

En este ejemplo, como muestra el Guión 10.4, declarará tres estilos: leftfore, que establece el objeto en primer plano de la izquierda; mover, que configura el objeto que después animará; y rightfore, el objeto en primer plano de la derecha. La configuración del índice Z en los estilos permite a las imágenes colocarse por delante o por detrás de otros objetos.

### Para mover un objeto DHTML en Netscape

1. `function slide() {`

   Cree una función denominada slide().

2. `document.mover.left+=2`

   Esta línea mueve la parte izquierda de mover dos *pixels*, como muestran las Figuras 10.5, 10.6 y 10.7.

3. ```
   if(document.mover.left <
   → document.rightfore.left) {
      setTimeout("slide()",20)
   }
   ```

   Si el movimiento no ha colocado la parte izquierda del objeto con el estilo mover hasta solapar la imagen rightfore, utilice setTimeout para esperar 20 milisegundos y ejecute slide de nuevo.

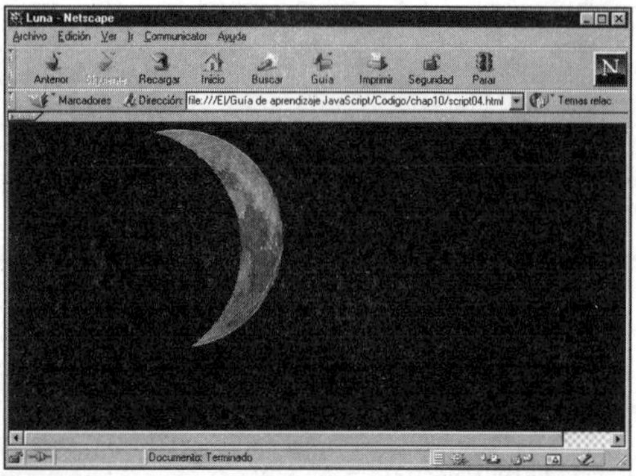


***Figura 10.5.*** *La luna comienza a moverse desde la izquierda, sombreada por un objeto en primer plano...*

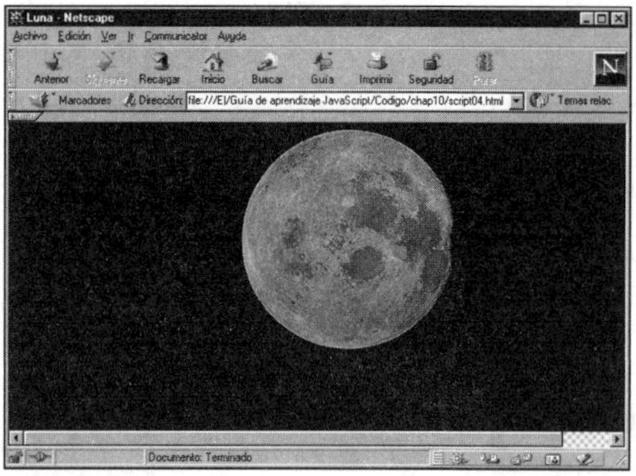


***Figura 10.6.*** *Después viaja hacia el centro, donde puede apreciarse al completo...*

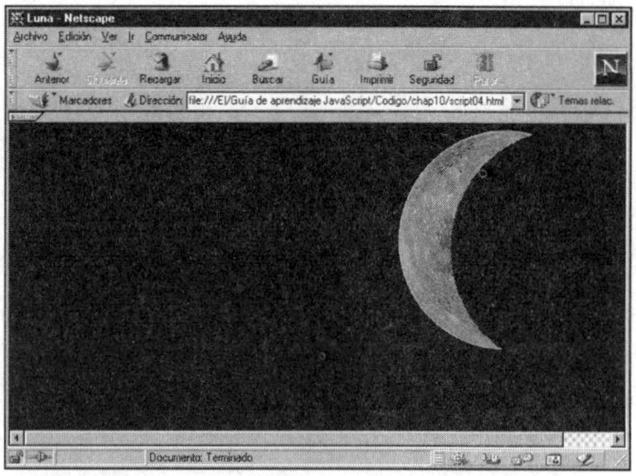


***Figura 10.7.*** *El desplazamiento termina en la derecha, donde de nuevo queda sombreada por un objeto situado en primer plano.*
   ```

**Guión 10.4.**

```
<HTML>
<HEAD>
  <TITLE>Luna</TITLE>
  <SCRIPT LANGUAGE=JAVASCRIPT TYPE="TEXT/JAVASCRIPT">
    <!-- Ocultar guión a navegadores antiguos

    function slide() {
      document.mover.left+=2
      if (document.mover.left < document.rightfore.left) {
        setTimeout("slide()",20)
      }
    }

    // Fin de ocultación del guión a navegadores antiguos -->
  </SCRIPT>
  <STYLE TYPE="TEXT/CSS">
    #leftfore {position: absolute; left: 0; top: 5; z-Index: 2}
    #mover {position: absolute; left: 5; top: 5; z-Index: 1}
    #rightfore {position: absolute; left: 470; top: 5; z-Index: 2}
  </STYLE>
</HEAD>
<BODY BGCOLOR=BLACK onLoad="slide()">
<DIV ID="leftfore">
  <IMG SRC="images/black_dot.gif" WIDTH=250 HEIGHT=250>
</DIV>
<DIV ID="mover">
  <IMG SRC="images/full_moon.jpg" WIDTH=232 HEIGHT=232>
</DIV>
<DIV ID="rightfore">
  <IMG SRC="images/black_dot.gif" WIDTH=250 HEIGHT=250>
</DIV>
</BODY>
</HTML>
```

CONSEJOS

- Cada estilo del ejemplo incluye un z-Index. El objeto con el número z-Index más alto se muestra cuando dos objetos ocupan el mismo espacio.
- Para conseguir que este guión sea específico de Internet Explorer, todo lo que necesita hacer es cambiar el paso 2 por document.all.mover.style.pixelLeft += 2 y la sentencia if del paso 3 por if(document.all.mover.style.pixelLeft < document.all.rightfore.style.pixelLeft) {, como muestra el Guión 10.5.

**Guión 10.5.** Cambiando dos líneas puede conseguir que este guión sea específico para Intgernet Explorer.

```
<HTML>
<HEAD>
  <TITLE>Luna</TITLE>
  <SCRIPT LANGUAGE=JAVASCRIPT TYPE=
  → "TEXT/JAVASCRIPT">
    <!-- Ocultar guión a navegadores antiguos

    function slide() {
      document.all.mover.style.pixelLeft += 2
      if (document.all.mover.style.
      → pixelLeft < document.all.
      → rightfore.style.pixelLeft) {
        setTimeout("slide()",20)
      }
    }

    // Fin de ocultación del guión a
    → navegadores antiguos -->
  </SCRIPT>
  <STYLE TYPE="TEXT/CSS">
    #leftfore {position: absolute; left: 0;
    → top: 5; z-Index: 2}
    #mover {position: absolute; left: 5;
    → top: 5; z-Index: 1}
    #rightfore {position: absolute; left:
    → 470; top: 5; z-Index: 2}
  </STYLE>
</HEAD>
<BODY BGCOLOR=BLACK onLoad="slide()">
<DIV ID="leftfore">
  <IMG SRC="images/black_dot.gif" WIDTH=250
  → HEIGHT=250>
</DIV>
<DIV ID="mover">
  <IMG SRC="images/full_moon.jpg" WIDTH=232
  → HEIGHT=232>
</DIV>
<DIV ID="rightfore">
  <IMG SRC="images/black_dot.gif" WIDTH=250
  → HEIGHT=250>
</DIV>
</BODY>
</HTML>
```

**Guión 10.6.** Este guión mueve la imagen detrás de otras dos imágenes, para los dos navegadores compatibles con DHTML.

```
<HTML>
<HEAD>
  <TITLE>Luna</TITLE>
  <SCRIPT LANGUAGE=JAVASCRIPT TYPE=
  → "TEXT/JAVASCRIPT">
    <!-- Ocultar guión a navegadores antiguos

    firstTime = true

    function slide() {
      if (firstTime) {
        if (document.all) {
          rightDotPos = document.all.
          → rightfore.style.pixelLeft
        }
        else {
          rightDotPos = document.
          → rightfore.left
        }
        firstTime = false
      }

      if (document.all) {
        document.all.mover.style.
        → pixelLeft += 2
        currPos = document.all.mover.
        → style.pixelLeft
      }
      else {
        document.mover.left += 2
        currPos = document.mover.left
      }

      if (currPos < rightDotPos) {
        setTimeout("slide()",20)
      }
    }

    // Fin de ocultación del guión a
    → navegadores antiguos -->
  </SCRIPT>
  <STYLE TYPE="TEXT/CSS">
```

*(continúa en página siguiente)*

## Cómo mover un objeto en tres dimensiones (todos los navegadores)

Mientras que es cierto que sólo ha sido necesario modificar dos líneas en los guiones anteriores específicos para un navegador, la combinación de guiones en un guión válido para varios navegadores en un poco más complicado. El Guión 10.6 muestra cómo combinar los guiones.

### Para mover un objeto DHTML con independencia del navegador

1. ```
   if(firstTime) {
     if(document.all) {
       rightDotPos = document.all.
       → rightfore.style.pixelLeft
     }
     else {
       rightDotPos = document.
       → rightfore.left
     }
     firstTime = false
   }
   ```

   Éste es el paso de inicialización, donde se configura la variable rightDotPos para que especifique la localización del borde izquierdo de la imagen rightfore, tanto para Netscape como para Internet Explorer. Este paso sólo necesita realizarse una vez, por lo que acaba estableciéndose firstTime a false.

2. ```
   document.all.mover.style.pixelLeft += 2
   currPos = document.all.mover.style.
   → pixelLeft
   ```

   Estas dos líneas de código son específicas de Internet Explorer. La primera mueve la imagen y la segunda almacena una variable común, currPos, con la posición actual de la imagen.

3. `document.mover.left += 2`
   `currPos = document.mover.left`

   Aquí tiene la versión específica para Netscape del paso 2. La primera línea mueve la imagen y la segunda asigna currPos a su posición inicial.

4. `if(currPos < rightDotPos) {`

   Si la posición actual de la imagen se encuentra todavía a la izquierda del punto en el lado derecho, continúe moviéndola.

**Guión 10.6.** Este guión mueve la imagen detrás de otras dos imágenes, para los dos navegadores compatibles con DHTML. *(Continuación)*

```
    #leftfore {position: absolute; left: 0;
    → top: 5; z-Index: 2}
    #mover {position: absolute; left: 5;
    → top: 5; z-Index: 1}
    #rightfore {position: absolute; left: 470;
    → top: 5; z-Index: 2}
  </STYLE>
</HEAD>
<BODY BGCOLOR=BLACK onLoad="slide()">
<DIV ID="leftfore">
  <IMG SRC="images/black_dot.gif" WIDTH=250
  → HEIGHT=250>
</DIV>
<DIV ID="mover">
  <IMG SRC="images/full_moon.jpg" WIDTH=232
  → HEIGHT=232>
</DIV>
<DIV ID="rightfore">
  <IMG SRC="images/black_dot.gif" WIDTH=250
  → HEIGHT=250>
</DIV>
</BODY>
</HTML>
```

**Guión 10.7.** Este guión (sólo para Netscape) mueve el texto hacia abajo y a la derecha.

```
<HTML>
<HEAD>
  <TITLE>¡Míreme!</TITLE>
  <SCRIPT TYPE="TEXT/JAVASCRIPT" LANGUAGE=
  → JAVASCRIPT>
    <!-- Ocultar guión a navegadores antiguos

    function moveIt() {
      document.mover.top+=2
      document.mover.left+=2
      if (document.mover.top <=
      → (window.innerHeight-100)) {
         setTimeout("moveIt()",20)
      }
    }

    // Fin de ocultación del guión a
    → navegadores antiguos -->
  </SCRIPT>
  <STYLE TYPE="TEXT/CSS">
    #mover {position: absolute; left: 5;
    → top: 5; font-size:36pt}
  </STYLE>
</HEAD>
<BODY BGCOLOR=WHITE onLoad="moveIt()">
<DIV ID="mover">
  En ruta de nuevo...
</DIV>
</BODY>
</HTML>
```

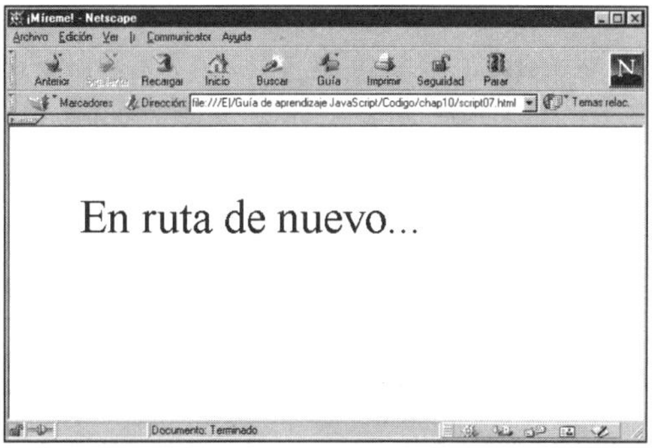


*Figura 10.8. Observe el movimiento del texto.*

# Cómo mover texto DHTML (sólo Netscape)

DHTML trata el texto igual que cualquier otra clase de objeto. El Guión 10.7 muestra un ejemplo de texto que se mueve por la página diagonalmente hacia abajo.

## Para mover texto en Netscape

1. `function moveIt() {`

   Cree una función llamada moveIt.

2. ```
   document.mover.top+2
   document.mover.left+2
   ```

   Mueva cualquier objeto (texto, en este caso) con el estilo mover 2 *pixels* abajo y 2 *pixels* arriba moviendo los extremos superior e izquierdo. La Figura 10.8 muestra el texto bajando por la página.

3. ```
   if (document.mover.top <=
   → (window.innerHeight-100() {
      setTimeout("moveIt()",20)
   }
   ```

   Si el *pixel* superior del área de movimiento no está dentro de una distancia de 100 *pixels* de la parte inferior de la ventana, use setTimeout para esperar 20 milisegundos y ejecutar moveIt() de nuevo.

# Cómo mover texto DHTML (todos los navegadores)

Tanto Netscape como Internet Explorer pueden mover texto y aquí está la versión multinavegador de la tarea anterior. El Guión 10.8 muestra un ejemplo de texto que se mueve diagonalmente hacia abajo por la página en todos los navegadores compatibles con DHTML.

## Para mover texto en todos los navegadores

1. `keepgoing = true`

Empiece inicializando keepGoing como verdadero. Mientras esto sea verdad, el texto continuará moviéndose.

2. `function moveIt() {`

Cree una función llamada moveIt.

3.

```
document.all.mover.style.pixelTop += 2
document.all.mover.style.pixelLeft += 2
```

Verifique que el usuario está ejecutando Internet Explorer; compruebe si document.all existe y, si es así, mueva el texto. La Figura 10.9 muestra el texto desplazándose por la página.

4.

```
if (document.all.mover.style.
→ pixelTop > (document.body.
→ clientHeight-100)) {
    keepGoing = false
}
```

Para Internet Explorer, si la parte superior del texto está dentro de una distancia de 100 *pixels* de la parte inferior de la ventana del navegador, establezca keepGoing como false.

5.

```
document.mover.top += 2
document.mover.left += 2
```

Si el usuario tiene Netscape, mueva la imagen abajo y a la derecha.

***Figura 10.9.*** *Este texto se mueve bien en todos los navegadores.*

**Guión 10.8.** Este guión (en todos los navegadores) mueve el texto hacia arriba y a la derecha.

```
<HTML>
<HEAD>
  <TITLE>¡Míreme!</TITLE>
  <SCRIPT TYPE="TEXT/JAVASCRIPT" LANGUAGE=
  → JAVASCRIPT>
    <!-- Ocultar guión a navegadores antiguos

    keepGoing = true

    function moveIt() {
      if (document.all) {
        document.all.mover.style.pixelTop += 2
        document.all.mover.style.
        → pixelLeft += 2
        if (document.all.mover.style.
        → pixelTop > (document.body.
        → clientHeight-100)) {
          keepGoing = false
        }
      }
      else {
        document.mover.top += 2
        document.mover.left += 2
        if (document.mover.top >
        → (window.innerHeight-100)) {
          keepGoing = false
        }
      }
    }
      if (keepGoing) {
```

*(continúa en página siguiente)*

**Guión 10.8.** Este guión (en todos los navegadores) mueve el texto hacia arriba y a la derecha. *(Continuación)*

```
        setTimeout("moveIt()",20)
      }
    }

    // Fin de ocultación del guión a
    → navegadores antiguos -->
  </SCRIPT>
  <STYLE TYPE="TEXT/CSS">
    #mover {position: absolute; left: 5;
    → top: 5; font-size:36pt}
  </STYLE>
</HEAD>
<BODY BGCOLOR=WHITE onLoad="moveIt()">
<DIV ID="mover">
  En ruta de nuevo...
</DIV>
</BODY>
</HTML>
```

6. 
```
if (document.mover.top >
→ (window.innerHeight-100)) {
     keepGoing = false
}
```

   En Netscape, si la parte superior del texto está dentro de una distancia de 100 *pixels* de la parte inferior de la ventana del navegador, establezca keepGoing como false.

7. 
```
if (keepGoing) {
     setTimeout("moveIt()",20)
}
```

   Si keepGoing es todavía verdadero, use setTimeout para esperar 20 milisegundos y ejecutar moveIt() de nuevo.

## Cómo modificar una sombra proyectada DHTML
### (sólo Internet Explorer)

Hay muy pocas modificaciones que pueda hacer a objetos DHTML con JavaScript en Netscape. Internet Explorer, por otro lado, tiene un tipo de datos llamado filters, que dan a JavaScript acceso a muchas formas para modificar objetos. El Guión 10.9 muestra el uso del filtro de sombra proyectada (llamado dropShadow) que permite modificar la apariencia del texto. La sombra proyectada empieza 50 *pixels* por arriba o por abajo del texto original, y luego se acerca más y más hasta que se superponen (Figura 10.10).

### Para modificar una sombra proyectada

1. `function doDrop(xCoord) {`

   Cree una función llamada doDrop y pásele dos variables: las coordenadas X e Y actuales de la sombra proyectada.

2. `if (document.all  && xCoord > 1) {`

   Si el usuario navega con Internet Explorer y la coordenada X pasada es mayor que uno, siga los pasos siguientes.

3. ```
   xCoord -= 1
   yCoord -= 1
   ```

   Reste uno tanto de la coordenada X como de la coordenada Y para acercar dropShadow al original.

4. ```
   document.all.dropText.style.filter=
   → "dropShadow(offX=" + xCoord+ ",
   → offY=" + yCoord + ")"
   ```

   Vuelva a restablecer el estilo de filtro del objeto dropText al nuevo valor de dropShadow, estableciendo el desplazamiento X (offX) a la coordenada X (xCoord) y el desplazamiento Y (offY) a la coordenada Y (yCoord).

5. ```
   setTimeout("doDrop(" + xCoord + ",
   → " + yCoord + ")", 100)
   ```

   Use setTimeout para esperar 100 milisegundos y luego llamar de nuevo a doDrop con las coordenadas X e Y recientemente revisadas.

**Guión 10.9.** Use el filtro de sombra proyectada de Internet Explorer con JavaScript para mover la sombra proyectada sobre este texto.

```
<HTML>
<HEAD>
  <TITLE>¡Suéltelo!</TITLE>
  <SCRIPT LANGUAGE=JAVASCRIPT TYPE=
  → "TEXT/JAVASCRIPT">
    <!-- Ocultar guión a navegadores antiguos

    function doDrop(xCoord, yCoord) {
      if (document.all && xCoord > 1) {
        xCoord -= 1
        yCoord -= 1
        document.all.dropText.style.
        → filter="dropShadow(offX=" +
        → xCoord+ ", offY=" +
        → yCoord + ")"
        setTimeout("doDrop(" + xCoord + ",
        → " + yCoord + ")", 100)
      }
    }

    // Fin de ocultación del guión a
    → navegadores antiguos -->
  </SCRIPT>
  <STYLE TYPE="TEXT/CSS">
    #dropText {width:500; height:100;
    → font-size:36pt; filter:dropShadow
    → (offX=50,offY=50)}
  </STYLE>
</HEAD>
<BODY BGCOLOR=WHITE onLoad="doDrop(50,50)">
<DIV ID="dropText">
  ¡Suéltelo!
</DIV>
</BODY>
</HTML>
```

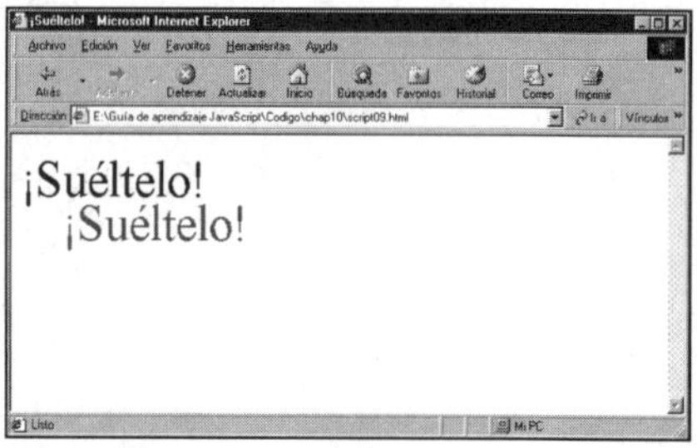


***Figura 10.10.*** *Mueva la sombra proyectada más y más cerca del texto original.*
```

## Rotar una sombra DHTML (sólo Internet Explorer)

El Guión 10.10 muestra el uso del filtro de sombra para modificar la apariencia del texto. En este ejemplo, la sombra empieza a 90 grados del texto original y luego efectúa un giro de 360 grados.

### Para rotar una sombra

1. `function doShadow(newdirection) {`

   Cree una nueva función, doShadow, a la que se pasará newDirection, la dirección actual de la sombra.

**Guión 10.10.** Este guión utiliza DHTML y JavaScript para rotar una sombra alrededor de un bloque de texto.

```
<HTML>
<HEAD>
  <TITLE>¡Sombréame!</TITLE>
  <SCRIPT LANGUAGE="JAVASCRIPT" TYPE="TEXT/JAVASCRIPT">
    <!-- Ocultar guión a navegadores antiguos

    function doShadow(newDirection) {
      if (document.all && newDirection < 360) {
        newDirection += 10
         document.all.dropText.style.filter="shadow(direction=" + newDirection + ")"
         setTimeout("doShadow(" + newDirection + ")", 100)
      }
    }

    // Fin de ocultación del guión a navegadores antiguos -->
  </SCRIPT>
  <STYLE TYPE="TEXT/CSS">
    #dropText {width:500; height:100; font-size:36pt; filter:shadow(direction=90)}
  </STYLE>
</HEAD>
<BODY BGCOLOR=WHITE onLoad="doShadow(90)">
<DIV ID="dropText">
  Yo y mi sombra...
</DIV>
</BODY>
</HTML>
```

2. 
```
if (document.all && newDirection < 360) {
```

Si el usuario está navegando con Internet Explorer y newDirection es menor que 360 (el máximo número de grados), entonces realice los pasos siguientes.

3. 
```
newDirection += 10
document.all.dropText.style.filter=
→ "shadow(direction=" +
→ newDirection + ")"
```

Añada 10 grados a newDirection para establecer la nueva ubicación de la sombra, y configure el filtro con los valores nuevos de shadow, moviendo la sombra proyectada como se muestra en las Figuras 10.11 y 10.12.

4. 
```
setTimeout("doShadow(" +
→ newDirection + ")", 100)
```

Use setTimeout para esperar 100 milisegundos y llame otra vez a doShadow con el valor actual de newDirection.

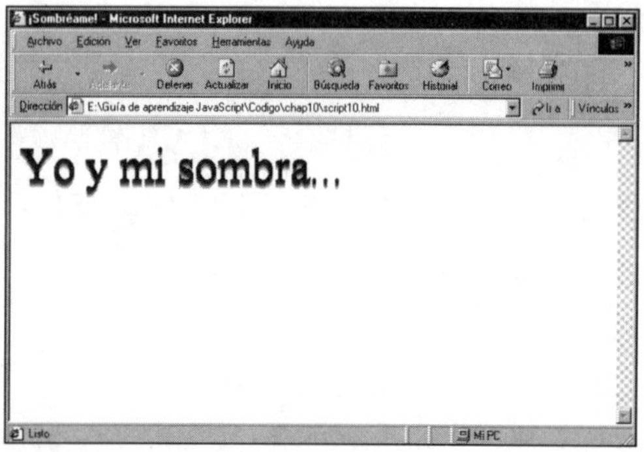


***Figura 10.11.*** *La sombra está por abajo y a la derecha...*

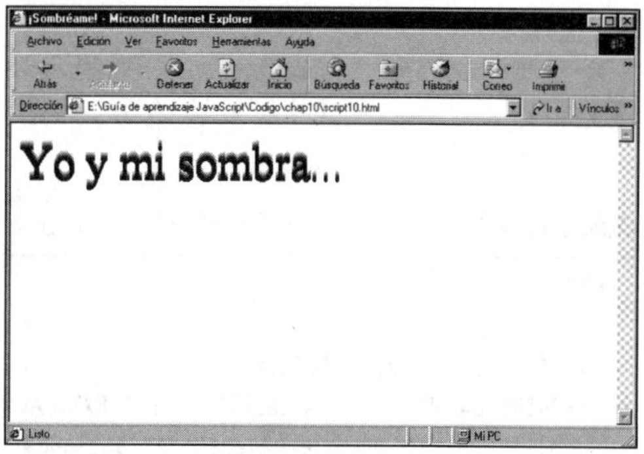


***Figura 10.12.*** *Y ahora la sombra está por arriba y a la izquierda.*

## Cómo modificar un destello DHTML (sólo Internet Explorer)

El Guión 10.11 muestra el uso del filtro de destello para modificar la apariencia del texto. En este ejemplo, el destello empieza con una fuerza de 5 y actúa hasta un valor máximo de 255, como se muestra en las Figuras 10.13 y 10.14.

### Para modificar un destello DHTML

1. `function doGlow(newStrength) {`

   Cree una función nueva llamada doGlow, a la que pasará newStrength, la fuerza de destello actual.

**Guión 10.11.** Este guión crea un destello que se incrementa alrededor del texto.

```
<HTML>
<HEAD>
  <TITLE>¡Soy radioactivo!</TITLE>
  <SCRIPT LANGUAGE="JAVASCRIPT" TYPE="TEXT/JAVASCRIPT">
    <!-- Ocultar guión a navegadores antiguos

    function doGlow(newStrength) {
          if (document.all && newStrength < 255) {
          newStrength += 10
          document.all.glowText.style.filter="glow(strength=" + newStrength+ ")"
          setTimeout("doGlow(" + newStrength+ ")", 100)
      }
    }

    // Fin de ocultación del guión a navegadores antiguos -->
  </SCRIPT>
  <STYLE TYPE="TEXT/CSS">
    #glowText {width:500; height:100; font-size:36pt; filter:glow(strength=5)}
  </STYLE>
</HEAD>
<BODY BGCOLOR=WHITE onLoad="doGlow(5)">
<DIV ID="glowText" ALIGN=CENTER>
  Estoy brillando...
</DIV>
</BODY>
</HTML>
```

2. ```
   if (document.all && newStrength < 255) {
   ```

   Verifique que el navegador que se está usando es Internet Explorer y que la fuerza actual de destello es menor que la máxima, 255; luego, continúe con lo siguiente.

3. ```
   newStrength += 10
   document.all.glowText.style.filter=
   → "glow(strength=" +
   → newStrength+ ")"
   ```

   Incremente la fuerza del destello en 10 y vuelva a establecer el estilo filter del objeto glow al valor nuevo de newStrength.

4. ```
   setTimeout("doGlow
   → (" + newStrength+ ")", 100)
   ```

   Use setTimeout para esperar 100 milisegundos; luego, llame otra vez a doGlow con el nuevo valor de la fuerza del destello.

*Figura 10.13. El destello empieza relativamente pequeño alrededor del texto...*

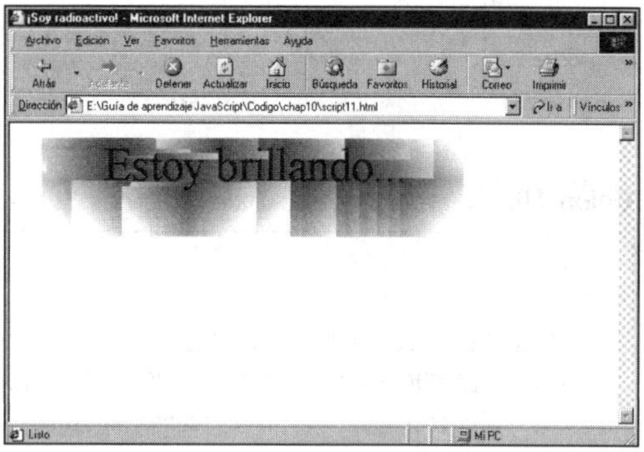


*Figura 10.14. Luego, el destello incrementa claramente su fuerza.*
   ```

## Menús desplegables (todos los navegadores)

Una de las mejores razones para usar JavaScript y DHTML es la de mejorar la interfaz de usuario y la experiencia de navegación. El Guión 10.12, que funciona en la versión 4 (y posteriores) de los navegadores, emula los menús desplegables de una aplicación estándar, como se muestra en las Figuras 10.15 y 10.16.

**Guión 10.12.** Este guión crea un menú desplegable en todos los navegadores compatibles con DHTML.

```
<HTML>
<HEAD>
  <TITLE>Menús desplegables</TITLE>
  <SCRIPT TYPE="TEXT/JAVASCRIPT" LANGUAGE=JAVASCRIPT>
    <!-- Ocultar guión a navegadores antiguos

    function toggleMenu(currElem) {
      if (document.all) {
        menuObj = eval("document.all." + currElem + ".style")
        menuObj.pixelTop = toggleVal(menuObj.pixelTop)
      }
      else {
        menuObj = eval("document." + currElem)
        menuObj.top = toggleVal(menuObj.top)
      }
    }

    function toggleVal(inVal) {
      if (inVal == -5) {
        return -90
      }
      return -5
    }
    // Fin de ocultación del guión a navegadores antiguos -->
  </SCRIPT>
  <STYLE TYPE="TEXT/CSS">
    .menu {position:absolute; font:12px/14px helvetica;
      width:75px; background-color:#999999;
      layer-background-color:#999999; color:#FFFFFF}
  </STYLE>
</HEAD>
<BODY BGCOLOR=WHITE>
<SPAN ID="fileMenu" CLASS=menu STYLE="left:20px; top:-90px"><BR>
```

*(continúa en página siguiente)*

## Para crear un menú desplegable

1. `function toggleMenu(currElem) {`

   Esta línea empieza una nueva función, toggleMenu(), a la que se pasa la variable currElem. Esta variable es el elemento actual que el usuario ha elegido para conmutar.

2. ```
   menuObj = eval("document.all." +
   → currElem + ".style")
   menuObj.pixelTop = toggleVal
   → (menuObj.pixelTop)
   ```

   Para los usuarios de Internet Explorer, establezca menuObj basado en currElem y el modelo del objeto del documento Internet Explorer. La próxima línea toma menuObj y lo lleva a su posición superior si el menú es desplegado, y abajo si el menú es plegado al hacer clic.

3. ```
   menuObj = eval("document." + currElem)
   menuObj.top = toggleVal(menuObj.top)
   ```

   Los usuarios de Netscape hacen ahora la misma cosa. La variable menuObj se establece basada en currElem y en el modelo del objeto del documento Netscape, y la posición superior está basada en si el menú había sido previamente plegado o desplegado.

4. ```
   function toggleVal(inVal) {
      if (inVal = = -5) {
         return -90
      }
      return -5
   }
   ```

   Esta función simplemente toma la posición actual que se le pasa y devuelve el valor opuesto. Si se le pasa —5, devuelve —90, y si se le pasa otra cosa (por ejemplo, —90), devuelve —5. Ésta es la nueva posición del menú desplegable.

**Guión 10.12.** Este guión crea un menú desplegable en todos los navegadores compatibles con DHTML. *(Continuación)*

```
   <A HREF="javascript:window.open()">
   → Abrir</A><BR>
   <A HREF="javascript:window.print()">
   → Imprimir</A><BR>
   <A HREF="javascript:history.back()">
   → Atrás</A><BR>
   <A HREF="javascript:history.forward()">
   → Adelante</A><BR>
   <A HREF="javascript:window.close()">
   → Cerrar</A>
   <HR>
   <A HREF="javascript:toggleMenu
   → ('fileMenu')">Archivo</A>
</SPAN>
<SPAN ID="searchMenu" CLASS=menu
→ STYLE="left:100px;top:-90px"><BR>
   <A HREF="http://www.yahoo.com">Yahoo</A><BR>
   <A HREF="http://www.excite.com">
   → Excite</A><BR>
   <A HREF="http://www.terra.es">Terra</A><BR>
   <A HREF="http://www.lycos.com">Lycos</A><BR>
   <A HREF="http://www.infoseek.com">
   → Infoseek</A>
   <HR>
   <A HREF="javascript:toggleMenu
   → ('searchMenu')">Buscar</A>
</SPAN>
</BODY>
</HTML>
```
```

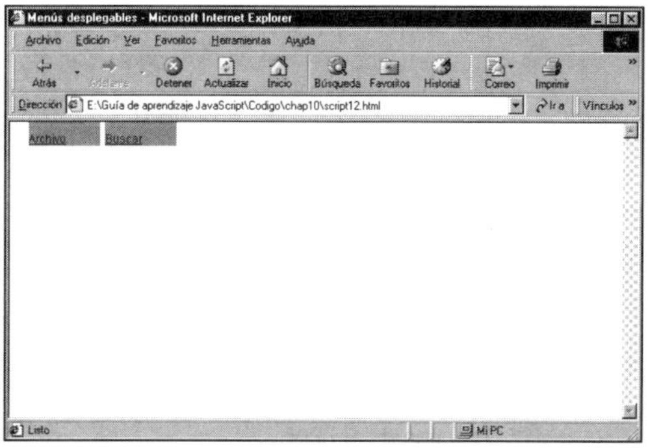


***Figura 10.15.*** *He aquí los menús en sus posiciones sin desplegar cuando se carga la página...*

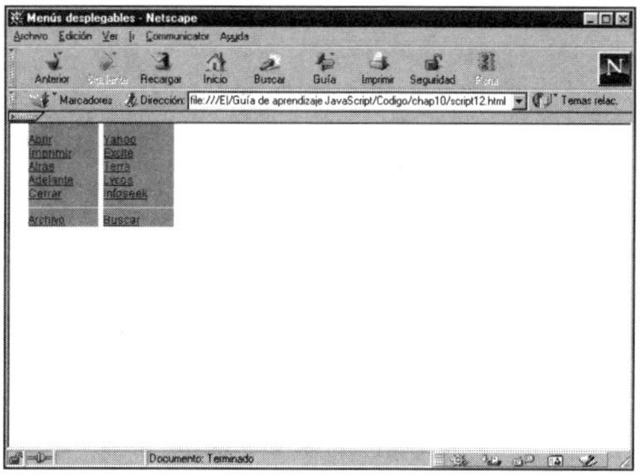


***Figura 10.16.*** *Pero cuando hace clic en un menú, puede ver todas las opciones.*

5.
```
<A HREF="javascript:toggleMenu
→ ('fileMenu')">Archivo</A>
```

Cuando se hace clic en este vínculo, la función toggleMenu() es llamada para todo lo que esté dentro de searchMenu<SPAN>.

6.
```
<A HREF="javascript:toggleMenu
→ ('searchMenu')">Buscar</A>
```

Cuando se hace clic en este vínculo, la función toggleMenu() es llamada para todo lo que hay dentro de searchMenu<SPAN>.

**CONSEJO**

- Todo lo que esté dentro de la etiqueta <SPAN> termina como opción del menú desplegable. Este ejemplo muestra cómo tener comandos URL y JavaScript como opciones de menú; también puede usar esto para navegar por su sitio, basta con que use los vínculos para alternar las páginas web.

## Menús deslizables (sólo Internet Explorer)

Otra característica novedosa de Internet Explorer es el modo en que los elementos pueden añadirse en medio de una página (usando JavaScript), a la vez que el navegador puede hacer que fluya texto en torno a ellos. El Guión 10.13 muestra esto a los usuarios de Internet Explorer 4 o posterior, y ofrece una aproximación simple para navegadores alternativos.

### Para usar menús deslizables

1. ```
   function toggleMenu(currMenu) {
      if (document.all) {
   ```

   Empiece creando una nueva función, toggleMenu(), a la que pasará una referencia del menú actual. A continuación, efectúe los pasos siguientes si el usuario está ejecutando Internet Explorer.

2. ```
   thisMenu = eval("document.all." +
   → currMenu + ".style")
   ```

   La variable thisMenu está establecida, usando el comando eval, para una referencia al menú deseado.

3. ```
   if (thisMenu.display = = "block") {
      thisMenu.display = "none"
   }
   else {
      thisMenu.display = "block"
   }
   ```

   Si la propiedad display de thisMenu es "block", este código lo cambia a "none". Esto es lo que conmuta la visualización del menú, como se muestra en las Figuras 10.17 y 10.18.

4. ```
   return false
   ```

   La función toggleMenu() es llamada desde los manejadores de eventos onClick dentro de las etiquetas <A>. Si el guión devuelve falso aquí, el atributo HREF no se carga en la ventana del navegador, así que el observador permanece en la misma página.

**Guión 10.13.** Haga clic en un vínculo, e Internet Explorer desplegará el resto de la página.

```
<HTML>
<HEAD>
  <TITLE>Obras de Shakespeare</TITLE>
  <SCRIPT TYPE="TEXT/JAVASCRIPT" LANGUAGE=
  → JAVASCRIPT>
    <!-- Ocultar guión a navegadores antiguos

    function toggleMenu(currMenu) {
      if (document.all) {
        thisMenu = eval("document.all." +
        → currMenu + ".style")
        if (thisMenu.display == "block") {
          thisMenu.display = "none"
        }
        else {
          thisMenu.display = "block"
        }
        return false
      }
      else {
        return true
      }
    }

    // Fin de ocultación del guión a
    → navegadores antiguos -->
  </SCRIPT>
  <STYLE TYPE="TEXT/CSS">
    #menu1 {display:none; margin-left:20px}
    #menu2 {display:none; margin-left:20px}
    #menu3 {display:none; margin-left:20px}
  </STYLE>
</HEAD>
<BODY BGCOLOR=WHITE>
<H1>Obras de Shakespeare</H1>
<H3>
  <A HREF="page1.html" onClick="return
  → toggleMenu('menu1')">Comedias</A>
</H3>
<SPAN ID="menu1">
  Todo está bien si bien acaba<BR>
  Como gustéis<BR>
  Trabajos de amor perdidos<BR>
  La comedia de los errores
```

*(continúa en página siguiente)*

**Guión 10.13.** Haga clic en un vínculo, e Internet Explorer desplegará el resto de la página. *(Continuación)*

```
</SPAN>
<H3>
  <A HREF="page2.html" onClick="return
  → toggleMenu('menu2')">Tragedias</A>
</H3>
<SPAN ID="menu2">
  Antonio y Cleopatra<BR>
  Hamlet<BR>
  Romeo y Julieta
</SPAN>
<H3>
  <A HREF="page3.html" onClick="return
  → toggleMenu('menu3')">Obras históricas</A>
</H3>
<SPAN ID="menu3">
  Enrique IV, Parte 1<BR>
  Enrique IV, Parte 2
</SPAN>
</BODY>
</HTML>
```

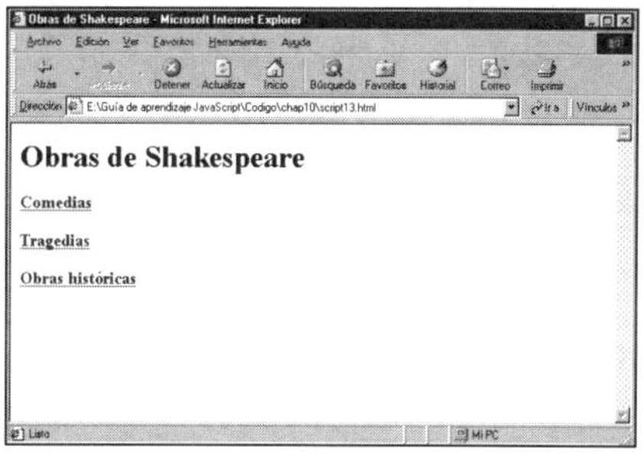


***Figura 10.17.*** *Ésta es la página al cargarse...*

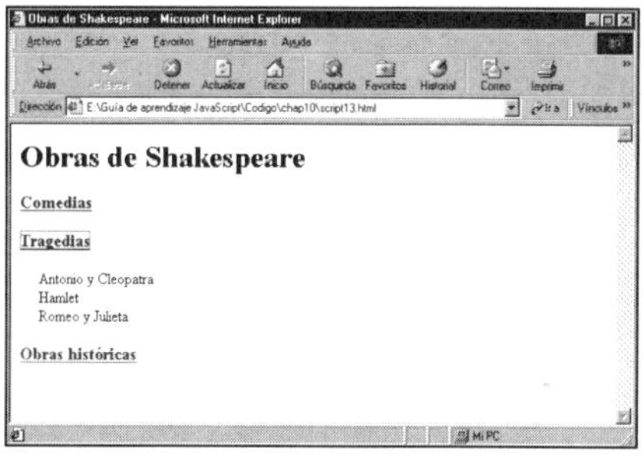


***Figura 10.18.*** *Pero cuando hace clic en un vínculo, se revela la información oculta.*

5.
```
else {
   return true
}
```

Si el observador no está ejecutando Internet Explorer, el guión devuelve verdadero, lo que permite a la página nueva cargarse en la ventana del navegador. En esta modalidad, los navegadores que soportan esta funcionalidad visualizan el menú de información en la misma página, mientras que aquellos que no lo soportan, sólo se cargan en una nueva página web, que visualiza los datos deseados.

6.
```
<A HREF="page1.html" onClick="return
→ toggleMenu('menu1')">Comedias</A>
```

Aquí es donde se llama a toggleMenu(). Transmitiéndole un valor de "menu1" se despliega todo lo que hay dentro de menu1 <SPAN>. Haciendo clic de nuevo en el vínculo se hace desaparecer la misma información, devolviéndola al lugar de donde vino.

# Etiquetas de ayuda (todos los navegadores)

Otra característica positiva de Internet Explorer es la capacidad de mostrar "etiquetas de ayuda", esos pequeños mensajes que aparecen cuando se mantiene el cursor sobre algo importante. Es una manera práctica de mostrar un poco de información adicional a los usuarios sin que éstos tengan que efectuar acción alguna. Al diseñar su sitio, es importante proporcionar al usuario cuantas pistas de navegación sea posible con el fin de facilitar la navegación por su sitio y evitar que el usuario se pierda. El Guión 10.14 muestra cómo usar DHTML para crear el mismo efecto de retroalimentación para el usuario en todos los navegadores.

## Para crear etiquetas de ayuda

1. 
```
if (document.all) {
   docObj = "document.all."
   styleObj = ".style"
}
else {
   docObj = "document."
   styleObj = " "
}
```

   Éste es uno de esos prácticos trozos de código que puede usar en muchos de sus guiones DHTML. Una vez establecidas estas variables, pueden usarse una y otra vez para crear objetos específicos para un navegador sin tener que hacer pruebas para un navegador específico.

2. 
```
function popUp(evt, currElem) {
```

   Aquí crea una función popUp() y le pasa dos variables: evt, el evento que hizo que se llamara a esta función, y currElem, el elemento actual que el usuario quiere visualizar.

3. 
```
popUpWin = eval(docObj + currElem +
→ styleObj)
```

   Esta línea crea un objeto multinavegador, basado en currElem, el cual fue pasado a la función, y en docObj y styleObj, que se establecieron en el paso 1.

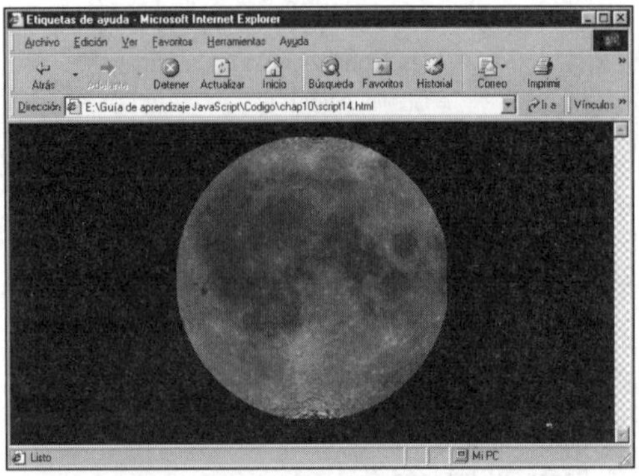


*Figura 10.19.* *La imagen tal como fue cargada.*

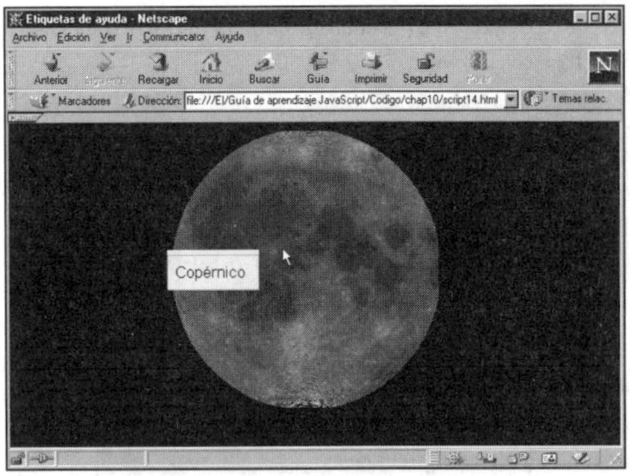


*Figura 10.20.* *Cuando sitúa el cursor sobre áreas importantes, puede ver el mensaje.*

**Guión 10.14.** Este guión despliega pequeñas notas amarillas.

```
<HTML>
<HEAD>
  <TITLE>Etiquetas de ayuda</TITLE>
  <SCRIPT TYPE="TEXT/JAVASCRIPT" LANGUAGE=
  → JAVASCRIPT>
    <!-- Ocultar guión a navegadores antiguos

    if (document.all) {
      docObj = "document.all."
      styleObj = ".style"
    }
    else {
```

(continúa en página siguiente)

**Guión 10.14.** Este guión despliega pequeñas notas amarillas. *(Continuación)*

```
    docObj = "document."
    styleObj = ""
  }

  function popUp(evt,currElem) {
    popUpWin = eval(docObj + currElem +
    → styleObj)
    if (document.all) {
      popUpWin.top = parseInt(evt.y)+2
      popUpWin.left = Math.max
      → (2,parseInt(evt.x)-125)
    }
    else {
      popUpWin.top = parseInt(evt.pageY)+2
      popUpWin.left = Math.max
      → (2,parseInt(evt.pageX)-125)
    }
    popUpWin.visibility = "visible"
    window.status = ""
  }

  function popDown(currElem) {
    popUpWin = eval(docObj + currElem +
    → styleObj)
    popUpWin.visibility = "hidden"
  }

  // Fin de ocultación del guión a
  → navegadores antiguos -->
</SCRIPT>
<STYLE TYPE="TEXT/CSS">
  #popUp1, #popUp2, #popUp3, #popUp4,
  → #popUp5, #popUp6,
  #popUp7, #popUp8, #popUp9, #popUp10,
  → #popUp11 {position: absolute;
  → visibility: hidden}
  .popUpStyle {background-color: #FFFF99;
  → border: #CCCC00 1px solid;
          layer-background-color: #FFFF99;
          → width: 100px;
          font: 18px helvetica,
          → sans-serif; padding: 5px}
</STYLE>
</HEAD>
```

*(continúa en página siguiente)*

4.
```
popUpWin.top = parseInt(evt.y)+2
popUpWin.left = Math.max
→ (2, parseInt(evt.x)-125)
```

Esto establece la posición superior e izquierda de la etiqueta de ayuda para los usuarios de Internet Explorer. Las variables evt.x y evt.y son las posiciones X e Y del cursor cuando se dispara onMouseOver, y la etiqueta se visualiza 125 *pixels* a la izquierda y 2 *pixels* por encima del cursor.

5.
```
popUpWin.top = parseInt(evt.pageY)+2
popUpWin.left = Math.max(2,parseInt
→ (evt.pageX)-125
```

Esto establece las posiciones superior e izquierda de la etiqueta de ayuda para los usuarios de Netscape. Netscape almacena los valores X e Y de la posición del cursor en evt.pageX y evt.pageY.

6.
```
popUpWin.visibility = "visible"
window.status = " "
```

Con independencia del navegador que esté usando, querrá efectuar estos dos pasos. El primero hace que la ventana popUpwin de la etiqueta de ayuda sea visible, y el segundo hace que el área de estado de la ventana del navegador esté vacía (así que no muestra una llamada a una función JavaScript).

7.
```
function popDown (currElem) {
   popUpWin = eval(docObj +
   currElem + styleObj)
   popUpWin.visibility = "hidden"
}
```

La función popDown(), como adivinará, hace lo contrario que la función popUp(); en lugar de hacer visible la etiqueta, la oculta.

8.
```
<AREA SHAPE=RECT
→ COORDS="121, 214,136,230"
→ HREF="Javascript:void(' ' )"
→ onMouseout="popDown('popUp1')"
→ onMouseover="popUp(event,'popUp1');
→ return true">
```

Esta línea debería tener un aspecto similar a las del Capítulo 3. Cuando el cursor esté sobre el área del mapa de imagen, onMouseover se dispara para llamar a popUp() y pasarle event (un valor integrado de JavaScript) y "popUp1". Esto hace que todo lo que hay dentro de una etiqueta <SPAN> con el ID de "popUp1" se visualice dentro de la etiqueta de ayuda.

**Guión 10.14.** Este guión despliega pequeñas notas amarillas. *(Continuación)*

```
<BODY BGCOLOR=BLACK>
<MAP NAME="MoonMap">
  <AREA SHAPE=RECT COORDS="121,214,136,230" HREF="javascript:void('')"
  → onMouseout="popDown('popUp1')" onMouseover="popUp(event,'popUp1');return true">
  <AREA SHAPE=RECT COORDS="28,102,77,166"  HREF="javascript:void('')"
  → onMouseout="popDown('popUp2')" onMouseover="popUp(event,'popUp2');return true">
  <AREA SHAPE=RECT COORDS="106,167,135,198" HREF="javascript:void('')"
  → onMouseout="popDown('popUp3')" onMouseover="popUp(event,'popUp3');return true">
  <AREA SHAPE=RECT COORDS="132,137,149,150" HREF="javascript:void('')"
  → onMouseout="popDown('popUp4')" onMouseover="popUp(event,'popUp4');return true">
  <AREA SHAPE=RECT COORDS="136,115,175,137" HREF="javascript:void('')"
  → onMouseout="popDown('popUp5')" onMouseover="popUp(event,'popUp5');return true">
  <AREA SHAPE=RECT COORDS="178,148,220,185" HREF="javascript:void('')"
  → onMouseout="popDown('popUp6')" onMouseover="popUp(event,'popUp6');return true">
  <AREA SHAPE=RECT COORDS="177,114,221,145" HREF="javascript:void('')"
  → onMouseout="popDown('popUp7')" onMouseover="popUp(event,'popUp7');return true">
  <AREA SHAPE=RECT COORDS="229,99,262,125" HREF="javascript:void('')"
  → onMouseout="popDown('popUp8')" onMouseover="popUp(event,'popUp8');return true">
  <AREA SHAPE=RECT COORDS="160,80,190,114" HREF="javascript:void('')"
  → onMouseout="popDown('popUp9')" onMouseover="popUp(event,'popUp9');return true">
  <AREA SHAPE=RECT COORDS="102,119,121,133" HREF="javascript:void('')"
  → onMouseout="popDown('popUp10')" onMouseover="popUp(event,'popUp10');return true">
  <AREA SHAPE=RECT COORDS="100,73,142,115" HREF="javascript:void('')"
  → onMouseout="popDown('popUp11')" onMouseover="popUp(event,'popUp11');return true">
</MAP>
<SPAN CLASS="popUpStyle" ID="popUp1">Tycho</SPAN>
<SPAN CLASS="popUpStyle" ID="popUp2">Océano de las tormentas</SPAN>
<SPAN CLASS="popUpStyle" ID="popUp3">Mar de las nubes</SPAN>
<SPAN CLASS="popUpStyle" ID="popUp4">Bahía central</SPAN>
<SPAN CLASS="popUpStyle" ID="popUp5">Mar de los vapores</SPAN>
<SPAN CLASS="popUpStyle" ID="popUp6">Bahía de la aspereza</SPAN>
<SPAN CLASS="popUpStyle" ID="popUp7">Mar de la tranquilidad</SPAN>
<SPAN CLASS="popUpStyle" ID="popUp8">Mar de la crisis</SPAN>
<SPAN CLASS="popUpStyle" ID="popUp9">Mar de la serenidad</SPAN>
<SPAN CLASS="popUpStyle" ID="popUp10">Copérnico</SPAN>
<SPAN CLASS="popUpStyle" ID="popUp11">Mar de la lluvia</SPAN>
<DIV ALIGN=CENTER>
  <IMG SRC="images/labeledMoon.jpg" WIDTH=289 HEIGHT=289 USEMAP="#MoonMap" BORDER=0>
</DIV>
</BODY>
</HTML>
```

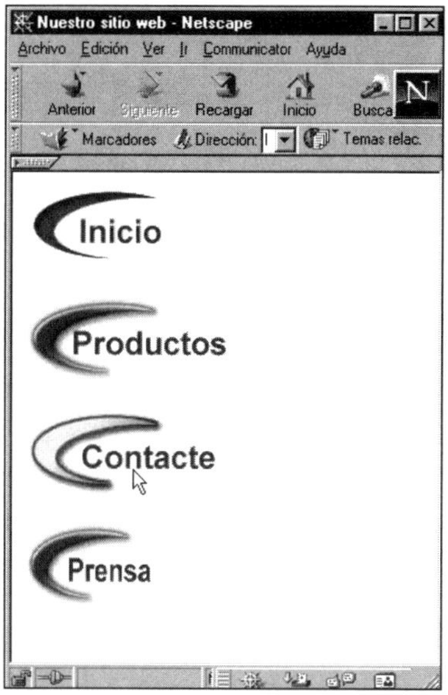


*Figura 10.21.* *El código de las imágenes de sustitución no reside en este archivo, pero las imágenes de sustitución todavía funcionan en esta página...*

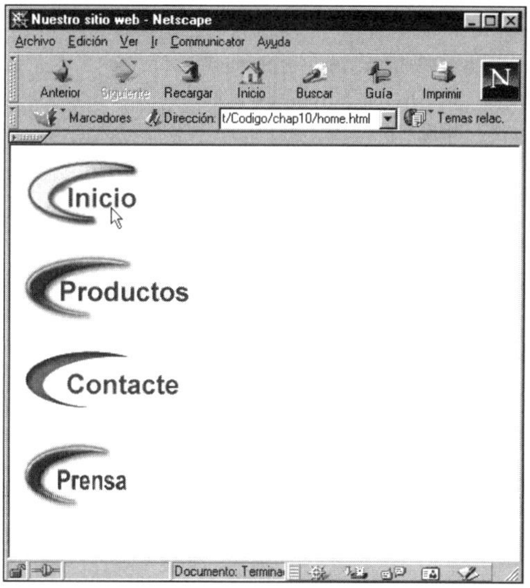


*Figura 10.22.* *Y en esta página también, porque las dos llaman al mismo archivo externo.*

# Cómo utilizar un archivo .js externo (todos los navegadores)

Si dispone de código común repartido por su sitio web, no necesita añadirlo a cada página web. En su lugar, puede crear un archivo JavaScript externo y hacer que las páginas hagan referencia a dicho archivo. Este archivo externo es conocido como archivo .js. Las páginas individuales llaman al archivo .js simplemente añadiendo un atributo nuevo, SRC, a la etiqueta SCRIPT. Los Guiones 10.15, 10.16, 10.17, 10.18 y 10.19 muestran cómo hacer esto.

## Para utilizar un archivo .js externo

- ```
  <SCRIPT SRC="external.js" LANGUAGE=
  → JAVASCRIPT TYPE="TEXT/JAVASCRIPT">
  ```

  Añadir el atributo SRC a la etiqueta <SCRIPT> provoca que los navegadores que soportan JavaScript 1.1 y posteriores busquen este archivo. Las páginas web resultantes parece que tuvieran los guiones ubicados en su lugar habitual dentro de las etiquetas SCRIPT de la página, cuando realmente el guión reside en el archivo .js externo. El resultado de esta técnica se muestra en las Figuras 10.21 y 10.22.

**CONSEJOS**

- El servidor debe estar configurado para servir correctamente el archivo .js. Si su página tiene problemas con este comando, compruebe con su proveedor si éste es el problema.
- En ocasiones, este método es utilizado para intentar ocultar el código JavaScript A los usuarios. Esto no funcionará si el usuario tiene suficientes conocimientos técnicos para revisar los archivos caché de su navegador; todo lo que el navegador ha visto, está almacenado allí.
- Los navegadores que únicamente soportan JavaScript 1.0 ejecutarán el código del guión del encabezado. En este ejemplo, existen funciones ficticias, imgOver() e imgOut(), para evitar errores en esos navegadores.
  ```

- Si no incluye nada entre las etiquetas <SCRIPT> y </SCRIPT>, ésta es una de las ocasiones en la que no tendrá que incluir líneas de comentario para ocultar JavaScript A los navegadores antiguos. Estos navegadores no saben lo suficiente como para buscar en el interior de un archivo .js y el que no haya nada entre las etiquetas provocará un mensaje de error.
- Puede insertar más de un guión de encabezado en una página. Es perfectamente aceptable tener una página que llama a múltiples archivos .js y que todavía contiene los elementos de guión únicos de dicha página.

**Guión 10.15.** Este archivo es home.html y llama a external.js.

```
<HTML>
<HEAD>
  <TITLE>Nuestro sitio web</TITLE>
  <SCRIPT SRC="external.js" LANGUAGE=
  → JAVASCRIPT TYPE="TEXT/JAVASCRIPT">
    <!-- Ocultar guión a navegadores antiguos

    function imgOver() {
    }

    function imgOut() {
    }

    // Fin de ocultación del guión a
    → navegadores antiguos -->
  </SCRIPT>
</HEAD>
<BODY BGCOLOR=WHITE>
  <IMG SRC="images/home_on.jpg" WIDTH=118
  → HEIGHT=64 BORDER=0 NAME="home"><P>
  <A HREF="products.html"
  → onMouseover="imgOver('products')"
  → onMouseout="imgOut('products')">
  → <IMG SRC="images/products_off.jpg"
  → WIDTH=158 HEIGHT=64 BORDER=0
  → NAME="products"></A><P>
  <A HREF="contact.html"
  → onMouseover="imgOver('contact')"
  → onMouseout="imgOut('contact')">
  → <IMG SRC="images/contact_off.jpg"
  → WIDTH=180 HEIGHT=64 BORDER=0
  → NAME="contact"></A><P>
  <A HREF="press.html"
  → onMouseover="imgOver('press')"
  → onMouseout="imgOut('press')">
  → <IMG SRC="images/press_off.jpg"
  → WIDTH=112 HEIGHT=64 BORDER=0
  → NAME="press"></A>
</BODY>
</HTML>
```

**Guión 10.16.** Este archivo es products.html y llama a external.js.

```
<HTML>
<HEAD>
  <TITLE>Nuestro sitio web</TITLE>
  <SCRIPT SRC="external.js" LANGUAGE=
  → JAVASCRIPT TYPE="TEXT/JAVASCRIPT">
    <!-- Ocultar guión a navegadores antiguos

    function imgOver() {
    }

    function imgOut() {
    }

    // Fin de ocultación del guión a
    → navegadores antiguos -->
  </SCRIPT>
</HEAD>
<BODY BGCOLOR=WHITE>
  <A HREF="home.html"
  → onMouseover="imgOver('home')"
  → onMouseout="imgOut('home')">
  → <IMG SRC="images/home_off.jpg" WIDTH=118
  → HEIGHT=64 BORDER=0 NAME="home"></A><P>
  <IMG SRC="images/products_on.jpg"
  → WIDTH=158 HEIGHT=64 BORDER=0
  → NAME="products"><P>
  <A HREF="contact.html"
  → onMouseover="imgOver('contact')"
  → onMouseout="imgOut('contact')">
  → <IMG SRC="images/contact_off.jpg"
  → WIDTH=180 HEIGHT=64 BORDER=0
  → NAME="contact"></A><P>
  <A HREF="press.html"
  → onMouseover="imgOver('press')"
  → onMouseout="imgOut('press')">
  → <IMG SRC="images/press_off.jpg" WIDTH=112
  → HEIGHT=64 BORDER=0 NAME="press"></A>
</BODY>
</HTML>
```

**Guión 10.17.** Este archivo es contact.html y llama a external.js.

```
<HTML>
<HEAD>
  <TITLE>Nuestro sitio web</TITLE>
  <SCRIPT SRC="external.js" LANGUAGE=
  → JAVASCRIPT TYPE="TEXT/JAVASCRIPT">
    <!-- Ocultar guión a navegadores antiguos

    function imgOver() {
    }

    function imgOut() {
    }

    // Fin de ocultación del guión a
    → navegadores antiguos -->
  </SCRIPT>
</HEAD>
<BODY BGCOLOR=WHITE>
  <A HREF="home.html"
  → onMouseover="imgOver('home')"
  → onMouseout="imgOut('home')">
  → <IMG SRC="images/home_off.jpg" WIDTH=118
  → HEIGHT=64 BORDER=0 NAME="home"></A><P>
  <A HREF="products.html"
  → onMouseover="imgOver('products')"
  → onMouseout="imgOut('products')">
  → <IMG SRC="images/products_off.jpg"
  → WIDTH=158 HEIGHT=64 BORDER=0
  → NAME="products"></A><P>
  <IMG SRC="images/contact_on.jpg" WIDTH=180
  → HEIGHT=64 BORDER=0 NAME="contact"><P>
  <A HREF="press.html"
  → onMouseover="imgOver('press')"
  → onMouseout="imgOut('press')">
  → <IMG SRC="images/press_off.jpg" WIDTH=112
  → HEIGHT=64 BORDER=0 NAME="press"></A>
</BODY>
</HTML>
```

**Guión 10.18.** Este archivo es press.html y llama a external.js.

```
<HTML>
<HEAD>
  <TITLE>Nuestro sitio web</TITLE>
  <SCRIPT SRC="external.js" LANGUAGE=
  → JAVASCRIPT TYPE="TEXT/JAVASCRIPT">
    <!-- Ocultar guión a navegadores antiguos

    function imgOver() {
    }

    function imgOut() {
    }

    // Fin de ocultación del guión a
    → navegadores antiguos -->
  </SCRIPT>
</HEAD>
<BODY BGCOLOR=WHITE>
  <A HREF="home.html"
  → onMouseover="imgOver('home')"
  → onMouseout="imgOut('home')">
  → <IMG SRC="images/home_off.jpg" WIDTH=118
  → HEIGHT=64 BORDER=0 NAME="home"></A><P>
  <A HREF="products.html"
  → onMouseover="imgOver('products')"
  → onMouseout="imgOut('products')">
  → <IMG SRC="images/products_off.jpg"
  → WIDTH=158 HEIGHT=64 BORDER=0
  → NAME="products"></A><P>
  <A HREF="contact.html"
  → onMouseover="imgOver('contact')"
  → onMouseout="imgOut('contact')">
  → <IMG SRC="images/contact_off.jpg"
  → WIDTH=180 HEIGHT=64 BORDER=0
  → NAME="contact"></A><P>
  <IMG SRC="images/press_on.jpg" WIDTH=112
  → HEIGHT=64 BORDER=0 NAME="press">
</BODY>
</HTML>
```

**Guión 10.19.** El archivo external.js.

```
homeOff = new Image
productsOff = new Image
contactOff = new Image
pressOff = new Image

homeOver = new Image
productsOver = new Image
contactOver = new Image
pressOver = new Image

homeOff.src = "images/home_off.jpg"
productsOff.src = "images/products_off.jpg"
contactOff.src = "images/contact_off.jpg"
pressOff.src = "images/press_off.jpg"

homeOver.src = "images/home_over.jpg"
productsOver.src = "images/products_over.jpg"
contactOver.src = "images/contact_over.jpg"
pressOver.src = "images/press_over.jpg"

function imgOver(thisImg) {
  document[thisImg].src = "images/" +
  → thisImg + "_over.jpg"
}

function imgOut(thisImg) {
  document[thisImg].src = "images/" +
  → thisImg + "_off.jpg"
}
```

# DEPURACIÓN DE JAVASCRIPT 11

A menudo se dice que el 90% del tiempo empleado en escribir programas se invierte en eliminar fallos, esto es, en hacerlo funcionar después de haberlos escrito. Añadamos a esto el lamentable hecho de que ninguno de los navegadores que soportan JavaScript muestran mensajes de error significativos, y tendremos una receta para la frustración. Este capítulo muestra algunos de los errores más comunes de JavaScript, cómo identificarlos, cómo solucionarlos y cómo prevenirlos.

# Depurador integrado de Netscape

El navegador de Netscape tiene un depurador integrado al que se puede acceder desde cualquier ventana del mismo.

## Para utilizar el depurador de Netscape

- En el campo de ubicación del navegador, introduzca javascript:. Aparecerá una página con dos marcos, como se muestra en la Figura 11.1. El marco inferior dispone de un campo de texto donde puede introducir el texto JavaScript.

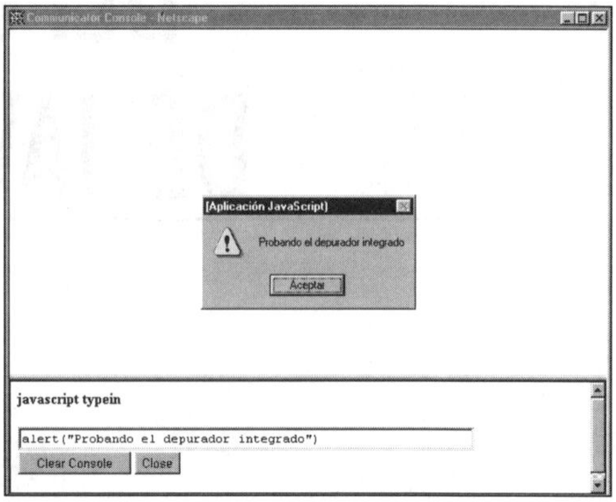


***Figura 11.1.*** *Verificación de la sintaxis de alert probándola en el depurador integrado de Netscape.*

CONSEJOS

- En un solo campo de texto pueden introducirse muchas líneas JavaScript, separándolas entre sí con punto y coma.
- Asegúrese de introducir los dos puntos después de "javascript:" en el campo de ubicación, o el navegador intentará encontrar http://www.javascript.com/.
- Además de usar la palabra clave javascript: para desplegar esta ventana, también puede usar las palabras mocha: o livescript: (los primeros nombres de JavaScript).

**¿Por qué se llama "Debugging(*)"?**

En 1951, Grace Hopper era una programadora que trabaja en la UNIVAC I, la primera computadora a gran escala. Un día, un sistema que había estado funcionando, se paró de repente. Grace investigó el problema y encontró la causa: una polilla dentro de la computadora. Pegó la polilla (*bug*, en inglés) en el libro de registro del sistema; desde entonces, los problemas de las computadoras se han llamado "bugs".

Grace Hopper nació en 1906, obtuvo un doctorado en Matemáticas y Físicas en Yale, sirvió en la Marina de 1943 a 1986 (retirándose como contralmirante) y falleció en 1992. Fue una de las pioneras de la programación.

(*) Nota del traductor: "Debug" es el nombre dado en argot informático a la acción de depurar o eliminar fallos.

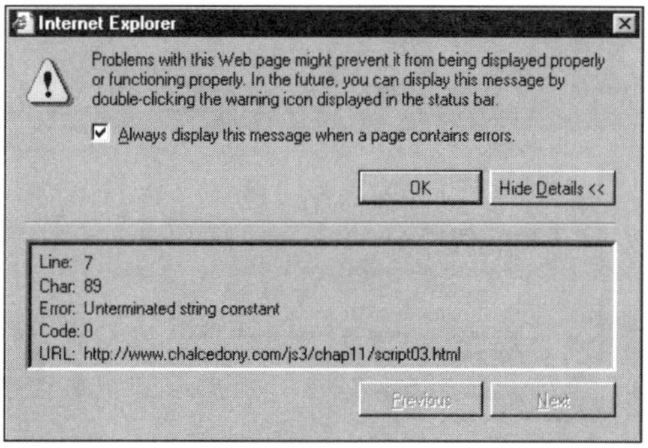


***Figura 11.2.*** *Un error de JScript de Microsoft cuando el depurador no está instalado.*

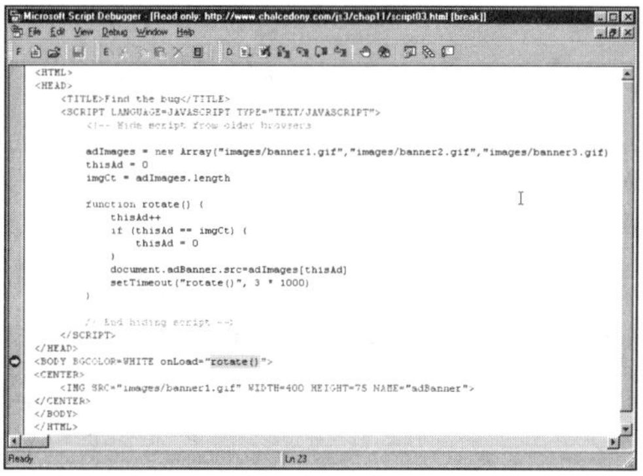

***Figura 11.3.*** *El depurador Microsoft Script en acción.*

# Depuradores JavaScript

Tanto Netscape como Microsoft ofrecen por separado depuradores con más capacidades que los integrados en sus navegadores. Estos pueden usarse para definir puntos de ruptura, los cuales le permiten parar el proceso del guión en unos puntos dados. Puede descargar estos depuradores en los sitios web de sus respectivos fabricantes.

## Microsoft

- Microsoft cuenta con Microft Script Debugger, que funciona como un añadido a Internet Explorer 4 y posteriores, sólo en sistemas Windows.
- Sin tener instalado Microsoft Script Debugger, Internet Explorer emite mensajes de error bastante crípticos (véase la Figura 11.2) cuando se encuentra con código erróneo. Con el depurador, se obtiene el mismo mensaje críptico, pero también se obtiene alguna posibilidad de depurar el guión. La Figura 11.3 muestra el mismo guión en el depurador.

## Netscape

- Netscape ofrece el depurador Netscape JavaScript Debugger, un *applet* Java que se ejecuta en sus navegadores, como se muestra en la Figura 11.4. Está actualmente en la versión 1.1 y funciona con Navigator y Communicator bajo Windows 95, NT, Mac Power PC y diversas variedades de Unix.
- Si está usando una versión 4.06 o posterior del navegador Netscape sin el depurador, puede que piense que no está recibiendo mensajes de error cuando su guión tiene fallos. Realmente, está obteniendo mensajes de error, pero Netscape ha hecho un buen trabajo ocultándolos. La Figura 11.5 muestra dónde encontrar el mensaje de error escondido, que dice "Error JavaScript: escriba 'javascript:' en Ubicación si desea más detalles". Si sigue las instrucciones, verá los errores del guión, como se muestra en las páginas siguientes.

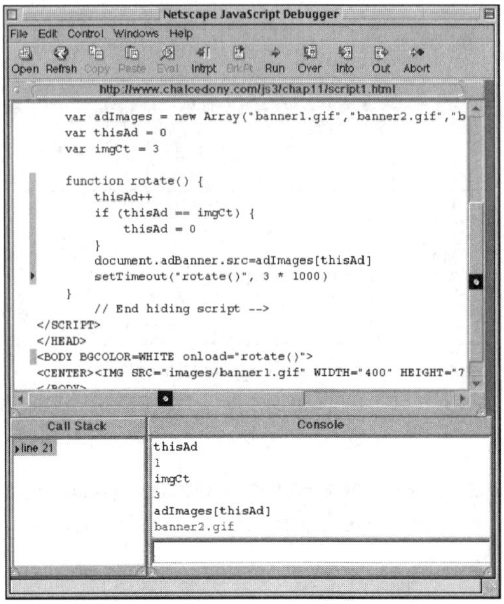


***Figura 11.4.*** *Ejecución de un guión con el depurador Netscape JavaScript Debugger.*

***Figura 11.5.*** *¿Ve ese pequeño mensaje en la barra de estado?*

## Errores comunes

Hay muchos errores comunes, y los navegadores sólo dan pequeños indicios de sus causas. He aquí algunos de los que probablemente padecerá. El Guión 11.1 muestra la versión completamente depurada del guión.

**Guión 11.1.** Un guión sin errores.

```
<HTML>
<HEAD>
   <TITLE>Encontrar el error</TITLE>
   <SCRIPT LANGUAGE=JAVASCRIPT TYPE="TEXT/JAVASCRIPT">
      <!-- Ocultar guión a navegadores antiguos

         adImages = new Array("images/banner1.gif","images/banner2.gif",
            "images/banner3.gif")
         thisAd = 0
         imgCt = adImages.length

         function rotate() {
            thisAd++
            if (thisAd == imgCt) {
               thisAd = 0
            }
            document.adBanner.src=adImages[thisAd]
            setTimeout("rotate()", 3 * 1000)
         }

      // Fin de ocultación del guión a navegadores antiguos -->
   </SCRIPT>
</HEAD>
<BODY BGCOLOR=WHITE onLoad="rotate()">
<CENTER>
   <IMG SRC="images/banner1.gif" WIDTH=400 HEIGHT=75 NAME="adBanner">
</CENTER>
</BODY>
</HTML>
```

## Para depurar su guión, busque estas cosas

- Todos los campos de texto deben terminar en algún lugar. Si empieza una cadena usando unas comillas o un apóstrofe, debe terminar la cadena con el mismo carácter (Guión 11.2). Si no, obtendrá un mensaje de error similar al de la Figura 11.6.
- Al comparar dos campos en una sentencia if (condicional), la comparación debe estar rodeada de paréntesis (Guión 11.3). La Figura 11.7 muestra el mensaje de error que visualizaría.
- Verifique cuidadosamente el guión en busca de errores tipográficos y palabras con errores ortográficos. El Guión 11.4 tiene una palabra de menos; el mensaje de error resultante se muestra en la Figura 11.8.

**Guión 11.2.** Un guión con las comillas no coincidentes.

```
<HTML>
<HEAD>
   <TITLE>Encontrar el error</TITLE>
   <SCRIPT LANGUAGE=JAVASCRIPT TYPE=
   → "TEXT/JAVASCRIPT">
      <!-- Ocultar guión a navegadores antiguos

        adImages = new Array("images/
        → banner1.gif","images/banner2.gif",
        → "images/banner3.gif)
        thisAd = 0
        imgCt = adImages.length

        function rotate() {
           thisAd++
           if (thisAd == imgCt) {
               thisAd = 0
           }
           document.adBanner.src=
           → adImages[thisAd]
           setTimeout("rotate()", 3 * 1000)
        }

      // Fin de ocultación del guión a
      → navegadores antiguos -->
   </SCRIPT>
</HEAD>
<BODY BGCOLOR=WHITE onLoad="rotate()">
<CENTER>
   <IMG SRC="images/banner1.gif" WIDTH=400
   → HEIGHT=75 NAME="adBanner">
</CENTER>
</BODY>
</HTML>
```

*Figura 11.6. El error resultante del Guión 11.2.*

**Guión 11.3.** A este guión le falta un paréntesis.

```
<HTML>
<HEAD>
   <TITLE>Encontrar el error</TITLE>
   <SCRIPT LANGUAGE=JAVASCRIPT TYPE=
   → "TEXT/JAVASCRIPT">
      <!-- Ocultar guión a navegadores antiguos

       adImages = new Array("images/
       → banner1.gif","images/banner2.gif",
       → "images/banner3.gif")
       thisAd = 0
       imgCt = adImages.length

       function rotate() {
          thisAd++
          if (thisAd == imgCt {
             thisAd = 0
          }
          document.adBanner.src=
          → adImages[thisAd]
          setTimeout("rotate()", 3 * 1000)
       }

      // Fin de ocultación del guión a
      → navegadores antiguos -->
   </SCRIPT>
</HEAD>
<BODY BGCOLOR=WHITE onLoad="rotate()">
<CENTER>
   <IMG SRC="images/banner1.gif" WIDTH=400
   → HEIGHT=75 NAME="adBanner">
</CENTER>
</BODY>
</HTML>
```

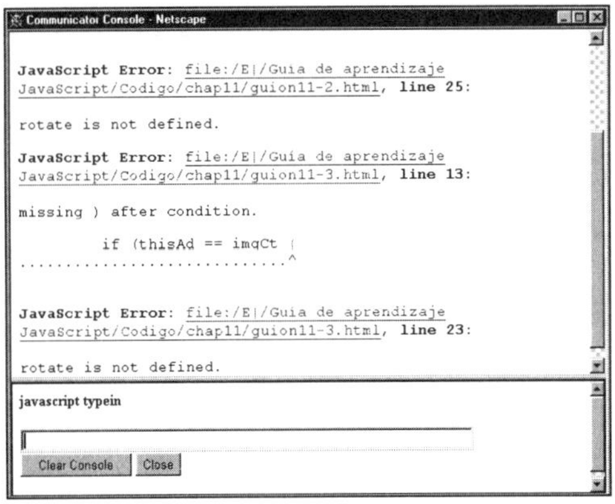


***Figura 11.7.*** *El error producido por el Guión 11.3.*

**Guión 11.4.** En este guión falta una palabra.

```
<HTML>
<HEAD>
   <TITLE>Encontrar el error</TITLE>
   <SCRIPT LANGUAGE=JAVASCRIPT TYPE=
   → "TEXT/JAVASCRIPT">
      <!-- Ocultar guión a navegadores antiguos

       adImages = new Array("images/
       → banner1.gif","images/banner2.gif",
       → "images/banner3.gif")
       thisAd = 0
       = adImages.length

       function rotate() {
          thisAd++
          if (thisAd == imgCt) {
             thisAd = 0
          }
          document.adBanner.src=
          → adImages[thisAd]
          setTimeout("rotate()", 3 * 1000)
       }

      // Fin de ocultación del guión a
      → navegadores antiguos -->
   </SCRIPT>
</HEAD>
<BODY BGCOLOR=WHITE onLoad="rotate()">
<CENTER>
   <IMG SRC="images/banner1.gif" WIDTH=400
   → HEIGHT=75 NAME="adBanner">
</CENTER>
</BODY>
</HTML>
```

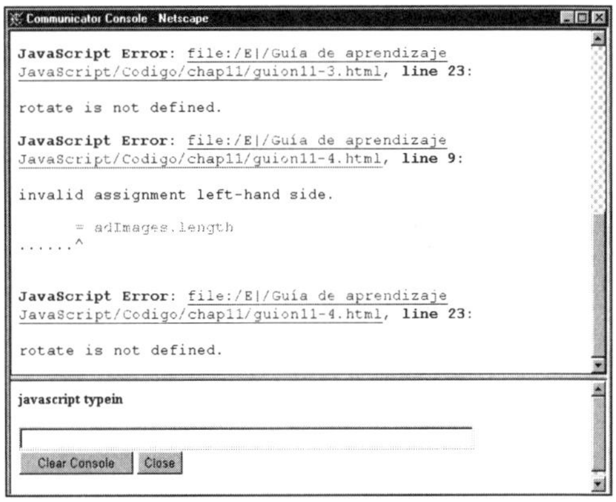


***Figura 11.8.*** *El mensaje de error causado por el Guión 11.4.*

- Verifique la puntuación de su guión. El Guión 11.5 carece de un carácter "}" al final de la función, causando el mensaje de error mostrado en la Figura 11.9.

**CONSEJOS**

- JavaScript hace distinción entre mayúsculas y minúsculas. Esto significa que si asigna a una función el nombre funcion1(), y más tarde se refiere a ella como Funcion1(), obtendrá un error al no encontrarse la función.
- Los objetos deben existir antes de que puedan ser referenciados. Si su guión del encabezado se refiere a una parte de la página que todavía no se ha cargado, recibirá un error. Por ejemplo, si intenta establecer un campo de texto en un formulario para tener un valor predeterminado, pero el formulario todavía no se ha cargado en la página, obtendrá un error.
- Hay ciertas palabras, como name, llamadas palabras reservadas. Son aquellas que tienen un significado especial para JavaScript, así que no pueden utilizarse como nombres de variables. La lista entera de palabras reservadas está en el Apéndice B.
- Acostúmbrese a sangrar sus guiones concienzudamente. Será más sencillo seguir la pista a los errores.
- Las llaves ({}) no se requieren para encerrar líneas únicas. Sin embargo, si las usa siempre, tendrá muchas menos probabilidades de tener problemas cuando añada rápidamente una sentencia en un bloque if.
- Es muy común ver el mensaje de error, darse cuenta de cuál es el problema, volver al editor del guión, hacer el cambio y luego intentar ejecutar de nuevo el guión. Lo que ocurre en este caso es que el guión, entonces, intenta ejecutarse en la ventana del mensaje de error, que no puede cerrarse o moverse al fondo. Cierre siempre las ventanas de mensaje de error antes de intentar ejecutar de nuevo un guión.

**Guión 11.5.** En este guión falta la última llave.

```
<HTML>
<HEAD>
   <TITLE>Encontrar el error</TITLE>
   <SCRIPT LANGUAGE=JAVASCRIPT TYPE=
   → "TEXT/JAVASCRIPT">
      <!-- Ocultar guión a navegadores antiguos

       adImages = new Array("images/
       → banner1.gif","images/banner2.gif",
       → "images/banner3.gif")
       thisAd = 0
       imgCt = adImages.length

       function rotate() {
          thisAd++
          if (thisAd == imgCt) {
              thisAd = 0
          }
          document.adBanner.src=
          → adImages[thisAd]
          setTimeout("rotate()", 3 * 1000)

      // Fin de ocultación del guión a
      → navegadores antiguos -->
   </SCRIPT>
</HEAD>
<BODY BGCOLOR=WHITE onLoad="rotate()">
<CENTER>
   <IMG SRC="images/banner1.gif" WIDTH=400
   → HEIGHT=75 NAME="adBanner">
</CENTER>
</BODY>
</HTML>
```

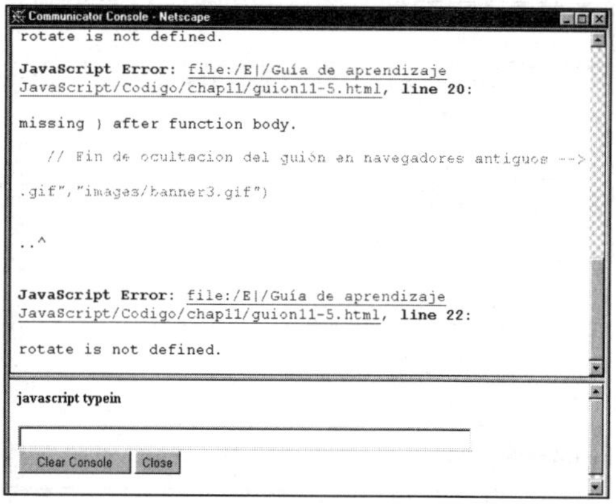


*Figura 11.9. El guión 11.5 causa este mensaje de error.*

**Guión 11.6.** Insertar una llamada a alert en un guión permite seguir la pista de los valores y así facilitar la localización de los errores.

```
<HTML>
<HEAD>
   <TITLE>Encontrar el error</TITLE>
   <SCRIPT LANGUAGE=JAVASCRIPT TYPE=
   → "TEXT/JAVASCRIPT">
      <!-- Ocultar guión a navegadores antiguos

       adImages = new Array("images/
       → banner1.gif","images/banner2.gif",
       → "images/banner3.gif")
       thisAd = 0
       imgCt = adImages.length

       function rotate() {
          alert("El valor actual de thisAd
          → es: "+thisAd)
          thisAd++
          if (thisAd == imgCt) {
              thisAd = 0
          }
          document.adBanner.src=
          → adImages[thisAd]
          setTimeout("rotate()", 3 * 1000)
       }

      // Fin de ocultación del guión a
      → navegadores antiguos -->
   </SCRIPT>
</HEAD>
<BODY BGCOLOR=WHITE ONLOAD="rotate()">
<CENTER>
   <IMG SRC="images/banner1.gif" WIDTH=400
   → HEIGHT=75 NAME="adBanner">
</CENTER>
</BODY>
</HTML>
```

*Figura 11.10. La variable thisAd no tiene el valor que esperábamos.*

# Cómo hacer un seguimiento de las variables mientras se ejecuta un guión

Puede que un guión no tenga un error que coincida con ninguno de los mensajes de la sección anterior, pero que, aun así, no funcione correctamente. Esto se debe a menudo a un error lógico, donde la sintaxis puede estar bien, pero el guión tiene un problema, como el Guión 11.6. Modificar el guión de modo que las variables puedan consultarse mientras el guión está ejecutándose, ayuda a seguir la pista de los errores lógicos.

La Figura 11.10 muestra cómo puede usar una ventana de alerta para visualizar el contenido de las variables del guión.

## Para ver el contenido de las variables durante la ejecución del guión

- ```
  alert("El valor actual de thisAd
  → es: " + thisAd)
  ```

  El método más simple consiste en añadir una llamada a alert dentro del área problemática. Aparecerá una ventana mostrando el valor de lo que se pasó a la alerta. Esto también detiene la ejecución del guión hasta que cierre la ventana.

**CONSEJOS**

- Es común tener un guión con un error, pero no poder localizarlo. Un buen modo de atajar el problema es añadir una llamada a alert antes y después del área problemática o errónea, y luego acercar entre sí progresivamente las dos llamadas.
- En lugar de una llamada a alert, puede establecer window.status con el mensaje que quiere visualizar. Esto visualiza los valores requeridos en la barra de estado del navegador.
  ```

## Cómo ver variables en otra ventana

Otra estrategia de depuración consiste en abrir una ventana separada y escribir allí toda la información sobre la depuración. Esta estrategia, mostrada en el Guión 11.7, permite ver el contenido de las variables sin que el guión escriba encima de valores previos.

**Guión 11.7.** Puede escribir valores para la ventana de depuración mientras se ejecuta el guión.

```
<HTML>
<HEAD>
   <TITLE>Encontrar el error</TITLE>
   <SCRIPT LANGUAGE=JAVASCRIPT TYPE="TEXT/JAVASCRIPT">
      <!-- Ocultar guión a navegadores antiguos

       adImages = new Array("images/banner1.gif","images/banner2.gif","images/banner3.gif")
       thisAd = 0
       imgCt = adImages.length
       debugWin = window.open("","debugWin","height=200,width=200,resize=yes")

       function rotate() {
          debugWin.document.writeln(thisAd)
          debugWin.document.close()
           thisAd++
           if (thisAd != imgCt) {
               thisAd = 0
           }
           document.adBanner.src=adImages[thisAd]
           setTimeout("rotate()", 3 * 1000)
       }

      // Fin de ocultación del guión a navegadores antiguos -->
   </SCRIPT>
</HEAD>
<BODY BGCOLOR=WHITE onLoad="rotate()">
<CENTER>
   <IMG SRC="images/banner1.gif" WIDTH=400 HEIGHT=75 NAME="adBanner">
</CENTER>
</BODY>
</HTML>
```

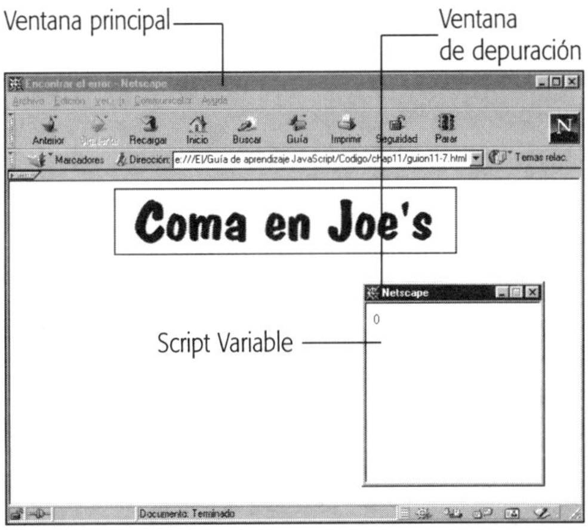


***Figura 11.11.*** *Seguir la pista de un guión escribiendo valores en una ventana separada es un método útil de depuración.*

## Para escribir información de depuración en una ventana separada

1. 
```
debugWin = window.open(" ",
→ "debugWin", "height=200,width=200,
→ resize=yes")
```
   Esto abre una ventana redimensionable con el nombre debugWin, y con una altura y una anchura de 200 *pixels*.

2. 
```
debugWin.document.writeln(thisAd)
```
   Esta línea escribe el valor de la variable transmitida; en este caso, el valor de thisAd.

3. 
```
debugWin.document.close()
```
   Esta línea obliga a que el resultado del anterior write del paso 2 se visualice en la ventana de depuración, como se muestra en la Figura 11.11. JavaScript sólo muestra la nueva información escrita en la ventana cuando ya no puede almacenarla más tiempo internamente, o cuando se le pide que lo haga enviándole un close(). Observe que esto no cierra el documento, ni la ventana misma.

## Cómo escribir mensajes de error en otra ventana

Si no le gustan los mensajes de error del navegador, puede escribir los suyos. Este método, como se muestra en el Guión 11.8, le permite visualizar valores de variables según se extingue el guión.

**Guión 11.8.** Este guión crea una ventana de error personalizada.

```
<HTML>
<HEAD>
   <TITLE>Encontrar el error</TITLE>
   <SCRIPT LANGUAGE=JAVASCRIPT TYPE="TEXT/JAVASCRIPT">
      <!-- Ocultar guión a navegadores antiguos

      adImages = new Array("images/banner1.gif","images/banner2.gif", "images/banner3.gif")
      thisAd = 0
      imgCt = adImages.length
      onerror = errWindow

      function errWindow(errMsg,location,lineNum) {
         debugWin = window.open("","debugWin","height=200,width=300,resize=yes")
         debugWin.document.write("<H2>Hay un error en la línea " + lineNum)
         debugWin.document.write("<BR>El error es: " + errMsg)
         debugWin.document.close()
         return true
      }

      function rotate() {
         thisAd++
         if (thisAd == imgCt) {
            thisAd = 0
         }
         document.adBanner.src=adImages[thisAd]
         setTimeout("rotate()", 3 * 1000)
      }

      // Fin de ocultación del guión a navegadores antiguos -->
   </SCRIPT>
</HEAD>
<BODY BGCOLOR=WHITE onLoad="rotate()">
<CENTER>
   <IMG SRC="images/banner1.gif" WIDTH=400 HEIGHT=75 NAME="adBanner">
</CENTER>
</BODY>
</HTML>
```

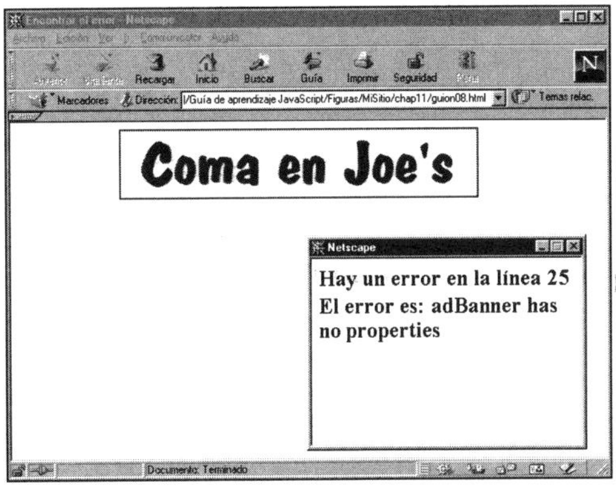


***Figura 11.12.*** *Aquí se muestra el mensaje de error personalizado en acción.*

## Para crear sus propios mensajes de error

1. `onerror = errWindow`

   El manejador de eventos onerror controla lo que hace el navegador cuando se encuentra un error. En esta sentencia, se le está diciendo al navegador que llame a la función errWindow() cuando ocurre un error.

2. ```
   function errWindow(errMsg,location,
   → lineNum) {
   ```

   Esta línea empieza la declaración de errWindow. El navegador pasa automáticamente el mensaje de error (errMsg), el URL (location) y el número de línea aproximado donde ocurrió el error (lineNum). Estos tres parámetros son necesarios y deben estar en este orden.

3. ```
   debugWin = window.open(" ",
   → "debugWin", "height=200,width=200,
   → resize=yes")
   ```

   Esto abre una ventana de depuración redimensionable, con una anchura y altura de 200 *pixels*. Si ya hay una ventana abierta con el mismo nombre, JavaScript sólo devuelve una referencia a ella.

4. ```
   debugWin.document.write("<H2>Hay
   → un error en la línea " + lineNum)
   debugWin.document.write("<BR>El
   → error es: " + errMsg)
   ```

   Estas líneas imprimen la información del error en la ventana de depuración, como se muestra en la Figura 11.12. Puede, si quiere, añadir mensajes o variables que desee ver antes de que acabe el guión.

5. `debugWin.document.close()`

   Esta línea asegura que todo lo que se escribió es realmente visible en la ventana.

6. `return true`

   La función errWindow necesita devolver verdadero (true) o falso (false). El resultado verdadero le dice al navegador que el error ha sido

*(Continua en la página siguiente)*
   ```

manipulado aceptablemente y que no es necesario desplegar también el mensaje de error estándar. Devolviendo falso, o no devolviendo ningún valor, aparece el mensaje de error estándar, junto con la ventana personalizada.

CONSEJOS

- Si usa onerror = null, no se visualizará ningún mensaje en pantalla, con independencia de los errores que reciba.
- Podría haber esperado que onerror se hubiera escrito con una mayúscula, como onError. Si usa este último formato, su código funcionará bien sólo en Netscape, pero si usa el primer formato, su código funcionará en todos los navegadores. Internet Explorer requiere que este tipo de manejador de eventos esté todo en minúsculas.

# CÓMO TRABAJAR CON HERRAMIENTAS VISUALES 12

Al hacerse JavaScript más popular, los fabricantes de software han sacado programas que escriben JavaScript para usted, ahorrándole la necesidad de aprender a programar.

Los primeros de estos programas en aparecer fueron programas de diseño web, como Adobe GoLive (con su nombre anterior, GoLive CyberStudio) y Dreamweaver, de Macromedia. Más recientemente, han aparecido programas de diseño gráfico que también proporcionan a los usuarios de la Web la alabada creación automatizada de JavaScript, desde programas como Fireworks 2 de Macromedia hasta Adobe Image Styler.

En este capítulo conocerá las ventajas y desventajas de usar estas herramientas visuales para crear el código JavaScript, y aprenderá a usar tres de estas herramientas (GoLive, Dreamweaver e ImageStyler) para crear efectos JavaScript comunes (y no tan comunes). Existen versiones de evaluación de estos programas totalmente funcionales para Windows y Macintosh: las puede descargar en los sitios web de Adobe y Macromedia, instalarlas en su computadora y ver si satisfacen sus necesidades.

## Las ventajas e inconvenientes de las herramientas visuales

A primera vista, pocos inconvenientes va a poder encontrar a los programas que pueden escribir JavaScript por usted. Estas herramientas le permiten hacer una cantidad tremenda de cosas nuevas sin los sudores provocados por el aprendizaje de JavaScript. Pero, como la mayoría de los dispositivos que ahorran trabajo, estos programas imponen su propio conjunto de restricciones. Entremos en detalles.

### La parte buena

Lo mejor de las herramientas visuales es también lo más obvio: puede añadir DHTML y otros efectos JavaScript a sus sitios web sin necesidad de conocimientos previos de programación. Cuando está intentando hacer cosas complicadas, como hacer volar múltiples objetos alrededor de una página usando el Posicionamiento de Hojas de Estilos en Cascada, programas como Dreamweaver o GoLive pueden ahorrarle mucho tiempo.

Otra buena cosa es que puede estar casi completamente seguro de que el código generado por el programa funcionará la primera vez que lo intente, y también en múltiples navegadores. Eliminar la fase de depuración ahorra mucho tiempo. Hablando en términos generales, será mucho más rápido usar uno de estos programas en lugar de escribir su propio guión JavaScript.

Comprar uno de estos programas también le permite compartir los frutos de las comunidades de usuarios que han crecido en torno a ellos. Existen sitios web dedicados a Dreamweaver, GoLive e ImageStyler creados por usuarios entusiastas. Estos sitios tienen consejos, trucos, ejercicios y archivos descargables que le permiten ampliar y realzar los programas.

## El lado oscuro

Si la última sección le convenció para comprar una de las herramientas visuales, espere un poco. Recuerde que una de las cosas buenas de JavaScript es que, como es sólo texto, no necesita herramientas caras para hacer un gran trabajo. GoLive, Fireworks y Dreamweaver cuestan cada uno varios cientos de dólares. Incluso si tiene una empresa pequeña con sólo unos pocos empleados, puede meterse rápidamente en miles de dólares de gastos en software.

Luego está la calidad misma del código JavaScript generado por computadora. Funciona, claro, pero no es bonito ni eficaz (consulte la nota "Salida de código"). Puede ser muy difícil para los programadores humanos modificar (o, algunas veces, incluso entender) el código JavaScript que generan estos programas. Si comparte esa característica tan común de diseñadores y programadores como es el de una ansi desmedida de control, puede encontrar un poco frustrante tener un código así en su sitio.

Los programas visuales vienen con un conjunto particular de acciones JavaScript, y si las acciones suministradas con la herramienta que eligió no hacen exactamente lo que usted quiere, mala suerte. Tendría que escribir su propia acción e instalarla en el programa, o esperar que algún otro usuario haya escrito ya la acción que necesita.

Finalmente, cuando compra un producto de una compañía como Adobe o Macromedia, tendrá que tratar con los cambios en la planificación de la Web. Puede que quede bloqueado ante las nuevas características de los navegadores hasta que su programa sea actualizado. Si sus sitios no requieren mucho trabajo en las horas punta, eso no tendrá importancia para usted. Pero las agencias de diseño que viven y respiran en el tiempo de Internet necesitan permanecer lo más flexibles posible.

## Salida de código: las personas programan mejor

Una de las desventajas del código JavaScript generado por computadora es que el código tiende a hincharse y a ser difícil de manipular, casi imposible de decodificar por parte de los humanos, y aún más de modificar. Para demostrar esto, se tomó uno de los ejemplos primeros de este libro (el Guión 3.2, que crea una sencilla imagen de sustitución) y se recreó el efecto del guión en dos herramientas populares, Adobe GoLive 4.0 y Macromedia Dreamweaver 2. En su formulario original, codificado manualmente (Guión 12.1), la página HTML que incluye el guión JavaScript tiene 26 líneas de longitud. Recrear la página en GoLive produjo una página de 106 líneas (Guión 12.2). Dreamweaver hizo un trabajo ligeramente mejor: su página sólo tenía 44 líneas de longitud (Guión 12.3).

Una mirada más atenta a los dos guiones generados por computadora muestran que originan mucho gasto de recursos. Por ejemplo, el guión generado por GoLive usa una gran cantidad de código para verificar que el navegador es suficientemente moderno para manipular imágenes de sustitución, en vez de usar la simple sentencia if (document.images) descrita en el Capítulo 3. El guión de Dreamweaver conoce esa prueba particular, pero abigarra el guión con tareas innecesarias con los arrays y referencias confusas a objetos, como números de 12 dígitos. Intentar modificar cualquiera de estos guiones manualmente sería una pesadilla, porque primero tendría que descubrir qué están haciendo los guiones y cómo lo están haciendo. Y si tiene éxito al modificar los guiones, perderá la capacidad de importarlas en las herramientas visuales donde se generaron.

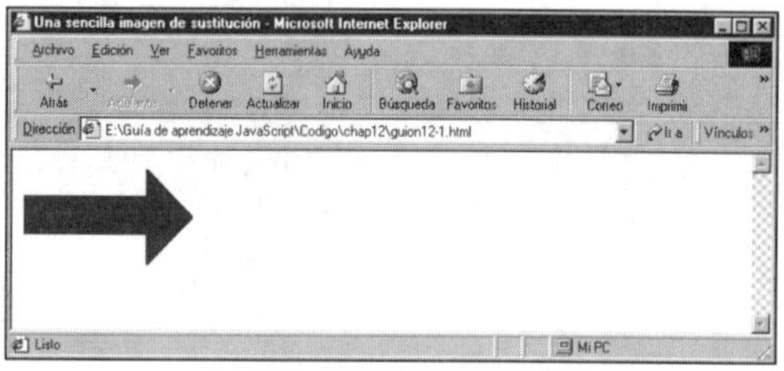


*Figura 12.1. Esta simple imagen de sustitución requiere una sorprendente cantidad de código JavaScript generado por computadora para lograr el mismo efecto que el guión JavaScript más corto y más fácil de entender codificado manualmente.*

**Guión 12.1.** Este guión fue codificado a mano, y es fácil entenderlo y modificarlo, si es necesario.

```
<HTML>
<HEAD>
   <TITLE>Una sencilla imagen de
   → sustitución</TITLE>
   <SCRIPT LANGUAGE=JAVASCRIPT TYPE=
   → "TEXT/JAVASCRIPT">
   <!-- Ocultar guión a navegadores antiguos
   if (document.images) {
      arrowRed = new Image
      arrowBlue = new Image

      arrowRed.src = "images/redArrow.gif"
      arrowBlue.src = "images/blueArrow.gif"
   }
   else {
      arrowRed = ""
      arrowBlue = ""
      document.arrow = ""
   }

   // Fin de ocultación del guión a navegadores
   → antiguos -->
   </SCRIPT>
</HEAD>
<BODY BGCOLOR=WHITE>
   <A HREF="next.html" onMouseover=
   → "document.arrow.src=arrowRed.src"
   → onMouseout="document.arrow.src=
   → arrowBlue.src"><IMG SRC=
   → "images/blueArrow.gif" WIDTH=147
   → HEIGHT=82 BORDER=0 NAME="arrow"></A>
</BODY>
</HTML>
```

**Guión 12.2.** El código JavaScript generado automáticamente por Adobe GoLive requiere más de cuatro veces más código para conseguir el mismo resultado.

```
<html>
   <head>
      <meta name="generator" content="Adobe GoLive 4">
      <title>Una sencilla imagen de sustitución</title>
      <csscriptdict>
         <script><!--
CSStopExecution = false;
CSInit = new Array;
function CSScriptInit() {
idxArray = new Array;
for(var i=0;i<CSInit.length;i++)
   idxArray[i] = i;
CSAction2(CSInit, idxArray);
}
CSAg = window.navigator.userAgent; CSBVers = parseInt(CSAg.charAt
   (CSAg.indexOf("/")+1),10);
function IsIE() { return CSAg.indexOf("MSIE") > 0;}
function CSIEStyl(s) { return document.all.tags("div")[s].style; }
function CSNSStyl(s) { return CSFindElement(s,0); }
function CSFindElement(n,ly) { if (CSBVers < 4) return document[n];
   var curDoc = ly ? ly.document : document; var elem = curDoc[n];
   if (!elem) { for (var i=0;i<curDoc.layers.length;i++) {
      elem = CSFindElement(n,curDoc.layers[i]); if (elem) return elem; }}
   return elem;
}
function CSButtonReturn () {
   var bAgent = window.navigator.userAgent;
   var bAppName = window.navigator.appName;
   if ((bAppName.indexOf("Explorer") >= 0) && (bAgent.indexOf("Mozilla/3") >= 0)
      && (bAgent.indexOf("Mac") >= 0))
      return false; // follow link
   else return true; // follow link
}
CSIm = new Object();
function CSIShow(n,i) {
   if (document.images) {
      if (CSIm[n]) {
         var img = (!IsIE()) ? CSFindElement(n,0) : document[n];
         if (img && typeof(CSIm[n][i].src) != "undefined") {img.src = CSIm[n][i].src;}
         if(i != 0)
            self.status = CSIm[n][3];
         else
            self.status = " ";
         return true;
```

*(Continúa en página siguiente)*

**Guión 12.2.** El código JavaScript generado automáticamente por Adobe GoLive requiere más de cuatro veces más código para conseguir el mismo resultado. *(Continuación)*

```
      }
   }
   return false;
}
function CSILoad(action) {
   im = action[1];
   if (document.images) {
      CSIm[im] = new Object();
      for (var i=2;i<5;i++) {
         if (action[i] != '') { CSIm[im][i-2] = new Image(); CSIm[im][i-2].src
            = action[i]; }
         else CSIm[im][i-2] = 0;
      }
      CSIm[im][3] = action[5];
   }
}
CSStopExecution = false;

function CSAction(array) {
   return CSAction2(CSAct, array);
}
function CSAction2(fct, array) {
   var result;
   for (var i=0;i<array.length;i++) {
      if(CSStopExecution) return false;
      var actArray = fct[array[i]];
      var tempArray = new Array;
      for(var j=1;j<actArray.length;j++) {
         if((actArray[j] != null) && (typeof(actArray[j]) == "object") &&
            (actArray[j].length == 2)) {
            if(actArray[j][0] == "VAR") {
               tempArray[j] = CSStateArray[actArray[j][1]];
            }
            else {
               if(actArray[j][0] == "ACT") {
                  tempArray[j] = CSAction(new Array(new String(actArray[j][1])));
               }
            else
               tempArray[j] = actArray[j];
            }
         }
         else
            tempArray[j] = actArray[j];
      }
      result = actArray[0](tempArray);
   }
```

*(Continúa en página siguiente)*

**Guión 12.2.** El código JavaScript generado automáticamente por Adobe GoLive requiere más de cuatro veces más código para conseguir el mismo resultado. *(Continuación)*

```
   return result;
}
CSAct = new Object;

// --></script>
      </csscriptdict>
      <csactiondict>
      <script><!--
CSInit[CSInit.length] = new Array(CSILoad,/*CMP*/'button',/*URL*/'images/blueArrow.gif',
   /*URL*/'images/redArrow.gif',/*URL*/'','');

// --></script>
      </csactiondict>
   </head>

   <body bgcolor="white" onload="CSScriptInit();">
      <a href="next.html"><csobj w="147" h="82" t="Button" ht="images/redArrow.gif">
         <a href="next.html" onmouseover="return CSIShow
         (/*CMP*/'button',1)" onmouseout="return CSIShow(/*CMP*/'button',0)"
         onclick="return CSButtonReturn()"><img src="images/blueArrow.gif"
         width="147" height="82" name="button" border="0"></a></csobj></a>
   </body>

</html>
```

**Guión 12.3.** La versión de la misma página generada por Dreamweaver 2 es más corta, pero no mucho más clara.

```
<HTML>
<HEAD>
   <TITLE>Una sencilla imagen de sustitución</TITLE>
<script language="JavaScript">
<!--
function MM_swapImgRestore() { //v2.0
   if (document.MM_swapImgData != null)
      for (var i=0; i<(document.MM_swapImgData.length-1); i+=2)
         document.MM_swapImgData[i].src = document.MM_swapImgData[i+1];
}

function MM_preloadImages() { //v2.0
   if (document.images) {
      var imgFiles = MM_preloadImages.arguments;
      if (document.preloadArray==null) document.preloadArray = new Array();
      var i = document.preloadArray.length;
      with (document) for (var j=0; j<imgFiles.length; j++) if (imgFiles[j].charAt(0)!="#"){
```

*(Continúa en página siguiente)*

**Guión 12.3.** La versión de la misma página generada por Dreamweaver 2 es más corta, pero no mucho más clara. *(Continuación)*

```
         preloadArray[i] = new Image;
         preloadArray[i++].src = imgFiles[j];
   } }
}

function MM_swapImage() { //v2.0
   var i,j=0,objStr,obj,swapArray=new Array,oldArray=document.MM_swapImgData;
   for (i=0; i < (MM_swapImage.arguments.length-2); i+=3) {
      objStr = MM_swapImage.arguments[(navigator.appName == 'Netscape')?i:i+1];
      if ((objStr.indexOf('document.layers[')==0 && document.layers==null) ||
            (objStr.indexOf('document.all[')   ==0 && document.all    ==null))
         objStr = 'document'+objStr.substring(objStr.lastIndexOf('.'),objStr.length);
      obj = eval(objStr);
      if (obj != null) {
         swapArray[j++] = obj;
         swapArray[j++] = (oldArray==null || oldArray[j-1]!=obj)?obj.src:oldArray[j];
         obj.src = MM_swapImage.arguments[i+2];
   } }
   document.MM_swapImgData = swapArray; //used for restore
}
//-->
</script>
</HEAD>
<BODY BGCOLOR=WHITE onLoad="MM_preloadImages('images/redArrow.gif','#925090391683')">
<A href="next.html" onMouseOut="MM_swapImgRestore()" onMouseOver="MM_swapImage
→ ('document.blueArrow','document.blueArrow','images/redArrow.gif','#925090391683')"
→ ><IMG name="blueArrow" border="0" src="images/blueArrow.gif"></A>
</BODY>
</HTML>
```

## Objetos volantes en Adobe GoLive

Adobe GoLive es una herramienta profesional para crear sitios web. Una de sus muchas características es la posibilidad de crear animaciones usando el Posicionamiento de Hojas de Estilos en Cascada (CSS-P, *Cascading Style Sheet Positioning*). Supone un buen uso de una herramienta visual, porque el código JavaScript necesario para mover objetos gráficos en capas puede ser bastante complejo (si desea más información sobre CSS-P, consulte el Capítulo 10). Y si precisa más información sobre Adobe GoLive, le recomendamos *Adobe GoLive 4 for Macintosh and Windows: Visual QuickStart Guide*, de Shelly Brisbin, editado por Pechpit Press. En el momento de imprimir este libro, GoLive estaba disponible sólo para Mac, pero Adobe había anunciado la versión para Windows.

El ejemplo de una animación CSS-P aquí propuesta es la página de bienvenida de un sitio de material deportivo llamado Adventure Tools. La pantalla de bienvenida es la que sumerge al usuario en su sitio web, así que es un buen lugar para insertar una animación. Para crear la animación, tendrá que usar la mayoría de los editores y las paletas de GoLive (Figura 12.2).

***Figura 12.2.*** *Adobe GoLive tiene muchas herramientas para crear animaciones.*

Hay tres elementos que se mueven en la pantalla de bienvenida: un globo terráqueo, un esquiador y el título Adventure Tools. Cada elemento es una imagen GIF transparente incrustada en un cuadro flotante. La animación consiste en que cada GIF vuela a lo largo de un recorrido diferente para ensamblarse finalmente en el logotipo completo. Es importante que las imágenes sean GIF transparentes, para que se eliminen sus fondos y pueda ver una imagen detrás de otra.

## Para animar objetos en Adobe GoLive

1. En GoLive, seleccione File, New para crear una página HTML nueva. Guárdela bajo el nombre portada.html.
2. Empiece por arrastrar el icono del cuadro flotante (véase la Figura 12.3) desde la ficha Basic de la paleta a la página vacía portada.html, arrastrando un cuadro por cada imagen que vaya a usar en la animación (en este caso, tres). En cada cuadro flotante, arrastre un marcador de imagen desde la ficha Basic de la paleta.
3. En Image Inspector, especifique el archivo de imagen con el botón Browse, o use el botón Point & Shoot para encontrar la imagen en la ventana Site (véase la Figura 12.4). Redimensione los cuadros flotantes para que puedan ajustarse a las imágenes. Luego, arrastre los cuadros para que las imágenes estén donde usted quiere al final de la animación.
4. Para animar el primer cuadro flotante, haga clic en el extremo del cuadro para seleccionarlo. Luego abra el editor de la línea de tiempo haciendo clic en el botón TimeLine Editor en la esquina superior derecha de la ventana del documento (parece una pequeña tira de película). En la ventana del editor de la línea de tiempo (véase la Figura 12.5), hay tres pistas y tres **cuadros clave**, uno para cada uno de los cuadros flotantes. Estos cuadros clave representan dónde estarán las imágenes al final de la animación, así que necesita resituarlas a lo largo de la línea de tiempo.

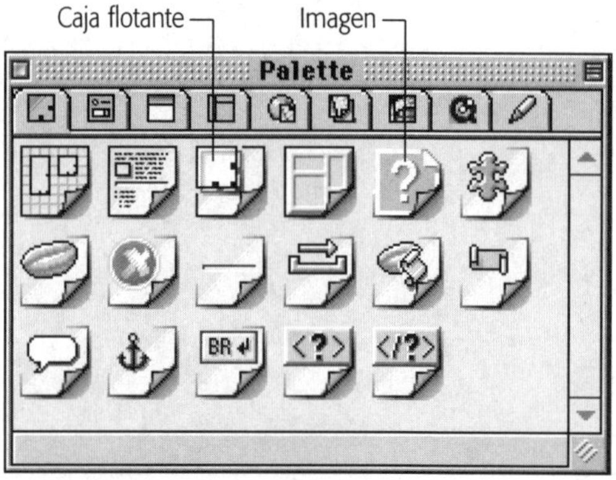


***Figura 12.3.*** *La ficha Basic de la paleta tiene iconos para los cuadros flotantes y las imágenes.*

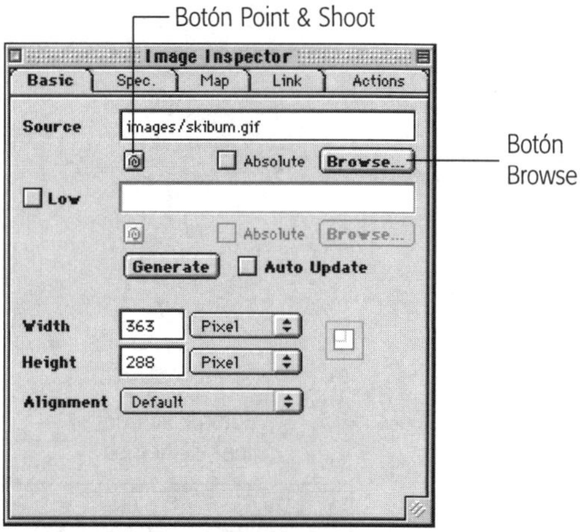


***Figura 12.4.*** *El Image Inspector le permite elegir la imagen que irá en el cuadro flotante.*

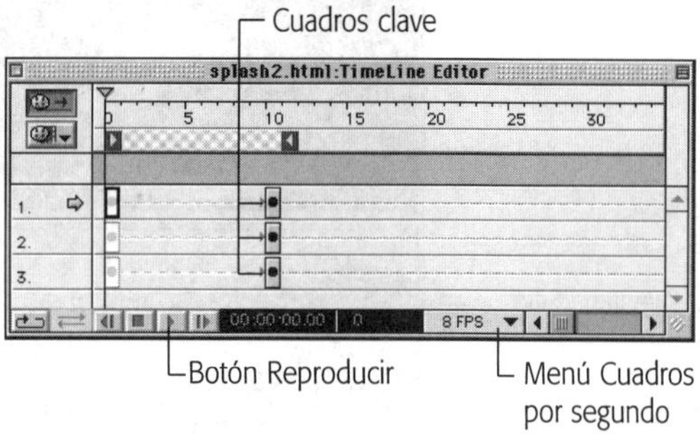


***Figura 12.5.*** *El editor de la línea de tiempo le permite crear cuadros clave para su animación.*

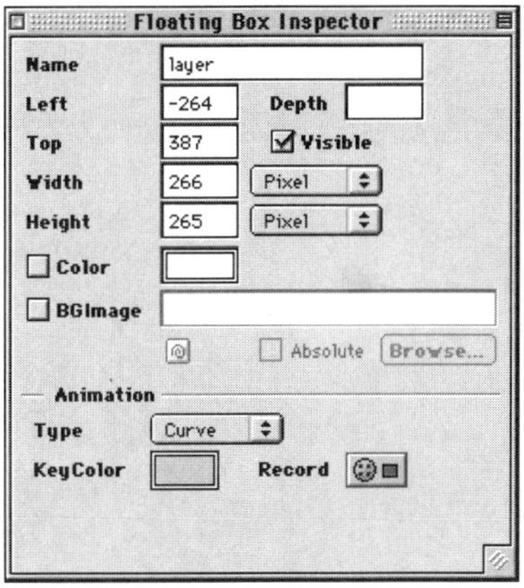


*Figura 12.6. El Floating Box Inspector le permite elegir si el cuadro es visible o no cuando empieza la animación.*

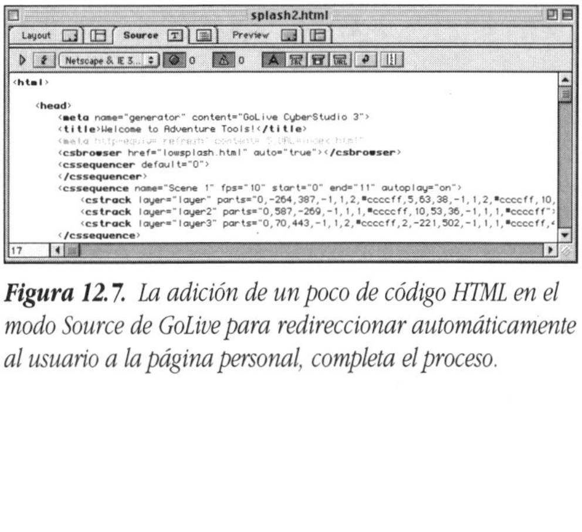


*Figura 12.7. La adición de un poco de código HTML en el modo Source de GoLive para redireccionar automáticamente al usuario a la página personal, completa el proceso.*

5. Después de decidir cuánto tiempo quiere que dure la animación, arrastre los tres cuadros clave a ese punto de la línea de tiempo. Tras mover los cuadros clave, observará que cada pista deja detrás un cuadro clave oscurecido al principio de la línea de tiempo (indicando que en ese punto de la línea de tiempo, esa pista en particular no es visible).

6. Haga clic en el cuadro oscurecido de la Pista 1 para seleccionarlo, haga clic en la casilla de verificación Visible del Floating Box Inspector y arrastre luego el cuadro flotante en la ventana del documento al lugar donde quiere que esté al principio de la animación (véase la Figura 12.6).

7. Haga clic en el botón Play situado en la parte inferior del editor de la línea de tiempo para ver un previo de su animación. Puede ajustar la velocidad de la animación cambiando el menú Frames Per Second, en la parte inferior del editor de la línea de tiempo (véase la Figura 12.5).

8. Si quiere, puede añadir cuadros clave en medio de una animación haciendo clic en el comando de una pista de la línea de tiempo. Esto le permite crear una ruta compleja que seguirá la imagen. Puede suavizar la ruta seleccionando Curve, bajo Animation Type en el Floating Box Inspector.

9. Repita los pasos 4 a 8 para animar los otros dos cuadros flotantes.

10. Ahora, para hacer que la página de bienvenida cambie automáticamente a la página principal, usará una etiqueta HTML que va en el encabezado de la página. Tiene un poco de código, así que cambie al modo Source, de GoLive, y escriba <meta http-equiv="refresh" content="5;URL=index.html"> entre las etiquetas <HEAD> y </HEAD> (véase la Figura 12.7).

## Cómo utilizar los comportamientos en Dreamweaver

Dreamweaver, de Macromedia, es otro de los programas visuales de gama alta para la creación de sitios web. Está disponible para Windows y para Macintosh. Una de las características más importantes de Dreamweaver es su asombrosa capacidad de ampliación. Puede escribir y añadir acciones JavaScript nuevas al programa (Dreamweaver las llama **comportamientos**), e incluso puede añadir nuevos comandos personalizados a los menús del programa.

Dreamweaver viene con un poderoso conjunto de comportamientos, y como es fácil para los programadores de guiones experimentados escribir comportamientos, hay gran número de comportamientos adicionales libres y gratuitos disponibles para descargar de varios sitios web. En el ejemplo propuesto verá cómo usar uno de los comportamientos JavaScript integrados para validar las entradas del usuario en un formulario.

Si desea más información sobre el uso de Dreamweaver, recomendamos la *Guía de aprendizaje Dreamweaver 3 para Windows y Macintosh*, de J. Tarin Towers, también publicado por Peachpit, Prentice Hall.

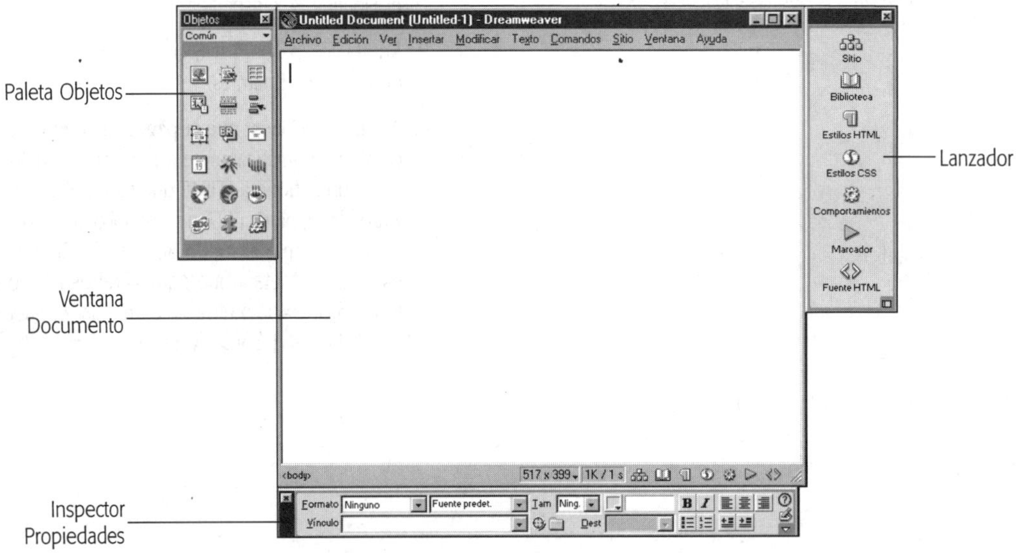


***Figura 12.8.*** *Dreamweaver ocupa mucho espacio de pantalla con sus diversas ventanas.*

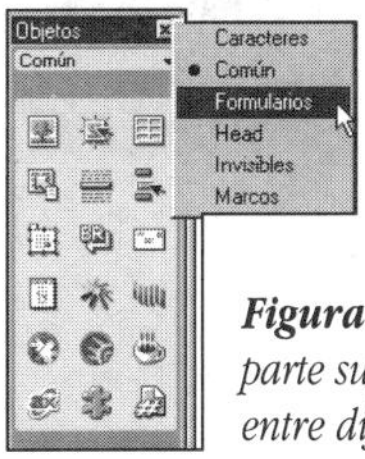


*Figura 12.9.* *El menú desplegable de la parte superior de la paleta le permite cambiar entre diferentes conjuntos de herramientas.*

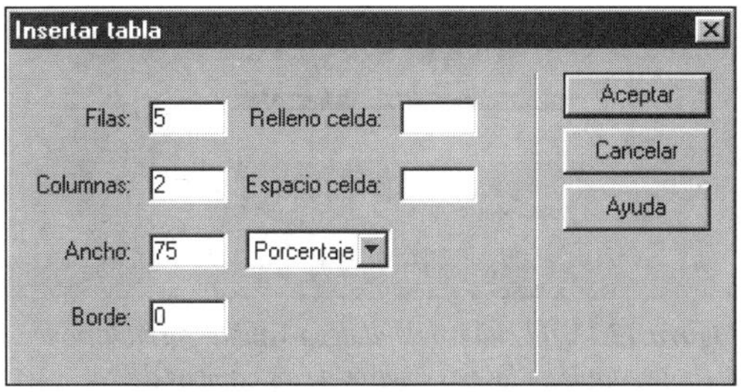


*Figura 12.10.* *En el cuadro de diálogo Insertar tabla, establezca el número de filas y columnas de la tabla.*

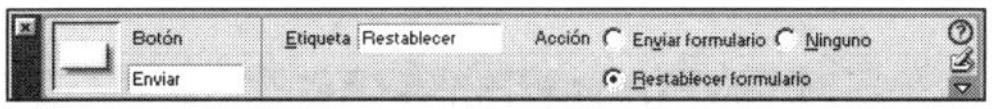


*Figura 12.11.* *La ventana Inspector le permite especificar los atributos de los elementos del formulario.*

## Para validar un formulario con un comportamiento

1. Dreamweaver presenta un documento en blanco cuando se inicia (véase la Figura 12.8). Escriba Formulario de registro en la ventana del documento y luego pulse la tecla Intro.

2. Elija Formularios en el menú desplegable de la parte superior de la paleta de herramientas Objetos para visualizar las herramientas de formulario (véase la Figura 12.9).

3. Haga clic en el icono Insertar formulario de la parte superior de la paleta de herramientas. Aparece una línea de puntos que identifican el formulario.

4. Seleccione Insertar, Tabla. En el cuadro de diálogo Insertar tabla, introduzca 5 en el número de filas y 2 en el número de columnas. Elimine el borde de la tabla introduciendo un 0 en el cuadro Borde, como se muestra en la Figura 12.10.

5. En la primera columna de la tabla, introduzca las etiquetas de texto para el nombre y los apellidos. En la segunda columna de la tabla, haga clic dos veces en el icono Insertar campo de texto de la barra de herramientas Objetos para insertar los campos destinados al nombre y los apellidos.

6. Repita el paso 5 para insertar las etiquetas de texto y los campos para la dirección, calle, población, ciudad, código postal y dirección de email.

7. En la última fila, añada una etiqueta de texto para el sistema operativo, y luego haga clic dos veces en el icono Insertar botón de opción de la paleta de herramientas Objetos.

8. Sitúe el punto de inserción bajo la tabla y haga clic dos veces en el icono Insertar botón de la paleta Objetos. Aparecerán dos botones Enviar.

9. Seleccione el segundo botón Enviar y haga clic en Restablecer formulario en la sección Acción del inspector Propiedades (véase la Figura 12.11); esto convierte el botón Enviar en un botón Restablecer. También debería cambiar el nombre del botón a Restablecer.

10. Seleccione cada campo de formulario, uno a uno, y asigne a cada uno un nombre en el inspector Propiedades.
11. Haga clic en el botón Comportamientos de la ventana Lanzador. Aparece la ventana Comportamientos (véase la Figura 12.12).
12. Haga clic en un borde del formulario para seleccionarlo, y luego elija Validar formulario desde el botón + de la ventana Comportamientos. Aparece el cuadro de diálogo Validar formulario (véase la Figura 12.13).
13. En el cuadro de diálogo Validar formulario, seleccione por turno cada uno de los campos desde la lista Campos con nombre y aplique atributos usando la casilla de verificación, los botones de opción y los campos de texto de la parte inferior. Haga clic en Aceptar cuando haya terminado. La ventana Comportamientos mostrará el nuevo comportamiento Validar formulario (véase la Figura 12.14).

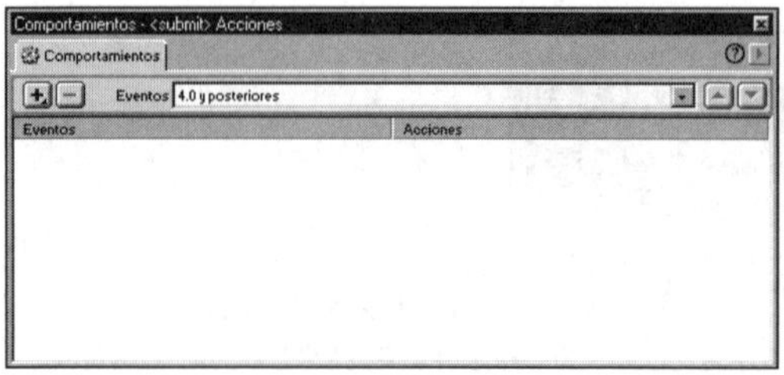


***Figura 12.12.*** *La ventana Comportamientos.*

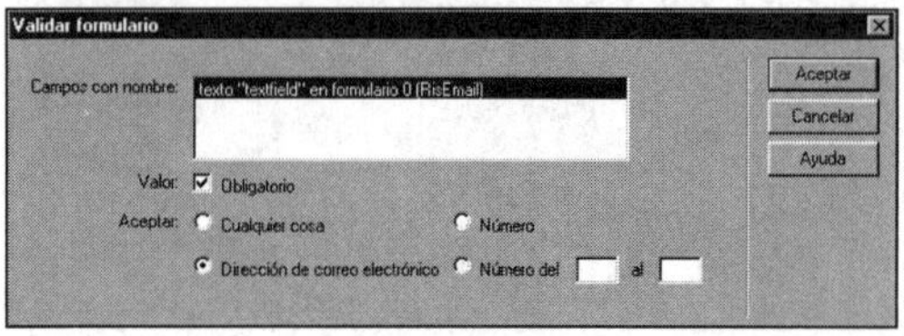


***Figura 12.13.*** *El cuadro de diálogo Validar formulario le permite establecer los parámetros de los campos del formulario (y, lo que es interesante, el cuadro de diálogo también se escribe en JavaScript, como todos los comportamientos en Dreamweaver).*

***Figura 12.14.*** *La ventana Comportamientos muestra todos los comportamientos asociados al documento actual.*

# Cómo crear botones con imágenes de sustitución en Adobe ImageStyler

Los gráficos aparentes son importantes para cualquier sitio web, pero no todos los sitios pueden disponer de un artista que cree sus botones, barras de navegación e iconos. Adobe ImageStyler permite a las personas sin conocimientos de diseño gráfico crear rápidamente gráficos de buen aspecto. Con ImageStyler, puede crear botones y mapas de imagen, además de añadir imágenes de sustitución a sus gráficos.

## Para crear botones con imágenes de sustitución

1. Lance ImageStyler, que abre una ventana sin título (véase la Figura 12.15).
2. Desde la paleta de herramientas, elija la herramienta Rectangle y dibuje un botón rectangular de 80 *pixels* de ancho y 40 de alto. Puede comprobar el tamaño exacto en la paleta Transform.

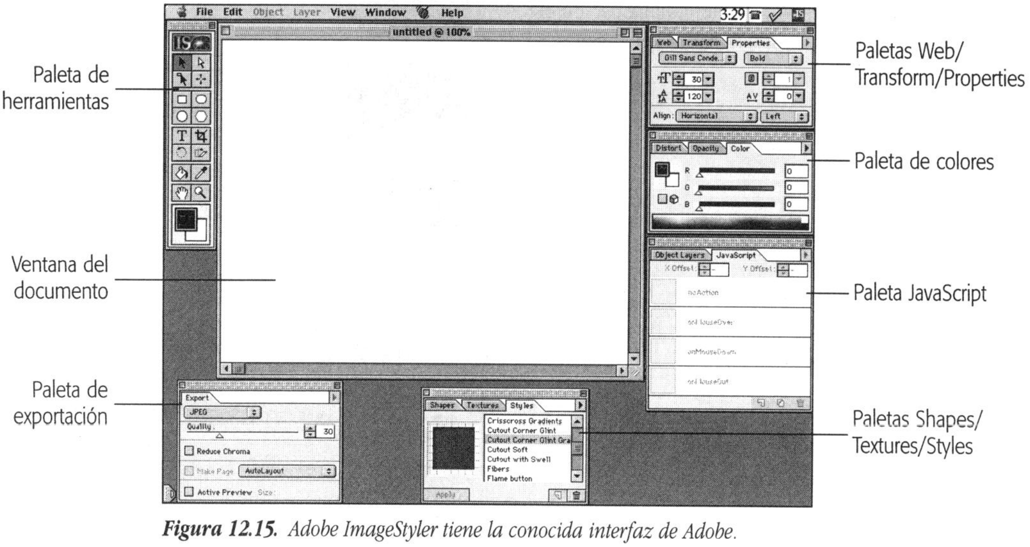


***Figura 12.15.*** *Adobe ImageStyler tiene la conocida interfaz de Adobe.*

3. La mayoría de las barras de navegación tienen varios botones, así que seleccione el rectángulo y elija Edit, Make Alias, y repita esto para cada botón que necesite. Ahora debe tener varios rectángulos, como se muestra en la Figura 12.16. Como los rectángulos son alias unos de otros, no duplicados, los cambios hechos en un rectángulo se reflejarán en todos.

4. Elija Window, Properties, o haga clic en la ficha Properties y elija Ellipse (véase la Figura 12.17). Todos los rectángulos se convertirán en elipses.

5. Arrastre las cuatro elipses a una línea vertical, iguale el espaciado seleccionando los cuatro objetos, eligiendo Object, Align, Horizontal Centers y ejecutando luego Object, Distribute, Vertical. El resultado debería parecerse a la Figura 12.18.

6. Ahora necesita añadir un estilo a las cuatro elipses. Seleccione una de ellas, haga clic en la ficha Styles y desplácese por los estilos hasta encontrar uno que le guste. En este ejemplo, se eligió el estilo Green Metal. Cuando encuentre el estilo que quiere, haga clic en el botón Apply (véase la Figura 12.19).

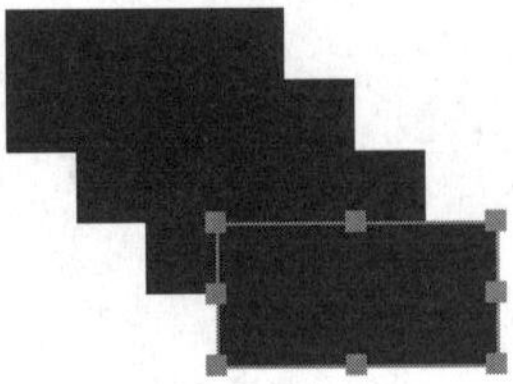

***Figura 12.16.*** *El rectángulo original y sus alias.*

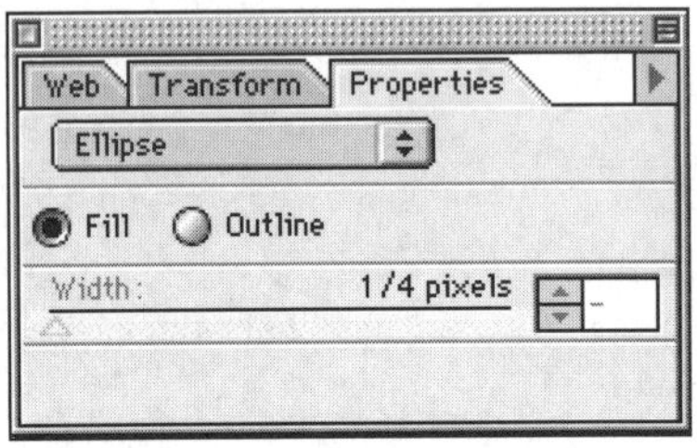


***Figura 12.17.*** *Convirtiendo los rectángulos en elipses.*

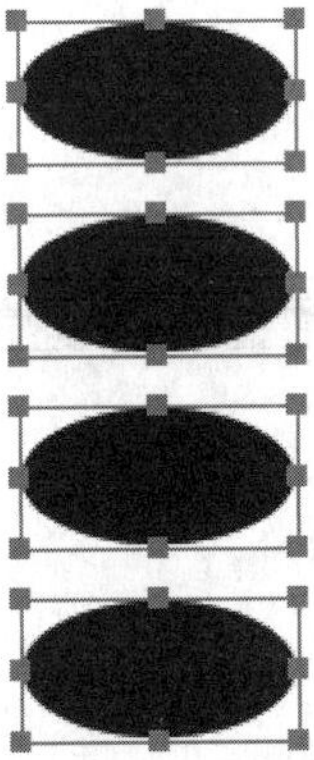

***Figura 12.18.*** *Las elipses alineadas, listas para adaptarse al estilo de botones con buen aspecto.*

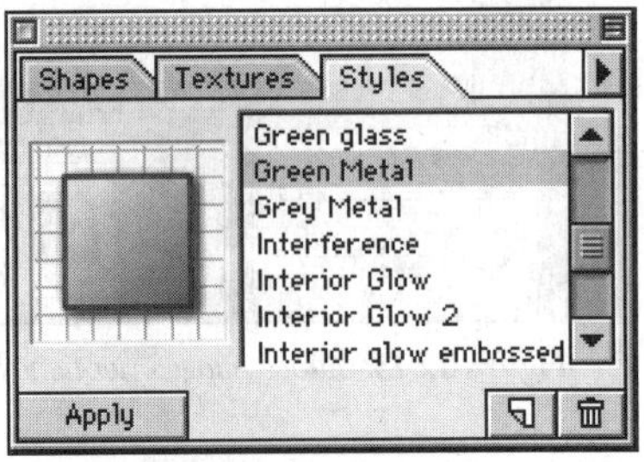


***Figura 12. 19.*** *La paleta Styles incluye muchas opciones atractivas y puede encontrar muchas más para descargar en los sitios web.*

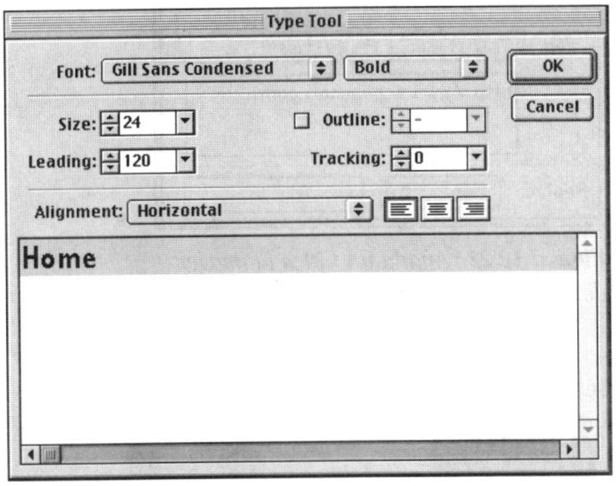


***Figura 12.20.*** *Puede hacer la modificación de texto que quiera en el cuadro de diálogo Type Tool.*

7. Seleccione la herramienta Text y haga clic en la ventana del documento. Aparece el cuadro de diálogo Type Tool (véase la Figura 12.20). Escriba el texto del botón en la ventana y establezca la fuente, el estilo y el tamaño que quiera. Haga clic en OK. Aparecerá el texto seleccionado en la ventana del documento.

8. Mire ahora en la paleta JavaScript (véase la Figura 12.21). El estado básico del objeto es noAction. Para crear un estado nuevo, elija el botón New State situado en la parte inferior de la paleta JavaScript. El estado onMouseOver aparece seleccionado en la paleta.

9. Puede cambiar la apariencia del estado onMouseOver usando cualquiera de las herramientas de ImageStyler. Puede cambiar el color; aplique cualquier estilo, degradado, textura o forma. O modifique el tamaño del objeto o su posición.

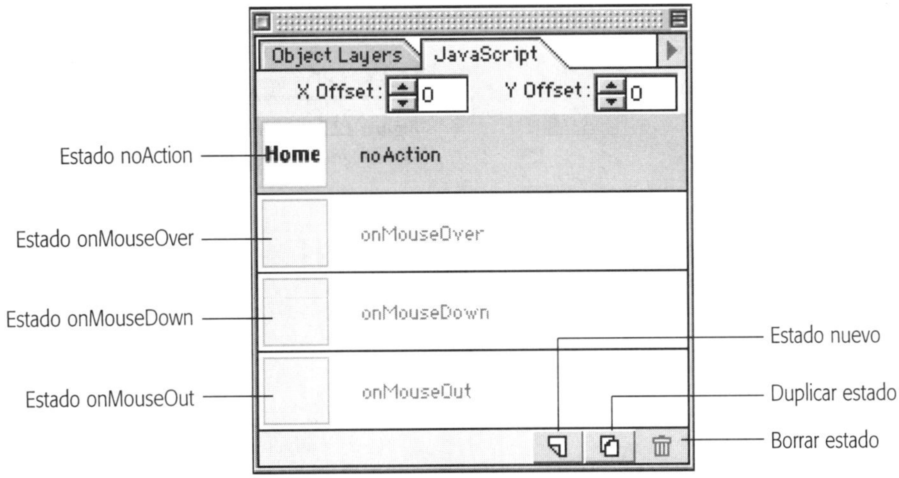


***Figura 12.21.*** *La paleta JavaScript le permite añadir distintas variedades de comportamiento a las imágenes de sustitución.*

10. Para añadir un URL a un estado, introduzca el URL en la paleta Web (véase la Figura 12.22).
11. Si quiere añadir los estados onMouseDown u onMouseOut, repita los pasos 8 y 9.
12. Repita los pasos 7 a 10 para cada uno de los otros objetos de texto.
13. Arrastre cada objeto de texto sobre su botón respectivo. Si es necesario, use los comandos de alineamiento, como en el paso 5. El resultado final debe ser algo como la Figura 12.23.
14. Seleccione Window, Export. Seleccione el formato gráfico que quiere usar (generalmente, GIF o JPEG), y elija AutoLayout, como en la Figura 12.24.
15. Elija File, Export. ImageStyler representará las imágenes del botón y creará un archivo HTML que puede usar, incluyendo todo el código JavaScript necesario para hacer funcionar las imágenes de sustitución del botón.

***Figura 12.22.*** *Añada un URL a la imagen de sustitución en la paleta Web.*

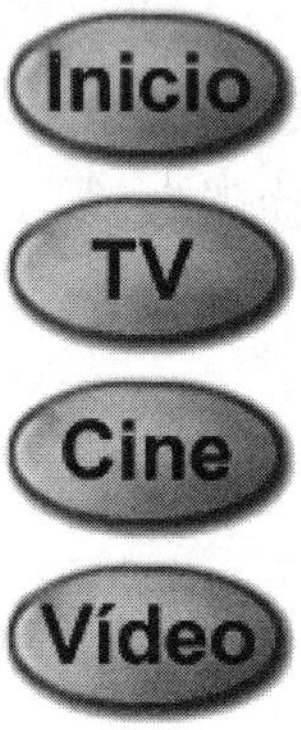


***Figura 12.23.*** *Los objetos botón y texto alineados.*

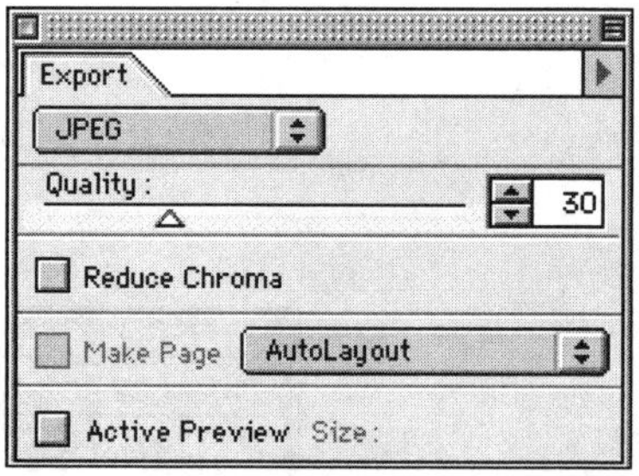


***Figura 12.24.*** *Elija en la paleta Export el formato gráfico que quiere para sus botones.*

# GENEALOGÍA Y REFERENCIA DE JAVASCRIPT

# A

JavaScript se ha transformado en unos pocos años, desde su introducción como parte de Netscape Navigator 2.0. Este apéndice explica brevemente las distintas versiones de JavaScript y qué versión incluye cada navegador.

También encontrará un diagrama de flujo con los objetos de JavaScript, así como una tabla con la mayoría de los objetos software de JavaScript, incluyendo la versión 1.2 de JavaScript, con sus propiedades, métodos y manejadores de eventos. Aunque las versiones 1.3 y 1.4 de JavaScript ya estaban disponibles en el momento de escribir este libro, no hemos incluido información sobre estas versiones en la tabla por razones de espacio, y porque la información facilitada sobre la versión 1.2 cubre la inmensa mayoría de las cosas que usted, como programador de guiones principiante, utilizará en sus guiones.

# Versiones de JavaScript

El lenguaje de desarrollo de guiones en el que piensa como JavaScript recibe diferentes nombres (dependiendo del producto que tenga) y aproximadamente una docena de versiones distintas. Además de JavaScript, también existen JScript y EMACScript. Aquí dispone de una guía con lo que hace cada uno.

## JavaScript de Netscape

La primera versión de JavaScript, denominada LiveScript inicialmente, se comercializó en principio en Netscape Navigator 2.0. Netscape pretendió que LiveScript fuera la forma de extender las capacidades de los navegadores y permitir a los diseñadores web añadir algo de interactividad a sus sitios. La versión de JavaScript en Navigator 2.0 es la 1.0.

Navigator 3.0 incluye JavaScript 1.1, que añade soporte para imágenes, arrays, *applets* Java y *plug-ins*, entre otros muchos cambios.

Con Navigator 4.0 (también conocido como Netscape Communicator) nació JavaScript 1.2, con más mejoras y refinamientos. Netscape 4.5 se comercializó posteriormente con JavaScript 1.3 y, en el momento de escribir este libro, se esperaba la aparición de Netscape 5, con JavaScript 1.4 incluido.

## JScript de Microsoft

Como viene siendo habitual, Microsoft implementó JavaScript a su forma, de modo que no siempre es compatible con la versión de Netscape. Bajo el nombre de JScript versión 1, la versión de Microsoft de JavaScript es más o menos compatible con JavaScript 1.0; pero con algunas diferencias. Naturalmente, JScript aparece únicamente en las versiones de Microsoft Internet Explorer (MSIE).

En Windows, también hay una versión de JScript, la 2 (comparable en algo a JavaScript 1.1), para Windows 95/NT que viene con versiones actualizadas de MSIE 3.02 y posteriores. No todas las versiones de MSIE 3.02 y posteriores incluyen JScript 2.0. Si quiere saber qué versión de JScript tiene instalada, busque en su disco el archivo jscript.dll. Consulte las propiedades de este archivo

**Tabla A.1**

| Diagrama del navegador MSIE/AOL | | | |
|---|---|---|---|
| **VERSIÓN DE AOL** | **PC 16 BITS** | **PC 32 BITS** | **MAC** |
| 3.0 | MSIE 3.0 | MSIE 3.0<br>MSIE 3.01<br>MSIE 3.02<br>MSIE 4.01 | MSIE 2.1 |
| 4.0 | MSIE 3.0 | MSIE 3.02<br>MSIE 4.01 | MSIE 3.01<br>MSIE 4.01 |

y haga clic en la ficha Versión. Si la versión del archivo no comienza con 2, hace tiempo que no actualiza su navegador.

En Macintosh, MSIE 3.0 no tenía JScript, per sí la versión 3.01. Esta última incluye JScript 1.0, pero no es idéntica a la misma versión para Windows; entre ambas existen algunas diferencias (por ejemplo, la versión Mac soporta el objeto Image para las imágenes de sustitución, mientras que JScript 1.0 para Windows no tiene soporte para ellas).

¿Todavía confundido? Está en buena compañía. Pero espere, hay más: MSIE 4.0 incluye JScript 3.0, y MSIE 5.0 incluye JScript 5.0. JScript 3.0 es casi equivalente a JavaScript 1.2, y JScript 5.0 se espera que sea casi compatible con JavaScript 1.4.

## AOL

¿Qué versión de JavaScript soportan los navegadores AOL? Puesto que AOL es la propietaria de Netscape, podría suponer que se incluye con Netscape o con Communicator, pero estaría equivocado. Por razones contractuales, AOL va con MSIE. Y no sólo esto, sino que normalmente se incluye con una versión de MSIE que es aproximadamente una revisión más antigua. La Tabla A.1 muestra la versión de AOL incluidas en los navegadores disponibles.

## EMACScript

En 1996, los desarrolladores web empezaron a lamentarse de que Netscape iba en una dirección con JavaScript, y Microsoft en otra dirección en parte compatible pero diferente con JScript. A nadie le gusta tener que manipular el código de la página en distintos dialectos de JavaScript, o tener un código que funciona en un navegador, pero no en otro. Los desarrolladores esperan un estándar. Así que Netscape acudió a un comité de normalización internacional denominado ECMA y sometió a él las especificaciones del lenguaje JavaScript, y echa mano de sus comentarios y sugerencias. ECMA hizo lo que los organismos de normalización suelen hacer, y en junio de 1997 publicó un estándar denominado ECMA-262 (también conocido como ECMAScript, un término de difícil pronunciación). Este estándar se asemeja bastante a JavaScript 1.1, pero no es exactamente el mismo. Si está interesado en leer la especificación ECMAScript oficial, puede descargarla en la dirección http://www.ecma.ch/stand/ecma-262.htm.

Microsoft afirma que las versiones 4.0 de Internet Explorer siguen el estándar ECMAScript, con algunas funciones propietarias adicionales específicas de MSIE. Si escribe código compatible con ECMAScript, funcionará perfectamente bajo MSIE y probablemente bajo Netscape Navigator 4.0 y posteriores. Pero siempre debería probar el código con distintos navegadores, plataformas y versiones para asegurarse.

En el momento de escribir estas líneas, ningún navegador de Netscape afirmaba ser 100% compatible con ECMAScript. Si después de toda esta exposición llega a la conclusión de que el "estándar" ECMAScript no está siendo debidamente valorado, no está muy equivocado.

## Navegadores y JavaScript

La Tabla A.2 muestra qué versiones de cada navegador soportan una determinada versión de JavaScript. Esta tabla es meramente una guía, porque como se ha comentado anteriormente en la sección dedicada a JScript, las implementaciones de JScript para Mac y Windows son diferentes.

### Tabla A.2

Versiones JavaScript de Netscape.

| NAVEGADOR NETSCAPE | VERSIÓN *SCRIPT* |
|---|---|
| 2.0 | 1.0 |
| 3.0 | 1.1 |
| 4.0 | 1.2 |
| 4.5 | 1.3 |
| 5.0 | 1.4 |

Versiones de JScript de Internet Explorer.

| NAVEGADOR MSIE | VERSIÓN DE JSCRIPT |
|---|---|
| 3.x/1 | 1.0 |
| 3.x/2 | 2.0 |
| 4.0 | 3.0 |
| 5.0 | 5.0 |

## Diagrama de flujo de objetos

Los objetos de JavaScript están conectados en un orden particular, por lo que puede pensar en ellos como en el diagrama de una empresa. El objeto primario en JavaScript es la ventana actual, y todos los demás objetos de software fluyen desde esta ventana, como se puede apreciar en la Figura A.1. Este orden de los obejtos es a menudo denominado **jerarquía de objetos de JavaScript**, pero es un nombre demasiado vanal para este libro.

**Leyenda**

| | |
|---|---|
| nombre | Todos los navegadores compatibles con JavaScript |
| **nombre** | Netscape 3+ y MSIE 4+ |
| nombre | Netscape 4+ y MSIE 4+ |
| **nombre** | Únicamente MSIE 4+ |
| `nombre` | Únicamente Netscape 3+ |
| **`nombre`** | Únicamente Netscape 4+ |

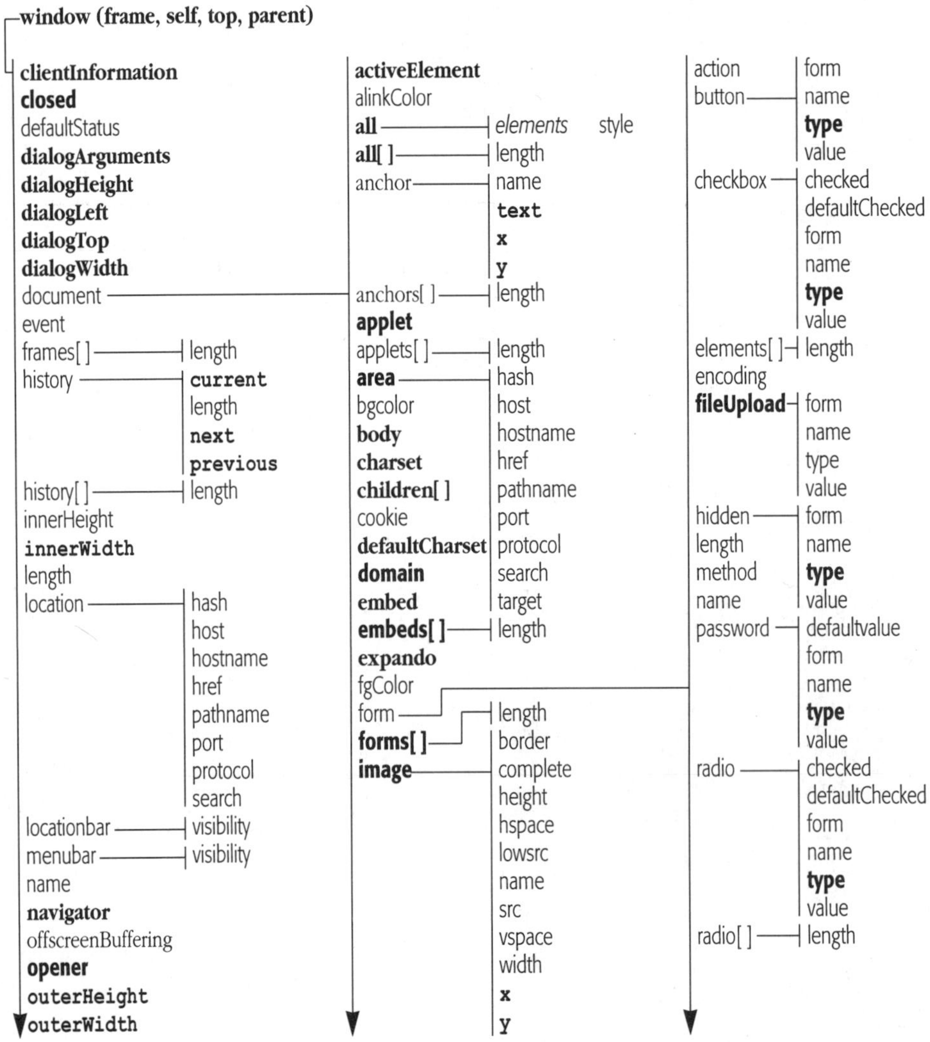

- **pageXOffset**
- **pageYOffset**
- parent
- **personalbar**
  - visibility
- screen
- **screenX**
- **screenY**
- **scrollbars**
  - visibility
- self
- status
- **statusbar**
  - visibility
- toolbar
  - visibility
- top

window (frame, self, top, parent) *(cont.)*

document *(cont.)*

- **images[ ]**
  - length
- lastmodified
- **layer**
  - above
  - background
  - below
  - bgColor
  - clip
    - bottom
    - height
    - left
    - right
    - top
    - width
  - document
  - hidden
  - left
  - name
  - pageX
  - pageY
  - parentLayer
  - siblingAbove
  - siblingBelow
  - src
  - top
  - visibility
  - zIndex
- **layers[ ]**
  - length
- linkcolor
- link
  - hash
  - host
  - hostname
  - href
  - pathname
  - port
  - protocol
  - search
  - target
  - **text**
  - **x**
  - **y**
- links[ ]
  - length
- location
  - hash
  - host
  - hostname
  - href
  - pathname
  - port
  - protocol
  - search
- **parentWindow**
- **plugins[ ]**
- **readyState**
- referrer
- **scripts[ ]**
  - length
- **selection**
  - type
- **styleSheets[ ]**
- title
- **URL**
- vlinkcolor

form *(cont.)*

- reset
  - form
  - name
  - **type**
  - value
- select
  - form
  - length
  - name
  - option
    - defaultSelected
    - index
    - selected
    - selectedIndex
    - text
    - value
  - options[ ]
    - length
  - selectedindex
  - **type**
- submit
  - form
  - name
  - **type**
- target
- text
  - value
  - defaultvalue
  - form
  - name
  - **type**
  - value
- textarea
  - defaultValue
  - form
  - name
  - **type**
  - value

**Leyenda**

| | |
|---|---|
| nombre | Todos los navegadores compatibles con JavaScript |
| **nombre** | Netscape 3+ y MSIE 4+ |
| nombre | Netscape 4+ y MSIE 4+ |
| **nombre** | Únicamente MSIE 4+ |
| nombre | Únicamente Netscape 3+ |
| **nombre** | Únicamente Netscape 4+ |

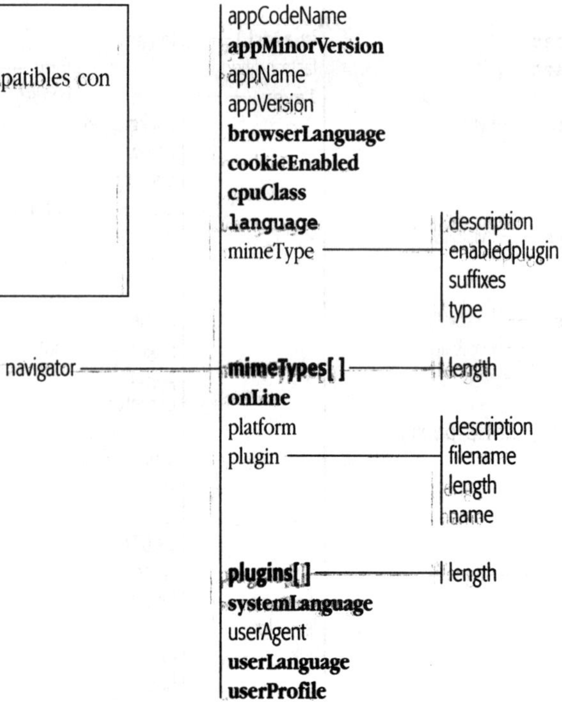

**Leyenda**

| | |
|---|---|
| nombre | Todos los navegadores compatibles con JavaScript |
| **nombre** | Netscape 3+ y MSIE 4+ |
| nombre | Netscape 4+ y MSIE 4+ |
| **nombre** | Únicamente MSIE 4+ |
| `nombre` | Únicamente Netscape 3+ |
| **`nombre`** | Únicamente Netscape 4+ |

## La gran tabla de los objetos

Ningún libro sobre JavaScript estaría completo sin una enorme tabla con todos los objetos de JavaScript con sus propiedades, métodos y manejadores de eventos asociados (consulte el Capítulo 1 si desea las definiciones de estos términos). La Tabla A.3 cubre la mayoría de los objetos del lenguaje JavaScript, incluyendo la versión 1.2. Se han omitido algunos objetos cuya finalidad no estaba clara, así como algunos objetos desfasados de versiones anteriores que han sido reemplazados por objetos nuevos en la versión 1.2.

**Tabla A.3**

Tabla de los objetos de JavaScript

| Objeto | Propiedades | Métodos | Manejadores de evento |
|---|---|---|---|
| Anchor | name<br>**`text`**<br>**`x`**<br>**`y`** | none | none |
| anchors array | length | none | none |
| **Applet** | none | applet's methods | none |
| applets array | length | none | none |
| **Area** | hash<br>host<br>hostname<br>href<br>pathname<br>port<br>protocol<br>search<br>target | none | onClick<br>onMouseout<br>onMouseover |
| **Array** | length | concat<br>join<br>**`pop`**<br>**`push`**<br>reverse<br>**`shift`**<br>slice<br>sort<br>**`unshift`** | none |

Tabla de los objetos de JavaScript *(Continuación)*

| Objeto | Propiedades | Métodos | Manejadores de evento |
|---|---|---|---|
| Button | form<br>name<br>**type**<br>value | blur<br>click<br>focus | **onClick**<br>onMousedown<br>onMouseup |
| Checkbox | checked<br>defaultChecked<br>form<br>name<br>**type**<br>value | blur<br>click<br>focus | **onClick**<br>onMousedown<br>onMouseup |
| Date | none | getDate<br>getDay<br>getFullYear<br>getHours<br>getMilliseconds<br>getMinutes<br>getMonth<br>getSeconds<br>getTime<br>getTimezoneOffset<br>getUTCDate<br>getUTCDay<br>getUTCFullYear<br>getUTCHours<br>getUTCMilliseconds<br>getUTCMinutes<br>getUTCMonth<br>getUTCSeconds<br>getYear<br>parse<br>setDate<br>setFullYear<br>setHours<br>setMilliseconds<br>setMinutes<br>setMonth<br>setSeconds<br>setTime<br>setUTCDate<br>setUTCFullYear<br>setUTCHours<br>setUTCMilliseconds | none |

| Tabla de los objetos de JavaScript *(Continuación)* | | | |
|---|---|---|---|
| **OBJETO** | **PROPIEDADES** | **MÉTODOS** | **MANEJADORES DE EVENTO** |
| Date *(continuación)* | | setUTCMinutes | |
| | | setUTCMonth | |
| | | setUTCSeconds | |
| | | setYear | |
| | | toGMTString | |
| | | toLocaleString | |
| | | toString | |
| | | toUTCString | |
| | | UTC | |
| | | valueOf | |
| document | **activeElement** | clear | none |
| | alinkColor | close | |
| | **all** | **createElement** | |
| | Anchor | **createStylesheet** | |
| | anchors | **elementFromPoint** | |
| | **Applet** | **getSelection** | |
| | applets | open | |
| | **Area** | write | |
| | bgColor | writeln | |
| | **body** | | |
| | **charset** | | |
| | **children** | | |
| | cookie | | |
| | **defaultCharset** | | |
| | **domain** | | |
| | **embed** | | |
| | **embeds** | | |
| | **expando** | | |
| | fgColor | | |
| | Form | | |
| | forms | | |
| | **Image** | | |
| | **images** | | |
| | lastModified | | |
| | **Layer** | | |
| | **layers** | | |
| | linkcolor | | |
| | Link | | |
| | links | | |
| | location | | |
| | **parentWindow** | | |
| | **plugins** | | |

Tabla de los objetos de JavaScript *(Continuación)*

| OBJETO | PROPIEDADES | MÉTODOS | MANEJADORES DE EVENTO |
|---|---|---|---|
| document *(continuación)* | **readyState**<br>referrer<br>**scripts**<br>**selection**<br>**styleSheets**<br>title<br>**URL**<br>vlinkColor | | |
| **FileUpload** | form<br>name<br>type<br>value | **blur**<br>**focus**<br>select | onBlur<br>onFocus<br>onSelect |
| Form | action<br>Button<br>Checkbox<br>elements<br>encoding<br>**FileUpload**<br>Hidden<br>length<br>method<br>name<br>Password<br>Radio<br>Reset<br>Select<br>Submit<br>target<br>Text<br>Textarea | reset<br>onReset | submit<br>onSubmit |
| forms array | length | none | none |
| frames array | length | none | none |
| Hidden | form<br>name<br>**type**<br>value | none | none |
| History | **current**<br>length<br>**next**<br>**previous** | back<br>forward<br>**go** | none<br><br><br>none |
| history array | length | none | none |

Tabla de los objetos de JavaScript *(Continuación)*

| OBJETO | PROPIEDADES | MÉTODOS | MANEJADORES DE EVENTO |
|---|---|---|---|
| **image** | border<br>complete<br>height<br>hspace<br>lowsrc<br>name<br>src<br>vspace<br>width<br>**x**<br>**y** | none | onAbort<br>onError<br>onLoad |
| **images array** | length | none | none |
| **Layers** | above<br>background<br>below<br>bgColor<br>clip<br>document<br>hidden<br>left<br>name<br>pageX<br>pageY<br>parentLayer<br>siblingAbove<br>siblingBelow<br>src<br>top<br>visibility<br>window<br>x<br>y<br>zIndex | load<br>moveAbove<br>moveBelow<br>moveBy<br>moveTo<br>moveToAbsolute<br>resizeBy<br>resizeTo | onBlur<br>onFocus<br>onLoad<br>onMouseout<br>onMouseover<br>onMouseup |
| **layers array** | length | none | none |
| Link | hash<br>host<br>hostname<br>href<br>pathname<br>port<br>protocol<br>search<br>target | none | onClick<br>**onMouseout**<br>onMouseover |

Tabla de los objetos de JavaScript *(Continuación)*

| OBJETO | PROPIEDADES | MÉTODOS | MANEJADORES DE EVENTO |
|---|---|---|---|
| Link *(continuación)* | **text**<br>**x**<br>**y** | | |
| links array | length | none | none |
| location | hash<br>host<br>hostname<br>href<br>pathname<br>port<br>protocol<br>search | **reload**<br>**replace** | none |
| Math | E<br>LN2<br>LN10<br>LOG2E<br>LOG10E<br>PI<br>SQRT1_2<br>SQRT2 | abs<br>acos<br>asin<br>atan<br>atan2<br>ceil<br>cos<br>exp<br>floor<br>log<br>max<br>min<br>pow<br>random<br>round<br>sin<br>sqrt<br>tan | none |
| MimeType | description<br>enabledPlugin<br>suffixes<br>type | none | none |
| **mimeTypes array** | length | none | none |
| navigator | appCodeName<br>**appMinorVersion**<br>appName<br>appVersion<br>**browserLanguage**<br>**cookieEnabled**<br>**cpuClass** | **javaEnabled**<br>**preference**<br>**savePreferences**<br>**taintEnabled** | none |

Tabla de los objetos de JavaScript *(Continuación)*

| OBJETO | PROPIEDADES | MÉTODOS | MANEJADORES DE EVENTO |
|---|---|---|---|
| | **language**<br>**mimeTypes**<br>platform<br>**plugins**<br>**systemLanguage**<br>userAgent<br>**userLanguage**<br>**userProfile** | | |
| **Number** | MAX_VALUE<br>MIN_VALUE<br>NaN<br>NEGATIVE_INFINITY<br>POSITIVE_INFINITY | toString<br>valueOf | none |
| Option | defaultSelected<br>index<br>selected<br>selectedIndex<br>text<br>value | none | none |
| options array | length | none | none |
| Password | defaultValue<br>form<br>name<br>**type**<br>value | blur<br>focus<br>select | onBlur<br>onChange<br>onFocus<br>onKeydown<br>onKeypress<br>onKeyup<br>onSelect |
| Plugin | description<br>filename<br>name | refresh | none |
| **plugins array** | length | none | none |
| Radio | checked<br>defaultChecked<br>form<br>name<br>**type**<br>value | blur<br>click<br>focus | **onClick**<br>onMousedown<br>onMouseup |
| radio array | length | none | none |
| Reset | form<br>name<br>**type**<br>value | blur<br>click<br>focus | **onClick**<br>onMousedown<br>onMouseup |

Tabla de los objetos de JavaScript *(Continuación)*

| **Objeto** | **Propiedades** | **Métodos** | **Manejadores de evento** |
|---|---|---|---|
| screen | availHeight<br>**availLeft**<br>**availTop**<br>availWidth<br>**BufferDepth**<br>colorDepth<br>height<br>**pixelDepth**<br>**updateInterval**<br>width | none | none |
| Select | form<br>length<br>name<br>options<br>selectedIndex<br>**type** | **blur**<br>**focus** | onChange |
| String | length | anchor<br>big<br>blink<br>bold<br>charAt<br>charCodeAt<br>concat<br>fixed<br>fontcolor<br>fontsize<br>fromCharCode<br>indexOf<br>italics<br>lastIndexOf<br>link<br>match<br>replace<br>search<br>slice<br>small<br>**split**<br>strike<br>sub<br>substr<br>substring<br>sup | none |

Tabla de los objetos de JavaScript *(Continuación)*

| **Objeto** | **Propiedades** | **Métodos** | **Manejadores de evento** |
|---|---|---|---|
| String *(continuación)* | | toLowerCase<br>toUpperCase | |
| Submit | form<br>name<br>**type**<br>value | blur<br>click<br>focus | **onClick**<br>onMousedown<br>onMouseup |
| Text | defaultValue<br>form<br>name<br>**type**<br>value | blur<br>click<br>focus<br>select | onBlur<br>onChange<br>onFocus<br>onKeydown<br>onKeypress<br>onKeyup<br>onSelect |
| Textarea | defaultValue<br>form<br>name<br>**type**<br>value | blur<br>click<br>focus<br>select | onBlur<br>onChange<br>onFocus<br>onKeydown<br>onKeypress<br>onKeyup<br>onSelect |
| window | **clientInformation**<br>**closed**<br>defaultStatus<br>**dialogArguments**<br>**dialogHeight**<br>**dialogLeft**<br>**dialogTop**<br>**dialogWidth**<br>document<br>**event**<br>frames<br>history<br>**innerHeight**<br>**innerWidth**<br>length<br>location<br>**locationbar**<br>**menubar**<br>name<br>**navigator**<br>offscreenBuffering<br>**opener** | alert<br>**back**<br>**blur**<br>close<br>confirm<br>**find**<br>**focus**<br>**forward**<br>**home**<br>**moveBy**<br>**moveTo**<br>**navigate**<br>open<br>**print**<br>prompt<br>**resizeBy**<br>**resizeTo**<br>**scroll**<br>scrollBy<br>scrollTo<br>**stop** | **onBlur**<br>**onError**<br>**onFocus**<br>onLoad<br>onResize<br>onUnload |

Tabla de los objetos de JavaScript *(Continuación)*

| Objeto | Propiedades | Métodos | Manejadores de evento |
|---|---|---|---|
| window *(continuación)* | **outerHeight** | | |
| | **outerWidth** | | |
| | **pageXOffset** | | |
| | **pageYOffset** | | |
| | parent | | |
| | **personalbar** | | |
| | **screen** | | |
| | **screenX** | | |
| | **screenY** | | |
| | **scrollbars** | | |
| | self | | |
| | status | | |
| | **statusbar** | | |
| | **toolbar** | | |
| | top | | |

# PALABRAS RESERVADAS DE JAVASCRIPT

# B

Las palabras reservadas son palabras que tienen un significado especial para JavaScript. Por tanto, no puede utilizarlas como nombres para variables y funciones.

Reconocerá muchas de las palabras reservadas de los capítulos anteriores, pero otras le serán desconocidas. Algunas de las palabras del último grupo son palabras reservadas para un uso futuro; se espera que se conviertan en comandos en versiones futuras de JavaScript. La razón de que incluyamos aquí estas palabras es para evitarle la revisión de su código en un futuro, cuando las nuevas versiones estén disponibles en el mercado.

## Palabras reservadas de JavaScript

Estas palabras son parte del lenguaje JavaScript.

| | | |
|---|---|---|
| `break` | `export` | `return` |
| `case` | `for` | `switch` |
| `comment` | `function` | `this` |
| `continue` | `if` | `typeof` |
| `default` | `import` | `var` |
| `delete` | `in` | `void` |
| `do` | `label` | `while` |
| `else` | `new` | `with` |

## Palabras clave de Java reservadas por JavaScript

Estas palabras las utiliza el lenguaje Java y están reservadas en JavaScript para evitar posibles confusiones.

| | | |
|---|---|---|
| `abstract` | `implements` | `protected` |
| `bolean` | `instanceOf` | `public` |
| `byte` | `int` | `short` |
| `char` | `interface` | `static` |
| `double` | `long` | `synchronized` |
| `false` | `native` | `throws` |
| `final` | `null` | `transient` |
| `float` | `package` | `true` |
| `goto` | `private` | |

## Palabras adicionales reservadas por ECMAScript

Las siguientes palabras o son parte de la especificación del lenguaje ECMAScript o están reservadas para su uso futuro (consulte el Apéndice A si desea más información sobre ECMAScript).

| | | |
|---|---|---|
| `catch` | `enum` | `throw` |
| `class` | `extends` | `try` |
| `const` | `finally` | |
| `debugger` | `super` | |

## Otros identificadores que conviene evitar

Estas palabras no están reservadas oficialmente, pero como son parte del lenguaje JavaScript, no debería utilizarlas como nombres de variables o funciones. Si lo hace, abandone toda esperanza; los resultados pueden ser impredecibles.

**CONSEJO**

- Netscape es sensible a las mayúsculas y minúsculas, lo que significa que hará distinción entre Documento y documento. En Netscape, lo más antiguo podría utilizarse como una variable, pero no así lo más reciente. Internet Explorer no es sensible a las mayúsculas y minúsculas, por lo que este navegador no encontrará diferencia alguna entre Documento y documento. Debido a esto, a continuación se muestran las versiones en mayúsculas y en minúsculas de algunas variables.

```
alert
Anchor
Area
arguments
Array
assign
blur
Boolean
Button
callee
caller
captureEvents
Checkbox
clearInterval
clearTimeout
close
closed
confirm
constructor
Date
defaultStatus
document
Document
Element
escape
eval
FileUpload
find
focus
Form
Frame
frames
Function
getClass
Hidden
history
History
home
Image
Infinity
innerHeight
innerWidth
isFinite
isNaN
java
JavaArray
JavaClass
JavaObject
JavaPackage
length
Link
location
Location
locationbar
Math
menubar
MimeType
moveBy
moveTo
name
NaN
navigate
navigator
Navigator
netscape
Number
Object
onBlur
onError
onFocus
onLoad
onUnload
open
opener
Option
outerHeight
outerWidth
Packages
pageXoffset
pageYoffset
parent
parseFloat
parseInt
Password
personalbar
Plugin
print
prompt
prototype
Radio
ref
RegExp
releaseEvents
Reset
resizeBy
resizeTo
routeEvent
scroll
scrollbars
scrollBy
scrollTo
Select
self
setInterval
setTimeout
status
statusbar
stop
String
Submit
sun
taint
Text
Textarea
toolbar
top
toString
unescape
untaint
unwatch
valueOf
watch
window
Window
```

# DÓNDE APRENDER MÁS

# C

Habiendo trabajado el contenido de este libro, debe saber ya aderezar sus sitios web con JavaScript. Pero hay muchas más cosas que aprender sobre el lenguaje JavaScript, y probablemente le surgirán preguntas según escribe su propio código.

El mejor método de conseguir respuestas a sus preguntas es en línea, como es lógico. Hay muchos recursos en la Web y en otros lugares de Internet que pueden ayudarle a profundizar en sus conocimientos de JavaScript.

En este capítulo le indicaremos varios de los sitios web útiles orientados a JavaScript, un grupo de noticias de Usenet donde puede interactuar con otros programadores de guiones y algunos libros que encontramos de utilidad.

Pero antes, queremos recordarle que la Red no es estática, no es un lugar que no cambie. Los sitios web cambian a menudo la dirección de sus páginas, así que es posible que la lista de URL que ofrecemos aquí esté obsoleta cuando vaya a usarla. Aquí informamos de los URL, pero no tenemos control alguno sobre ellos. Algunas veces desaparecen sitios enteros de la Web. Si encuentra un vínculo que haya quedado inservible, verifíquelo en nuestro sitio web, http://www.chalcedony.con/javascript/, por si hemos publicado la localización nueva de la página que buscaba.

## Cómo encontrar ayuda en la Web

El lugar de ayuda sobre JavaScript más importante está en el sitio web de Netscape, pero hay buena información en los sitios de Microsoft y en páginas JavaScript independientes. He aquí algunos de los mejores sitios web sobre JavaScript.

### Sitios de Netscape

Desde que Netscape desarrollara JavaScript, no es ninguna sorpresa que el sitio web de Netscape tenga gran cantidad de buena información sobre el lenguaje y su desarrollo posterior.

### Netscape Client-Side JavaScript Guide

http://developer.netscape.com/docs/
→ manuals/js/client/jsguide/index.htm

Como puede ver en la Figura C.1, este sitio está diseñado para el usuario JavaScript de experiencia media. Da un repaso a los fundamentos del lenguaje, definiciones y explicaciones de los conceptos usados en JavaScript, y tiene una sección de referencia que incluye ejemplos de cada parte del lenguaje, para que pueda ver cómo funciona una parte determinada. Por encima de todo, la *JavaScript Authoring Guide* está escrita con un nivel medio, al que debería acceder una vez que haya digerido este libro. Para los programadores con mucha experiencia, este sitio será una pera en dulce.

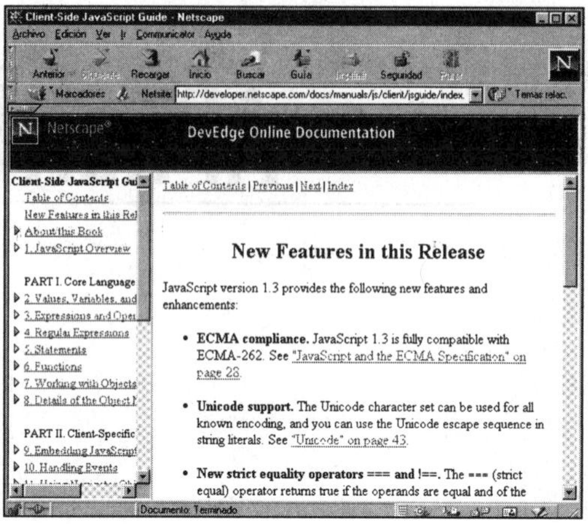


***Figura C.1.*** *Client-Side JavaScript Guide, de Netscape, es un buen sitio para incrementar sus conocimientos sobre JavaScript.*

### Netscape Client-Side JavaScript Reference

http://developer.netscape.com/docs/
→ manuals/js/client/jsref/index.htm

Ésta es una guía de referencia para JavaScript 1.3. También encontrará información sobre lo que Netscape está haciendo (junto con otras compañías) para conseguir que JavaScript sea un estándar ratificado y abierto a través de una organización internacional de estándares llamada ECMA (http://www.ecma.ch), e información esencial sobre JavaScript 1.4 (que cuando se escribía este libro todavía estaba en desarrollo). La

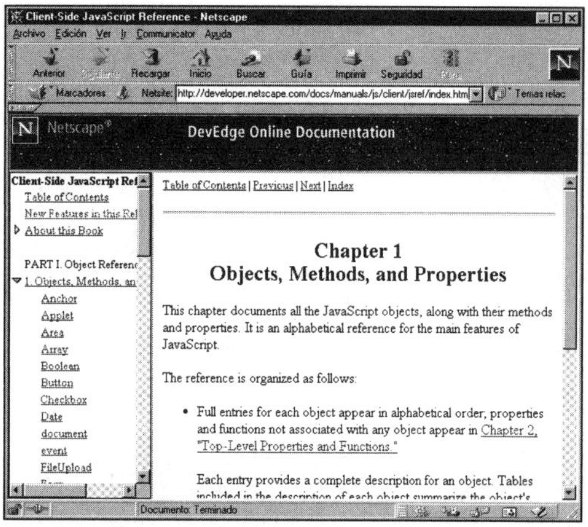


***Figura C.2.*** *Client-Side JavaScript Reference, de Netscape, es el sitio definitivo para encontrar respuesta a cuestiones sobre el lenguaje JavaScript.*

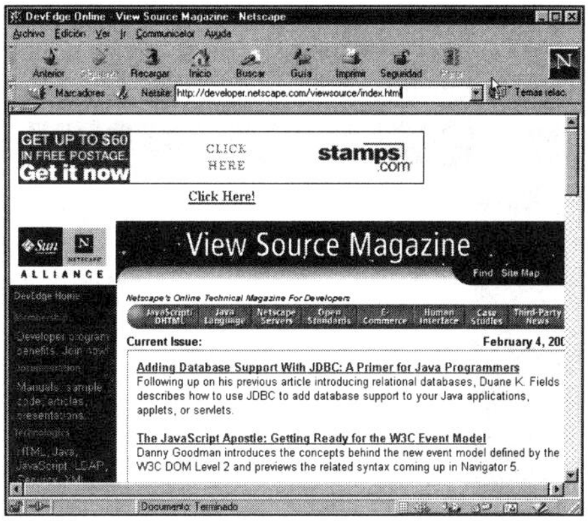


***Figura C.3.*** *La revista en línea View Source, de Netscape, es una fuente primordial de consejos para mejorar su programación JavaScript.*

***Figura C.4.*** *Aquí, en JavaScript Developer Central, de Netscape, puede seguir la pista del desarrollo más reciente de JavaScript.*

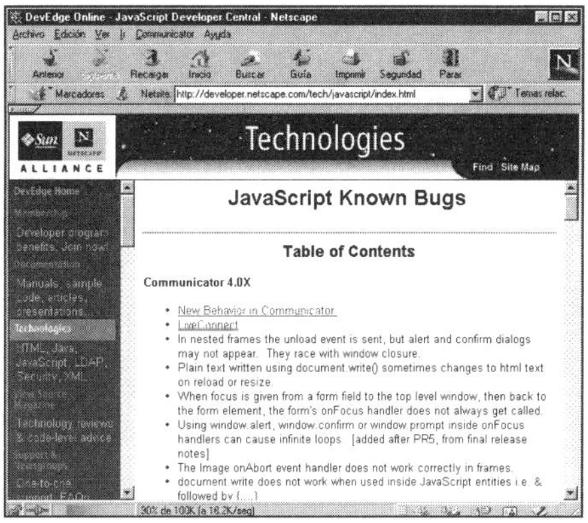


***Figura C.5.*** *Asegúrese de que no está cayendo en uno de los conocidos errores de JavaScript en esta página de Netscape.*

Figura C.2 le muestra el aspecto del sitio JavaScript Reference.

## View Source Magazine, de Netscape

http://developer.netscape.com/
→ viewsource/index.html

Esta revista en línea, mostrada en la Figura C.3, se actualiza mensualmente, y tiene lo más novedoso en consejos, trucos y artículos de desarrollo de cualquier producto Netscape, no sólo JavaScript, aunque hay una buena cantidad de información disponible sobre JavaScript.

## JavaScript Developer Central, de Netscape

http://developer.netscape.com/tech/
→ javascript/index.html

La Figura C.4 le muestra la página principal de JavaScript en el sitio de Netscape; desde aquí puede acceder a la mayoría de los recursos que Netscape ofrece. Hay una lista de noticias relacionadas con JavaScript, además de un punto de información avanzado sobre el código JavaScript del lado del servidor.

**CONSEJO**

- JavaScript dista de ser perfecto, y tiene fallos de su propia cosecha (¡no todos van a ser de *su* código!). Salga al paso de los fallos de JavaScript verificando la lista de fallos conocidos que ofrece Netscape (véase la Figura C.5) en http://developer.netscape.com/tech/javascript/index.html. Puede que tenga que hacer clic en el vínculo Known Bugs (fallos conocidos) tras su llegada a este URL.

## DevEdge Online

http://developer.netscape.com

De una forma más genérica, la Figura C.6 muestra la página principal de Netscape para su sitio de desarrollo. Es una buena idea consultar periódicamente esta página, porque las herramientas nuevas y los anuncios a menudo aparecen aquí antes que en otros sitios de Netscape.

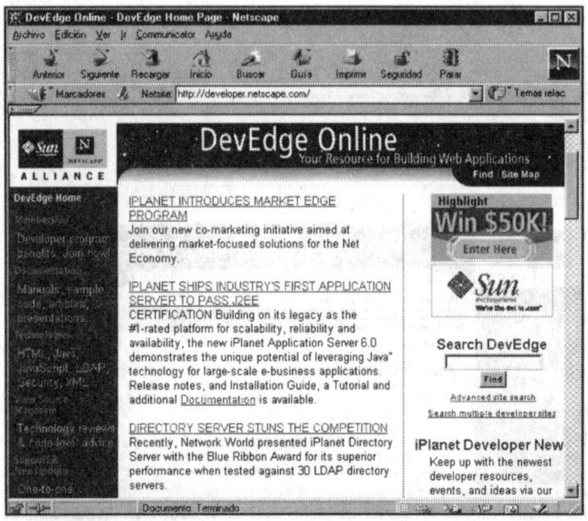


*Figura C.6. DevEdge Online de Netscape le ofrece una buena visión general de la party line de Netscape de muchas tecnologías web.*

## Otros sitios magníficos de JavaScript

Fuera del entorno de los sitios de Netscape encontrará también un número asombroso de lugares donde puede descargar ejemplos de guiones, encontrar ejercicios y preguntar sobre JavaScript a los expertos. Aquí están algunos de los mejores sitios en el momento de escribir este libro, pero, como es habitual en la Web, pueden haber cambiado o incluso desaparecido para cuando lea estas líneas.

*Figura C.7. Las páginas JavaScript de Developer.Com constituyen un buen lugar de abastecimiento de código JavaScript de ejemplo.*

## Sitio JavaScript de Developer.Com

http://www.javascripts.com/

Este sitio se actualiza constantemente y presenta algunos de los mejores trabajos realizados por programadores de JavaScript de todo el mundo. Cuenta con descripciones encapsuladas y vínculos a guiones muy novedosos, que han sido ordenados para usted por categorías, para que pueda encontrar lo que quiere, cuando quiera. La Figura C.7 muestra la pantalla principal.

## Live Software

http://www.livesoftware.com/jrc/index.html

JavaScript Resource Center (Centro de Recursos JavaScript) de Live Software es otro magnífico lugar donde encontrar ejemplos libres y gratuitos de JavaScript: hay muchas posibilidades de que si tiene un problema con su sitio, pueda encontrar aquí algo que le ayude a solucionarlo. Su diseño es agradable, sin estridencias, como muestra la Figura C.8.

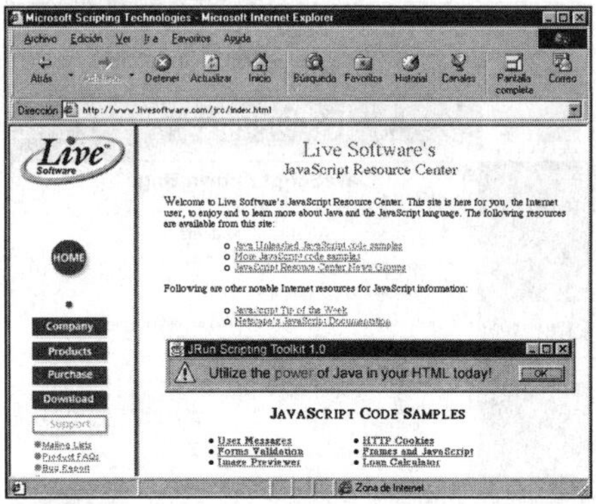


*Figura C.8. JavaScript Resource Center, de Live Software, tiene muchos ejemplos que puede descargar gratuitamente.*

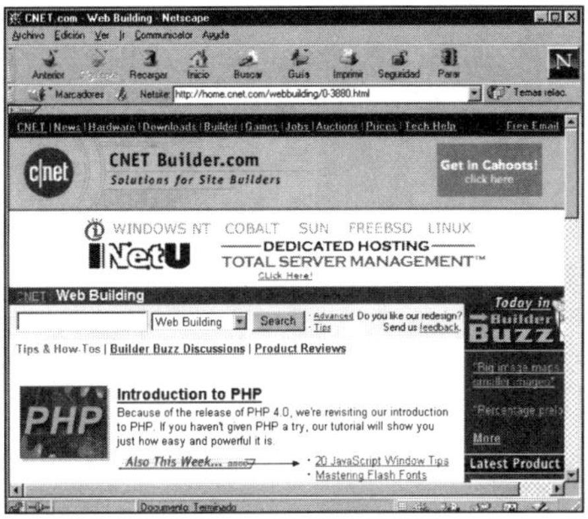


*Figura C.9. Builder.com es un lugar estupendo que abarca cualquier tecnología web que deba conocer. Si todavía no lo ha visitado, hágalo pronto.*

*Figura C.10. ¡Repóngase de esas páginas web enfermizas con un viaje al Doctor JavaScript!*

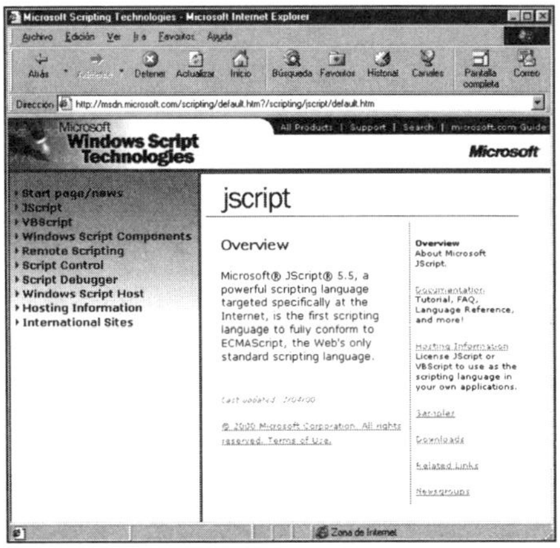


*Figura C.11. La página web JScript de Microsoft le ofrece información auténtica sobre esta variante de JavaScript.*

## Builder.com

http://www.builder.com/

Este sitio, parte de la galaxia C|Net de sitios relacionados con computadoras, tiene información reciente, actualizada, sobre casi cada tecnología de construcción de sitios web jamás creados (véase la Figura C.9). Tiene mucha información sobre JavaScript, incluyendo la columna SuperScripter y una guía general de recursos. No debe perderse este sitio.

## Doc JavaScript

http://webreference.com/js/

El doctor está dentro, y sabe cuál es el mal de esas páginas HTML enfermas. Diagnóstico: ¡Aburridas de vivir! Prescripción: Una dosis saludable de JavaScript, y hay mucho almacenado. Pronóstico: Después del tratamiento, excelente. El paciente está más fresco, más activo y menos inclinado al error. Pida cita con el doctor, como se aprecia en la Figura C.10. Diga aaaaaaaa...

## Página web JavaScript de Microsoft

http://msdn.microsoft.com/scripting/
→ jscript/default.htm

La versión JavaScript de Microsoft, llamada JScript, tiene su propio sitio (véase la Figura C.11), donde puede conocer las semejanzas (y las diferencias) respecto a JavaScript de Netscape. Aquí también encontrará información sobre el modelo del objeto de documento de Internet Explorer, la sección de preguntas y respuestas de JScript, entre otras cosas.

## Grupos de noticias Usenet

Puede considerar Usenet como un boletín o tablón de anuncios mundial, donde gente de todo el mundo puede colocar mensajes e intervenir en conversaciones sobre temas que les interesa. Cada tema recibe el nombre de **grupo de noticias** (*newsgroup*). Según los últimos datos, había más de 30.000 grupos de noticias, abarcando todos los temas imaginables. Naturalmente, aquí estamos interesados en los grupos de noticias dedicados a JavaScript.

El mayor grupo de noticias de Usenet sobre JavaScript es news:comp.lang.javascript, donde hay muchos debates sobre escritura de guiones, la gente pregunta sobre los problemas que les bloquean y, en general, hablan sobre el desarrollo en JavaScript. Es un buen lugar donde obtener respuestas y consejos. Dentro del grupo de noticias, hay diferentes temas de debate, o **hilos** (*threads*). Con frecuencia descubrirá que hilos empezados por otras personas son aplicables a sus propios asuntos.

**CONSEJO**

- Usenet puede ser un lugar salvaje y los veteranos pueden ser inmisericordes con los neófitos (*newbies*), que preguntan lo que para los veteranos son tonterías. Lo mejor es descolgarse por allí y leer lo que otros han escrito, antes de colocar su primer mensaje. Se ahorrará muchos sinsabores si evita muchos mensajes desagradables (denominados llamas, *flames*). No olvide que sus mensajes pueden ser leídos potencialmente por millones de personas de todo el mundo. Si está disponible, lea el archivo FAQ (siglas de *Frequently Asked Questions*, Preguntas Formuladas con Frecuencia) del grupo de noticias. Hay muchas posibilidades de que muchas de sus preguntas estén resueltas en la sección FAQ. Aparte de eso, encontrará mucha información interesante. Puede encontrar los archivos FAQ más recientes de la mayoría de los grupos de noticias en el grupo de noticias news.answers.

## Libros

Aunque a los autores les gustaría pensar que el libro que tiene en las manos es todo lo que necesita para llegar a ser un experto en JavaScript, han de reconocer que posiblemente quiera usted un poco más de información después de devorar este libro. Hay aproximadamente "zillones" de libros dedicados a JavaScript en el mercado; he aquí los que consideramos mejores.

### JavaScript, The Definitive Guide, Third Edition

Escrito por David Flanagan, y publicado por O'Reilly & Associates, es una referencia exhaustiva del lenguaje JavaScript. Éste es el libro donde los expertos consultan los operadores extraños y fijan la peculiar sintaxis. El libro abarca JavaScript 1.2, así que ahora está un poco desfasado. No sabemos por qué hay un rinoceronte de Java en la portada del libro, aunque, ¿por qué no?

### JavaScript Advanced: Visual QuickPro Guide

Aunque pueda parecer inmodestia que recomendemos uno de nuestros libros, revelamos con ello nuestra ausencia de vergüenza y nuestro buen gusto. Éste es el primero de las Visual QuickPro Guide de Peachpit Press, escrito por los autores del libro que está leyendo. Escribimos VQP como una continuación de VQS, y, en él, profundizamos un nivel más en JavaScript. Mientras el libro VQS hace una aproximación del tipo cortar y pegar JavaScript, el VQP le muestra cómo funciona el modelo del objeto de documento de Javascript, y se ocupa de la escritura de guiones avanzados para la Web y detrás del navegador para otras aplicaciones.

### Dynamic HTML: The Definitive Reference

La exhaustiva referencia de Danny Goodman (más de mil páginas) cuenta virtualmente todo lo que podría querer saber sobre las etiquetas HTML, los atributos de las hojas de estilos en cascada y los objetos de JavaScript. Entra en detalle de forma muy útil sobre el ejercicio de codificación necesario para que los guiones funcionen tanto en Netscape Navigator como en Microsoft Internet Explorer. Es otro libro de O´Reilly.

## JavaScript Bible, Third Edition

Otro libro claro, grueso y bien escrito de Danny Goodman. Este ejemplar de IDG Books explica JavaScript con detalle, pero de una manera más informal que el libro editado por O´Reilly.

## Designing with JavaScript: Creating Dynamic Web Pages

Escrito por Nick Heinle, es el tercer libro O´Reilly que entra en nuestro *hit parade*. Éste nos gusta porque trata ampliamente la creación de páginas web inteligentes, esas que cambian dinámicamente dependiendo de las acciones del usuario.

# Índice alfabético

# E



# F

## G



## H

## N



## O



## P